U0466174

历史演义

后汉

党锢风云

涂盛高 著

华夏出版社
HUAXIA PUBLISHING HOUSE

图书在版编目（CIP）数据

后汉党锢风云 / 涂盛高著. -- 北京：华夏出版社有限公司，2025. -- ISBN 978-7-5222-0835-0

Ⅰ.K243.109

中国国家版本馆 CIP 数据核字第 2025QG4275 号

后汉党锢风云

著　　者　涂盛高
责任编辑　董秀娟
装帧设计　赵萌萌
责任印制　周　然

出版发行　华夏出版社有限公司
经　　销　新华书店
印　　装　三河市万龙印装有限公司
版　　次　2025年6月北京第1版
　　　　　2025年6月北京第1次印刷
开　　本　710×1000　1/16
印　　张　19
字　　数　295千字
定　　价　79.00元

华夏出版社有限公司　地址：北京市东直门外香河园北里4号　邮编：100028
　　　　　　　　　　网址：www.hxph.com.cn　电话：(010)64663331（转）
若发现本版图书有印装质量问题，请与我社营销中心联系调换。

序言

笔者学业坎坷，大学本科时学材料学，硕士时习法律，博士改从历史。列此履历，非欲显摆，实乃笔者心中念此，常怀怅恨，往往反思己学问之不如人，此为重要因由也。虽如此，学材料，情非得已；学法律，为现实考虑；学历史，乃终身事业也。

我本农村娃，整日于田间摸爬滚打，非出自书香门第，又无人文熏陶，幼时学业仅为从众而已。"学好数理化，走遍天下都不怕"之风气深深影响我之家乡，故那时乡下娃多学理科。我父母老实巴交，更无他见，故我不得不从众学数理化也。幸者，学数理化甚为用功，殚精竭虑，皇天不负，中考后得入临川二中重点班。然在重点班，数理化高手如云，无论如何努力，学业常遇瓶颈，数理化成绩中偏下，整体成绩实属中等。笔者愚昧，屡慕班里优秀学生，不自知资质有限，愈奋发努力，从不敢懈怠也。

后入郑州大学学材料学，非己所好。我虽素不习文言文，然大学期间时不时去图书馆借《史记》《资治通鉴》读之，刚开始觉晦涩难懂，读之一月有余，便基本能懂，两月后，读之如同白话。我深知自己的兴趣、天分皆不在理工，故在大二下学期着手改行。当时之选择，无外法律与人文也。我从小受生长环境影响，又多看新闻联播，故内心一直有仕宦意，此时更兼略读史书，遂立志愿如古之清官，为官一任，造福一方。因此我便考虑学法律，如此利于考公务员；即使不入公门，亦可去公司做法律顾问，或者做一个执业律师；若不能实现理想，则在法院周边摆个地摊，代写起诉状，亦可谋生。而人文学科乃"贵族"学问，须生计无窘，方可向学。考虑到自己系农民出身，家无凭借，故须先解决生计，立稳社会脚跟。于是奋力跨专业考入北京大学法学院。

硕士研究生毕业后，至平谷法院任公务员，在法院工作三年，深知理想和现实的差距，更知己非做官之料，故又决意从学，努力成为学者。值得一提的是，上天似乎欲度化我。我从法院离职后，入一公司任法律顾问，地处北大附近，故时不时得入北大闲转。我既决意从学，便须攻读博士。若从文，笔者以为或中文，或历史，文史不分家。当时便去北大访名师，本欲访中文名师，不慎走错地方，误入历史系。我以为，也许天意欲我学历史。故此后，便着手复习历史学知识，以备读历史博士。当然，求学、考博之路坎坷，因篇幅所限，又涉及诸多人与事，故不多叙。总而言之，我前后在法院、央企总部、北京市属企业共工作七年多，终于初步解决生计，适逢考入中国社会科学院研究生院，故以三十多岁年纪毅然全职脱产，认真学历史。博士毕业后入职南昌大学人文学院。

笔者学历史，好读古人书，于今人文章则读之甚少，在南昌大学惶惶数年，职称不晋，心中却不以为意。然学问未达预期，则我之罪也，故时时勤读不辍。作为历史学人，必须深研前四史，我亦反复诵读。我数读《后汉书》，发现此时皇权未高涨，奸佞不多，志士不少，民风淳朴，地方之治良善。尤其是读《党锢列传》，大慕仁人志士之节，常思表而扬之，以为当今借鉴。职此之故，我以《后汉书》中所载桓、灵时期相关士人事迹为基本资料，钩稽其他史料，加入自己之想象与推衍，撰成此书。我的本意是以此书赞扬后汉士人之节义，故兴之所至文思泉涌，多所发挥，并非完全拘于史书之记载。特此声明，以免读者"按书索骥"，致生误会也。

仁人志士的形象立于我心，故奋笔疾书，欲全呈仁人志士之面貌。我本欲以现代汉语行文，不料甫一落笔，文言笔法自动蹦出，实在令人苦恼。我深知这皆因我读今人著作少，读古人之书多。故索性用文白相杂之笔法，徜徉恣肆，终酣畅淋漓写完此书也。如此书能使读者领略古文音韵、节奏之美之一二，则吾愿足矣。

本书以后汉屡次党锢之祸为中心，前溯后续，论述当时士人之生活、交往、学问、为人处世、仕宦等，以期全面展现后汉士人精神面貌。我敬仰后汉末罹党锢之难之正人，敬彼忠君爱民，悲天悯人，恨群小乱政，奋不顾身与权戚、宦官斗争，拼死维护摇摇欲坠之朝廷纲纪。朝廷及昏君不识正人本心，不辨忠奸，受阉竖蛊惑或撺掇，屡兴党锢之祸，打击正人，或贬逐之，或诛杀之。古人曰："人之云亡，邦国殄瘁。"古人又曰："善人，国之纪也；制作，国之典也。灭纪废典，岂能久乎？"汉廷如此，其能久乎？无怪乎董卓一入中央，汉廷即解体，名存实亡也。

读史使人明智，时移世易，感慨良多，笔者姓涂，将姓拆开，则为水余，笔者惭愧托大也，此书体例，夹叙夹议，多有以水余先生之名而作评论也。其中若有妄言虚谈之处，望读者诸君正之。

涂盛高

2024 年 9 月 30 日

目录

一　蔑皇权大贤隐野　　出奇谋社稷立本……………1

二　布衣穷好学不笃　　同志亲生死不易……………9

三　机奸深穷家致富　　智谋高仕途高起……………17

四　历多难贤士修德　　遭酷刑君臣义固……………26

五　背师恩害及枯骨　　巧发棺结攀权戚……………34

六　结群丐聚谋大财　　多智略免官复起……………40

七　仁者孝喜结异缘　　贤官清一毛不拔……………49

八　直士刚惧内成忧　　边将贤智降叛羌……………58

九　父仇深不共戴天　　妒妇狠几丧夫命……………65

十　孝士清志澄天下　　贫士贤声震京师……………71

十一　游天下拔识贤才　　观表面误会真贤……………78

十二　孝子伪以孝谋事　　群奸合昏主得立……………85

十三　遭污谤奸贼自宫　　轻朝廷处士避征……………92

十四　惜娇妻处士降志　　惧悍妇诸多笑柄……………98

十五　改素行隐士沦落　　会异人凡人得道……………103

十六　死逃生屡克大难　　出异谋拜师学术……………109

十七	张角傲出言张狂	儒贤良不通人事	115
十八	振大言卜士行骗	行刚直气死权阉	121
十九	行淫计色徒受伤	附风雅权阉游学	128
二十	方士伪屡遭戏辱	儒生呆家产骗空	134
二一	追骗子横遭再骗	归乡隐名德愈彰	139
二二	机缘巧偷得异书	行诈骗布道风起	144
二三	名士穷因猫行骗	大儒疾群贤毕至	149
二四	大丧葬士人集会	各千秋群贤百态	156
二五	官虽微德重天下	众疾恶阉竖专权	161
二六	司隶刚群阉耸惧	代报仇病夫气绝	166
二七	太学议讥谣漫天	权贵怒祸端又起	172
二八	豺狼嚣志士死抗	老庸狡八面玲珑	178
二九	党锢发群贤入狱	朝野谏祸端得解	185
三十	恋迷信昏主暴崩	未择贤庸主得立	191
三一	新政举欲诛群阉	反噬烈群小害贤	196
三二	祸愈烈党锢再起	国运衰儒宗仙逝	201
三三	重犯逃株连天下	小妾智死里逃生	209
三四	裱糊匠老庸主政	糊涂官遍地笑料	215
三五	意更痴疾病渐起	受讥讽胡广归天	222
三六	好游乐鸿都大雅	多荒淫群小共欢	226
三七	纨绔子暗藏玄机	跌宕行世皆不识	231
三八	为求品私劫质子	慕烈士周游历险	237
三九	窥社稷黄巾大起	惧合谋党锢禁解	242
四十	祖泽厚勉强破贼	劝大起忠臣守义	248

四一	布衣卒耸动天下	奸人起混迹世间……254
四二	权阉恶罗致名士	机缘合两贼投缘……257
四三	抚黄巾收用流民	抗朝命挟衅观望……261
四四	起异谋群士废帝	满腔血纨绔多功……266
四五	内倾轧何进问计	世将变帝命不久……273
四六	报父仇烈女屈身	宫闱变灵帝丧命……277
四七	慕大名欲诛群阉	谋犯阙召军阀入……282
四八	谋事不决遭毒害	董卓入王纲解纽……287

一

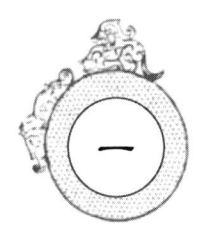

蔑皇权大贤隐野　　出奇谋社稷立本

孟子曰："天下有达尊三：爵一，齿一，德一。朝廷莫如爵，乡党莫如齿，辅世长民莫如德。恶得有其一，以慢其二哉？故将大有为之君，必有所不召之臣。欲有谋焉，则就之。其尊德乐道，不如是不足与有为也。"

水余先生曰：孟子认为：于世人而言，最重要者有三，爵禄、年龄、道德。朝廷虽尊，仅有爵禄；布衣虽卑，肯自我修行，因之有德有寿，可与朝廷爵禄相抗；士大夫欲有作为，非只在朝廷做官，仕宦仅为人生之一途也。后汉时，凡真士大夫多轻朝廷爵禄，或在野终身不仕于朝，或虽仕于朝，但凡道不合，弃朝廷爵禄如敝履，因此维持纲纪。朝廷不敢轻士人，治世与衰世皆如此。凡懂此，便可初窥本书真意。

昔王莽以儒帝"篡汉"，振兴儒学及教育，起明堂、辟雍、灵台，为学者筑舍万区，郡设学，县设校，乡设庠校，皆置经师一人。使经学从朝廷至郡县，形成严密的教育体系，其规则如今小学升中学，中学升大学也。故那时之人，自幼在庠校学习，升至县校，再升至郡学，终在京师太学。那时太学生甚众，有数万人之巨，既掌世间舆论，又为士大夫后备力量也。

光武帝刘秀早年游历太学，同舍友严光，字子陵，长帝三十四岁，博学多知，晓通星象，秀兄事之。秀之学问，半得之授业恩师，半得之光也。

天凤年，王莽改制处中期，因泥古不化，朝令夕改，致天下不稳，四海生烟，世人咒怨王莽，社会产生诸多谶言，如"刘氏复起，李氏为辅"，"代汉者当涂高"。众太学生齐聚京师好论国事，对王莽不满，往往私下妄议。虽严刑打击，然妄议不止，王莽终莫奈何，只能听之任之矣。严光素习谶纬，又知相面，见刘秀"美须眉，大口，隆准，日角"，常与刘秀言："今王氏之政日非，天下大乱将至，新朝气数恐尽。汉室祖宗德泽深厚，必将复兴，君有日角之相，龙凤之姿，天命不归君，更待何人！"刘秀谦让言："安敢望此？乱世仅求保命而已！"表面推辞，内心深喜之。天凤末，刘秀太学毕业，与严光洒泪而别，然私下通信不断。

刘秀归南阳，重操旧业，耕地种田，似安于平淡。刘秀之兄縯，字伯升，与秀作为绝不同。昔王莽篡汉，縯常愤怒，立大志欲兴复汉室，故不事生产作业，在外散尽家财，结交天下英豪。地皇年间，王氏已有灭亡之兆，汉室宗亲多思复兴，豪杰亦托辅汉而起。伯升好侠养士，见刘秀好耕种，常笑之，比高祖兄仲。秀不在意，自思："昔游学京师，严光兄曾曰天命在己，光兄精通天文地理易学，其言必不谬也！若天命在己，何恤他人言？况兄之讥讽乎？昔项羽、高祖俱起抗秦，早期世人多以为天命在项羽，然终落在高祖。若无天命，终归为他人作嫁衣。现伯升正散财养客及结交天下英豪，不就为己事业奠定基础么？"

地皇三年，南阳饥，刘秀卖谷于宛。宛人李通等以图谶说刘秀云："刘氏复起，李氏为辅。"刘秀初不敢当，以图谶之疑，私信严光请教，严光回曰："今四海困穷，王禄将终，败兆已定，豪杰将起，众雄逐鹿。伯升结客，世所名指，君若不应，亦受牵连。天命在君，兄为驱除，虽历磨难，终登大宝。"刘秀素信严光，亦思此时王莽对外搞僵四夷，对内盗贼大起，天下方乱，已无力弹压，遂与兄定谋反"新"。刘秀大起后，严光绝不与刘秀通。

后刘秀建立后汉，史称"光武中兴"。严光以己本山野村夫，好田园之乐，权势非己所望，爵禄更为身外之物，知光武素与己善，慕己之才德，今四海一统，必将下诏征辟己。光欲避之，变姓为陈。为何如此改姓？严光思：己之深远权势乃素行，光武必欲夺己志，己亦将坚拒之，故严阵以待，本欲改姓为阵，然思百家姓无此，改此适足以引帝疑。故就近而改，阵类陈，改姓"陈"，隐身不现。

光武思："若最初无严光鼓励，己之功业未必能存。"又思："当初在太学，严光为兄长，对己耳提面命甚多，学问多拜严光，实乃亦兄亦师也。严光为隐于野之大贤，征辟其入朝，既可当面请益，裨益政事，又将激励天下奔进之风，引领士人效力朝廷矣。"然严光隐居，不知所踪。故此，帝下诏天下郡县，以其形貌求之，并设重奖，凡能访求得之，赏关内侯并赐千金。

渴求经年，后齐国上言："有一男子，披羊裘钓鱼泽中。"光武早年与严光长处，严光常曰："世间三福'高爵、厚德、寿考'；我之三福'羊裘、垂钓、食鱼'。"得奏，光武疑其为光，敕令齐国图其影以闻，执事者携画工伺光垂钓，暗图之以献帝。帝故知其为光，备安车玄纁，遣使聘之。

使者至泽中，宣光武命，光弃钓逃归，使者追至家。严光正色辞曰："我隐迹遁形，早绝人世，请复之帝。"使者知帝厚善光，不敢强，归而径言于帝，帝怒，恨使者辱命，免其官，再派他使赴光家。后使鉴前使之祸，与郡守朝夕照请，执子弟礼，殷勤致意，历时半年，光仍辞曰："我年近古稀，黄泉路近，今疾已笃，必不能赴京师，若死者敦迫，有死而已。"备毒药于身，使者知之，不敢强，只能回京复命。帝大怒，下使者狱，再派第三使，面谕之曰："若不能请严先生至，君请自裁，无污牢狱。"并诏切责齐国，必请严先生至朝廷。

使者与齐相亦朝夕请安，如僮仆在家伺候，历经数月，严先生依旧不肯降志。使者大惧，长跪于严光前曰："先生乃今上布衣之交，今上欲见先生，策书备礼，玄纁征，亦重先生矣！先生为何不答？"严光拒曰："此帝之厚意，我无以答，故不答。"使者泣曰："帝之重先生，无以复加，帝不能夺先生之志，卑使亦知之，然前两使敦请先生，先生不至，一夺官，一下狱。昔卑使将出，帝面命曰：'若请严先生不至，君请自裁，无污牢狱。'帝用法严，先生不至，卑使必辱命，帝必命自裁，与其死于帝敕，不如自裁于先生之前。"使者挥剑自向，欲自杀。

严光大惊，素仁，不忍使者，不得已乃曰："感君诚意，特为君赴京师，然天时尚热，待之秋爽，与使者共行。"使者跪曰："承先生再生之恩，言之恐无信，纸笔定山河，请先生复信今上，示之将赴京师之意，以明使者之功。"严光从之，书信一封。使者立发奔命呈之于帝。帝得书大喜，立赐使者爵关内侯，沐浴更衣，焚香开读。读毕置于床头，闲暇际反复诵之。

使者依旧朝夕伺候，不敢有丝毫怠慢，至秋，使者上书于帝曰："天时转凉，严先生将出发矣。"帝大喜，令沿途郡县，须妥善招待严先生。沿途郡县官得诏惶恐，于严先生前皆执子弟礼，不敢轻慢。严先生至京师，适逢帝亲征张步，未在京师。帝令舍光于北军，太官上食，给帝亲用之床褥，并致手书曰："弟秀闻严兄至，本欲出郭相迎，然因征伐在外，身不由己，特致此书，致弟殷勤之意，待弟凯旋，立造严兄请益。"百官闻之，皆多帝之谦恭，亦知帝厚善严先生。

司徒侯霸昔在新朝太学亦与严光相交。严光素鄙霸为人，太学时与之若即若离，四海大起后，绝不与侯霸通。侯霸闻严先生至，使西曹属侯子道奉书予之，光不起，于床上箕踞抱膝发书，鄙夷不屑读讫，问："昔司徒公与我同在太学，虽八面玲珑，然学问甚差，好读却不求甚解，我斥之为痴，今为三公，痴病小差否？"子道曰："侯公现任司徒，位为台司，不痴也！"严光问曰："侯公为何不亲来？"子道答曰："侯公闻先生至，本欲立趋诣造，然帝征伐在外，侯公以司徒掌留后事，万机繁忙，故不得至。然今日暮之时，司徒公将亲造君请益，屈君与之语言！"

严光骂曰："君言侯公不痴，实更痴也！天子三征，使者以死相求，我方姗姗而至，人主我尚且不见，哪见你侯公这人臣？且昔在太学，我为侯公兄长，弟敬兄乃应有之义，哪如侯公这等怠慢？"子道不能答，响久方曰："君请复司徒公！"光曰："我手不能书！"子道曰："君谨口授，小子记之！"光即口授曰："侯公足下，位至鼎足，甚善。然君乃伪佞之徒，不以安民为先，阿谀顺旨饰虚伪，平生所学付东流，误导圣主罪不赦！"使者嫌言直，私求严光改之，光曰："我言既出，绝不改，使者亦无须私下篡改以迎逢侯公！"霸遂得严光直书，怒，思无以处，加急封奏之。

适帝归，见封奏，并不责怪，反笑曰："狂奴故态也！"车驾即日幸其馆，百官陪同，舆从甚众，浩浩荡荡。帝将至馆驿，严光正品茗，执事者跪禀严光曰："帝将至，先生应出馆驿相迎！"严光不理，反曰："我略困倦，至卧内休息！"扬长而去，执事者怅然久之。

帝已至馆驿，众执事者跪迎，不见严光。帝问严光何在。执事者对曰："卧内休息未起！"司徒侯霸脸有怒色，百官亦多不悦，私下窃窃私语曰："我主敬严先生亦足礼，严先生何其慢也！"帝不顾，径赴其卧所。严光假寐，背对帝，帝坐其旁，抚严光腹曰："咄咄子陵兄，不能屈尊为官，辅佐朕邪！"严光装眠不应，帝坐其旁。良久，严光方张目熟视，曰："昔唐尧著德，巢父洗耳。士故有志，何至相迫乎！"帝曰："子陵兄，我竟不能请君邪？"严光答曰："我本有山林之志，深远权势，今来非求官，乃见故旧也！"帝曰："今銮驾而来，陪者甚众，难与兄详叙，来日不可不亲赴大内与朕叙旧！"严光曰："诺！然事先声明之：我所赴者，兄弟之家，非帝王宫殿也！"帝于是升舆叹息而去。

水余先生曰：严光乃大丈夫也！微时识天子，此其有知人之明；乱世归隐，此其知世道变化，善远害全身也。后汉室中兴，天子正位，思慕光贤，屡征辟之，光固守己志，屡辞。使者以死相邀，方肯至京师，此其守志且仁也。司徒侯霸礼甚恭，光斥其奸伪，不留情面；帝亲探视，卧床不肯起，与帝共卧，以腿加帝腹，非傲慢，乃保持独立人格且藐视权贵也。光以直道行，不惧权势，固守不降志，朝廷无如其何。笔者慕之，故以其开篇也。

后数日，帝引光入，论道旧故，相对累日。帝从容问光曰："昔日我兄缜比我高祖兄仲，君以为如何？"光答曰："陛下中兴汉室，非陛下全功也。因齐武王缜不终，陛下得其余庆也！若齐武王在，天下早定矣，安有更始帝之纷扰？且天命必归之，陛下安有天下？然陛下与齐武王同创业，陛下有震主之高功，齐武王若正位，为去逼，陛下难全。恐陛下欲再为布衣尚难，安能与高祖兄仲比乎！"帝曰："善！"

帝问曰："朕混一四海，富有天下，与昔比如何？"光曰："陛下差增于往。"帝曰："昔王莽以外戚篡权，我鉴之，虽设三公，位高权轻，然政归台阁，亦可防专权也！"光曰："此不足固皇权也！"帝惊问曰："兄请道其缘由！"光曰："陛下只知其一，不知其二。昔王莽篡汉，诸刘氏一体无异议，朝廷官僚、众儒如痴如醉，大抵天下人'盲目'支持王莽。陛下知其为何？"帝答曰："此乃王莽老奸揎掇也！"光曰："西京祖宗德泽深厚，明君屡作，虽末期有元、成、哀三世昏主，然尚恪守祖宗家法，不敢有残民之政，老奸又能奈何？"

帝问曰："然哀帝崩后短短数年间，汉祚终，此为何？"光曰："此乃汉室失民心也！古曰'得民心者得天下，失民心者失天下'，西京昏庸之君，虽无残民之政，然却丧失民心，此西京灭亡之根本原因，非亡于王莽也。故孔子曰：'季孙之忧，不在颛臾，而在萧墙之内也。'"帝曰："兄言善！"严光曰："陛下鉴之，轻三公之权而重台阁，此只为末也！"帝问曰："何为本？"严光曰："莫若树立人心！人心若皆向汉，纵有权奸，安能擅国？若有异谋，适足以成为其身及家之祸也！"

帝曰："善！然何以使人心皆向汉也？"光曰："陛下与我皆曾游学长安，习儒典，陛下首应倡儒学，儒学不有忠君思想乎！儒学兴盛，则忠君思想牢矣！"帝问曰："如何倡儒学？"光曰："建明堂、辟雍、灵台，为学者筑舍，大力宣扬礼乐教化，立乐经；益博士员，以师礼征天下名儒硕德至京师而请教之。选人不拘一格，时时求诸野，则野无遗贤也。"

帝问曰："振兴儒学外，尚有何策？"光曰："变风俗，淳民心！"帝问曰："怎变风俗？"光曰："倡朋友之交、君臣之义、急难之举也！"帝问曰："何为朋友之交？"光曰："朋友间一诺终身，轻财轻色而重友，四海之内，若意气相投，皆可为兄弟也！"帝问曰："何为君臣之义？"光曰："君待臣以礼，臣事君以忠，君有急，臣随时赴义。若君礼臣不至，事若过三而臣请辞，义绝而不出恶声。"

帝问曰："何为急难之举？"光曰："举主与下属间亦有君臣之义，举主有难，下属周旋，不避艰险！故推而广之，朝廷有难，百僚、郡守亦应赴汤蹈火！"帝问曰："何以淳民心？"光曰："表孝子，彰节妇，倡互助，若情与法冲突，往往曲法而循情，则民心淳矣！"

帝曰："君言善，我受教，将行君策，如此，社稷稳固矣。然我与君近三十年未见，不可不做彻夜长谈！"因共偃卧，边卧边谈，光怨帝在馆驿抚其腹，故以足加帝腹上。帝为受命之君，上应天宿，帝星璀璨；严光为贤良，亦应天象，客星甚明。明日早，太史上急奏，曰："客星犯御坐甚急！"帝笑曰："朕与故人严子陵共卧耳！"帝知严光名儒硕德，不耐细务，欲除其谏议大夫，诏书已下，由司徒公侯霸亲送至驿馆严光处。司徒公曰："今上敬重先生，欲屈先生谏议大夫，无俗政烦扰，从容伴君议论，坐而论道，实为美差！"严光曰："我山野中人，闲散已久，今来乃敦旧好，非欲求官爵！若强加之，我披发左衽入山，为蛮夷矣！"不屈。司徒复命，帝嗟叹，不复强。严光固求归山，帝不得已从之，特赐"富春山"。严光遂率家人迁之，耕于其山。

建武十七年，帝又思严光贤，复特征，诏曰："征士严光，行为世表，学任人师，清俭足以激浊，贞正足以矫时。前虽征命，礼未优备，朕甚愧焉！昔秦穆之贤，犹思询乎黄发。况朕寡德，曷能不愿闻道于子大夫哉！今以光为光禄勋。礼有大伦，君臣之道，不可废也。望必速至，称朕意焉。"帝恐地方怠慢严光，严敕州郡曰："其命郡守、丞，奉诏以礼发遣光诣京师，给安车、吏从、茵褥、道上厨食，上道先奏，行止随奏，途径郡县，其长官皆执子孙礼，万勿丝毫怠慢。"光辞曰："臣草莽臣，孤处深山，

罢农无伍，禄运幸厚。横蒙陛下厚爱，不能仰答陛下恩养之福。沉委笃痼，寝疾弥留，臣年疾日侵，有加无损，不任扶舆进路以塞元责。谨拜章陈情，乞蒙哀省，抑恩听放，无令骸骨填于衢路。"帝难强之，只得作罢。

年八十，终于家。严光临终，召集子孙，留遗训曰："我本布衣，有山林之志，不乐仕进，朝廷屡敦迫，皆坚辞之。因与帝为布衣之交故，于公卿皆不持礼，待之甚峻，故此开罪大僚，我在，子孙当无他，我不在，恐有后患。我逝后，二十七天而服满，子孙便分散各处。我固知政治清明日少，浊日多，后若有权臣迫害，或生战乱，不至灭族。且侯门深似海，布衣勿进来，子孙应谨记，万勿为官，务农自在。若衣食有缺，不得已为官，则为地方小吏，进退自如。不可任方面大僚或公卿，世所知名，难避患矣！"言罢而逝。

帝伤惜之，诏下郡县赐钱百万、谷千斛。子孙素守节俭，托光遗旨而坚辞，帝复不强也。子孙尊其教，服满后，皆改姓为陈，分居华夏各地，务农而不为官也。

水余先生曰：后汉时，人生之途，可出仕朝廷，为官一任，造福一方，以政绩传世；亦可在野，好学不倦，严修己身，以德行闻于天下。故布衣身后之荣，皆生前修身而来，非特依赖朝廷奖赏。布衣若有德行，朝廷慕之，多欲征辟，布衣往往不肯从，固守己志，以德行与朝廷爵禄相抗。世人出途既多，时无官本位思想，则人非专注于朝廷为官，即使在朝，若道不合，弃官爵如敝履。有如此氛围，故官场奴才甚少，阿谀之徒亦鲜见，与后世迥异。此言之在先耳！

二

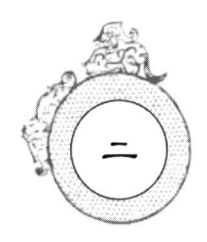

布衣穷好学不笃　同志亲生死不易

严光死后六十三年，其后人陈寔出生也。陈寔虽布衣，好学不倦，游京师太学，行多仁义，名重天下，本仕途可期，然守祖宗之戒，仕宦顶点仅太丘长也。虽爵位不高，然以德行闻天下，朝廷慕之，征辟屡下，陈寔固守己志，不至。后太尉杨赐、司徒陈耽等，每拜公卿，群僚毕集而贺，杨赐等常叹息陈寔未登高位，己虽先登，德不配位，愧疚之。

中平四年，寔卒于家，年八十四，大将军何进遣使吊唁祭祀，海内名士赴丧者三万余人，制衰麻者以百数，司空荀爽、太仆令韩融等执子孙礼，中郎蔡邕撰碑铭。大将军所遣使致悼词曰："征士陈君文范先生，先生行成于前，声施于后，文为德表，范为士则，存晦殁号，不两宜乎！"

陈寔字仲弓，颍川许人，严光之后也。和帝永元十六年生，出于单微，少孤，与母弟相依为命，母老弟幼，寔养母弟，以孝悌称。尝出求薪，有客突至，坐堂中，等已久，不耐烦，欲离去。母望寔不还，乃噬其指，寔即心动，知母有事，急弃薪驰归，归家跪问其故。母曰："有急客来，等汝不及，故我噬指以悟汝耳。"

寔遂拜客，客惊问曰："君何以知我至而速归？可否有术窥测之？"寔曰："我孤身深山砍柴，安知君至？更遑论有窥测之术？乃老母啮其指，致我心动，以为母有急而立奔归，不意客至也！"客问曰："为何能如此母子连心？"寔答曰："我少孤，与母相依为命，息息相通，久之，故有感应也！"客不信。寔母适在厨备饭待客，客悄至厨房，私察之，寔母正切菜，忽刀切其手指，鲜血直流，客急奔堂屋观寔，见寔身颤，手指正疼，客方叹息寔母子心连心也。

寔后因家贫，为地主牧豕，精勤其事，故众豕膘肥体壮。乡里毛盛，为郡县大儒，以《春秋经》开讲，私授诸生数百人。寔放豕，常过毛盛屋边，乐《春秋经》，因听经入迷，忘记牧豕，群豕突入毛盛课堂。师生大惊，执陈寔，责问之。陈寔答："好君之讲，太专注之故，忘记牧豕，以致此，罪过！罪过！"盛奇之，问曰："汝何人？欲何为？"寔答曰："小子陈寔，欲为门下佣佐，执劳役而不求酬！"

盛问曰："为何愿为免费杂役？"寔答曰："君讲经义，小子好之，家贫无束脩，求为佣佐，不求报酬，以劳权抵束脩，休息间隙，听君讲经，学与劳两不误也！"盛转悦，问《春秋经》数事，陈寔答之皆有文理。盛嘉其有求学之志，命为门下诸生拾掇柴火。寔为佣佐数年，勤学不倦，遂习儒典。

三年后，学问大成。陈寔既拜毛盛门下，同门甚多，著名者有皇甫规、范冉。三人日夜相处，彼此亲善，好论国政，评点人物。陈寔对皇甫规曰："君文武双全，然仕途起伏，终为九卿。"对范冉曰："君古道热肠，慕圣贤，欲隐泉林下，然不能终节，将仕宦，位为郡守也。"后皆果如其言。皇甫规字威明，安定朝那人也。祖父棱，度辽将军。父旗，扶风都尉。范冉字史云，陈留外黄人也。少为县小吏，年十八，奉檄迎督邮，冉耻之，乃遁去，拜毛盛门下。时毛盛名重天下，朝廷重之，屡欲征辟，毛盛皆坚辞，然毛盛若举荐己之弟子，朝廷及郡县未有不礼聘者。陈寔等学三年，毛先生对众徒曰："三日后，鄙人将考试诸君，合格者可出师，可称我之弟子行事。若不合格，请自便，可再学，亦可出师门，然不可称我之弟子。"

众人听，紧张异常，皆临阵磨枪，捧书昼夜背诵。仅陈寔若无其事，于教舍周边闲逛。眨眼三日便至，早上，毛先生端坐堂上，对诸生曰："数年来，众皆习儒典，今毕业考试，不出儒典，仅出一题，从现在始，谁若得我之准许出教舍，便出师，算我之弟子。手段自由，可天马行空，不内制也。"

众徒一听，皆大惊讶，心问："如此荒唐先生，为何不考学问？"然师命如山，不可违也。某曰："舍外起火！"某曰："大水淹没教舍！"某曰："地震将起！"如此等等，毛先生皆不为所动。众徒绞尽脑汁，各显神通。

皇甫规偷回宿舍，暗写假信，大哭呈毛先生曰："天不佑我，今早得信，知母病重，有不测之忧，人伦以孝为本，母为我之方寸，母病，方寸乱，无心考试，请师放还归家。"毛先生摇头曰："此刻不行，午时三刻后请自便。"规灰溜溜而退。

范冉上来，曰："师多智术，既定此题，我等必不能出教舍。若允我站在舍外，我必有策入舍内也。"毛先生大笑曰："些许小聪明，安能瞒过我之法眼，站一旁去也。"范冉亦垂头丧气。

众人皆忙考试，不得其策，如热锅蚂蚁。唯陈寔趴在案台呼呼大睡，鼾声大作，搅扰众人，众皆心神不宁。毛先生见此，心中已大怒，以今出题特殊，不便惩罚，放在往素，戒尺早用也。午时三刻将临，陈寔方醒，哈欠连天，突然满脸怒气，边踢边打，如疯牛癫狂，奔至毛先生处，拽着毛先生便破口大骂："何物王八先生，好自清高，刁钻古怪，胸无点墨，却出怪题目害我等。我在门下免费为佣佐三年，颇费辛劳，仅学如此学问，得不偿失，速以金钱折劳，否则将打砸桌椅。"于是动粗，欲掀翻桌椅。

毛先生乃天下名士，谁敢不敬？见陈寔如此动粗，气甚，浑身发抖，大呼范冉、皇甫规二人至，怒曰："汝二人帮我立赶陈寔出，不意陈寔乃畜生，我不愿再见之。"谁知陈寔拗劲上来，固执无礼，破口大骂先生。毛先生愈发生气，范冉、皇甫规死拉硬拽，方勉强将陈寔拉出。

陈寔出教舍，便哈哈大笑，范、皇甫二人大惊，以为陈寔发疯，问陈寔："为何狂笑？"陈寔不理，于地上拾得棍子，立跑回教舍毛先生处，下跪，向毛先生致歉曰："方才为考试，万不得已冲撞恩师，望恩师责罚并恕罪。"

毛先生闻，方大悟，转怒为喜曰："陈寔所为不俗，可出师也。"陈寔曰："按先生考试要求，皇甫规、范冉二位方才亦出教舍，理应一并出师，请先生恩准。"毛先生大悦从之，知陈寔不但聪明，且心胸宽广，惦念他人，日后必成大器也。

毛盛致信许县县令邓邵曰："门下生陈寔，家虽贫，好学上进。诸生虽众，多庸人质，难大成。寔执役三年，半工半读，学问有成，加之其人孝敬其母，养育孤弟，德行为优。德高则名著，学优则出仕，望君辟为佐贰，助力其一二，不胜感激！"邓令素重毛盛，得信，立辟寔为县吏。

寔给事县衙，仍好学不倦，公事毕之闲暇，必坐立诵读。邓令奇之，听受业太学，并给其资囊，知寔母老弟幼，恐其有后顾之忧，常敕县吏照顾其家，故寔得以游学京师，结交众太学生及师友。

寔年十八，初游京师，于空舍中见一书生疾困，愍而视之。问曰："君何以疾困如此？我愿助君，有何请求，敬请开列！"书生见寔相貌忠厚，知其可托，力疾谓寔曰："我当至洛阳，被急病，命在须臾，腰下有金十斤，愿以相赠，死后乞藏骸骨，余者为君之酬劳也。"未及问姓名而绝。寔即鬻金一斤，买寿材，雇脚力，寻坟地，营其殡葬，如若至亲。余金悉置棺内，人无知者，葬之吉地。

后放学步行归家省亲，夜宿馆驿，有马驰入馆驿而止，见寔而鸣，似认主人。寔问周围："何人之马？"无人应，周围见马识寔，推寔为马主人，寔不得已，权且受之，待寻马主而归之。同日，大风飘一绣被，复坠寔前，寔问周围，皆曰非己物，适逢天寒，寔暂用之，亦欲寻主而归之。

寔后乘马至某县，马遂奔走，牵寔入他舍。主人见之喜曰："今擒盗矣，绑之赴县究问！"寔曰："此非我马，我暂代管，非欲盗马，欲寻马主而归之！"寔具说其状，并及绣被。主人怅然良久，乃曰："我绣被随旋风与我马俱亡，卿何阴德而致此二物？"寔自念平生无大功德，仅有葬书生事，许是己功德，因曰："前游学京师，于空舍见书生疾困，书生欲赠我金十斤，为其营葬。我本想详问其姓名、父母、家址，欲便送其灵柩归乡，从而落叶归根，未及深问，书生便绝。"并道书生形貌及埋金处。

主人大惊号曰："我子也，姓吴名彦。前往京师游学，不知所在，历年无音讯，何意已死，卿乃葬之。大恩久不报，天以此章卿德耳。"寔悉以被、马还之，彦父不取，更厚遗寔，寔辞让而去。时彦父为州从事，因告寔所在太学博士黄琼，假寔休，自与俱迎彦丧，余金果俱存。寔由是太学显名。

太学博士黄琼字世英，江夏安陆人，魏郡太守香之子也。琼初以父任为太子舍人，辞病不就，拜名师学经典，专志向学，恐亲朋妨碍己之学习，构草庐于坟地，周围冢累累，亲友拜访，见众坟，皆悚然曰："目中见此辈，心中戚戚，无兴致也！"以黄琼癫狂，不再访之。黄琼思："正因见此辈，既可隔绝与世人交往，专志学习；己天天又见众坟，知人命有限，不得不奋发也。"坟地学习累年，遂成大儒。

适逢邓太后好儒，征天下名儒硕德。太守举黄琼，朝廷征之为太学博士而掌教授，得天下英才教育之，最著名弟子为胡广、陈寔也。胡广历事六帝，屡为公卿，终太傅位，然因中庸且媚于权阉为天下讥。陈寔仕宦仅至太丘长，然修德为天下先，行为天下则，终名重海内，为士大夫所敬仰。后汉时，世人评价人之标准主要为德行，秩禄爵位极少入考量范围，此与后世绝不同也。

水余先生曰：后汉评价人之标准，首为德行，次为学问，末为官爵。陈寔仕宦顶点仅太丘长，而太尉杨赐、司徒陈耽等每拜公卿，则叹寔未登高位，己虽先登，德不配位，愧疚之。桓帝末党锢起，贾彪任新息长，说动朝廷众僚城门校尉窦武、尚书魏郡霍谞等，皆使上谏皇帝，终使党锢祸得解。董卓军阀秉政，荀爽为布衣在野而有盛名，征之，初拜平原相，途次，又拜光禄勋，视事三日，策拜司空。自布衣至三公，凡九十五日。时朝廷皇帝及公卿不敢以位高权重自恃，慕有德之士，待之于礼，以征辟彼等为荣，天下亦以此窥朝廷用人风旨也。

黄琼为太学博士，教学别出心裁也。故意屡屡昼寝而不许学生瞌睡以窥测，弟子不解，诘之，黄琼故曰："我有儒典不通，欲梦周公以求解也！"明旦，黄琼又昼寝，众徒亦效之，纷纷睡，时盛夏，众人睡熟，黄琼以戒尺击之方醒，问曰："汝等为何如此？"众人皆曰："亦欲往梦见周公求儒典之解也！"黄琼问："周公何语？"众徒答曰："周公曰：'昨日并不曾见尊师也。'"黄琼大笑，置之，细查，未昼寝者仅二人，陈寔、义明。二人趁众人熟睡之际，轻声探讨经义，黄琼悄至二人旁，陈寔、义明尚未察觉也。

　　义明先游京师，长寔三岁。太学求学间，二人朝夕相处，情感甚笃，为刎颈之交。太学生称："陈寔与义明，世间同志情。"后三年，义明先游学毕，告归乡里。二人洒泪而别，义明曰："今当远别，不知何日能再相会，令人悲怅！"寔曰："后三年我当专赴君家，过拜君亲，与君叙旧！"乃共约期日。后期将方至，义明具以白母曰："三年前某日，我与挚友陈寔相约来家拜访，其将至，请母设馔以候之。"母曰："三年之别，千里结言，彼或一时兴起，或时久忘之，或有他事羁绊，尔何相信之审邪？"对曰："仲弓信士，言之必行，必不乖违。"母曰："若然，当为尔酝佳酒。"

　　至其日，陈寔果至义明家，陈寔曰："三年前，我与君相约再会，时刻不能忘，将日写之墙壁，时时自我提醒，后算路上行日，提前半月出发，昼行夜寝，今果准时而至。"义明问曰："君母何如？"陈寔答曰："母体自康健！然我将彼此之约言之，母不信，劝我勿来！"义明问曰："为何？"陈寔答曰："母曰：离别仓促之言，漫久三年之期，何可信也！且奔波千里，来回数旬，仅赴一宴，又有何必？"义明问曰："君何言以对？"陈寔答曰："我与母言：'凡与义明之约，无论大小，必践行之，死生不易！'"义明曰："承君厚意，内感于心！"陈寔乃升堂拜母，二人须臾不离，共枕而卧，日夜彻谈，饮之三日，尽欢而别。

　　后义明仕为县丞，未婚，寝疾笃，同县祝昆、娄杰晨夜省视，侍奉汤药。义明临亡，叹曰："恨不见我死友！"娄杰曰："我与祝昆尽心于子，是非死友，复欲谁求？"义明曰："若二子者，我生友耳。颍川陈仲弓，所谓死友。临死之前不能见之，抱憾入地也！"寻卒，临终喊"仲弓"者再三。

陈寔妻适将临盆，寔忽梦义明垂缨屣履而呼曰："仲弓，我以某日死，当以尔时葬，永归黄泉。子若未我忘，盼君速至我丧前诀别，从此天人永隔！"寔恍然觉寤，悲叹泣下，具告其母，请往奔丧。母曰："此何可信？凡梦者，十有八九不符也！况汝妇将产，前后须汝照应，何以能离！"寔曰："妇临盆，平生多次，误其一又何如？义明乃我之挚友，今生唯一，今不赴，必终生遗憾！况梦境明白，必无虚妄，义明必死矣！"

寔母虽心不信而重违其情，许之。寔立着朋友吊丧之服，投其葬日，驰往赴之，日夜兼程，奔丧之途哭泣不止，水米不进，哀痛路人。寔未及至，而丧已发引，既至圹，将下棺，而柩不肯进。其母抚之曰："义明，岂有望邪？"遂停柩移时，乃见有素车白马，号哭而来。祝昆、娄杰问曰："义明名士，郡县著名，今殒殁，四至士人无不毕至，此为何人？"其母望之曰："我老而眼花，虽看不清谁至，然此必陈寔也。"祝昆、娄杰问曰："母何以如此肯定！"母曰："义明与仲弓生死相许，今义明死，仲弓必至也。"果仲弓也！

仲弓既至，雨泣叩丧言曰："行矣义明！我终会君丧，死生路异，永从此辞，虽阴阳两隔，我心中无不时时念君！"磕头流血，血泪俱下，会葬者千人，闻之咸为挥涕。寔因执绋而引，柩乃肯前，遂得顺利安葬。寔遂留止冢次二十七天，为修坟树，旦夕至墓所拜跪，攀柏悲号，涕泪着树，树为之枯，然后乃去。

水余先生曰：子曰："益者三友：友直，友谅，友多闻。"然知音非仅此也。知音之友，彼此情好无贰，以心相交，大小之诺，决必兑现。相聚，睦睦终日；别离，心常念念。虽各处异方，皆有妻室，心常相系；相会，虽别数载，如昨方离，相见伏泣，无须臾之离。人生百年，终有先逝者，先逝乃大福，无别离之痛，相思之苦。生者思先死者终身，念之，心常戚戚，未尝不涕泪，生忌日未尝不祭。此生别无他念，以死为幸，得以与亡友聚也。

后又至京师，再受业太学。时诸生长沙李浩亦同在学，与寔未相见，而浩被病将亡，谓其妻曰："我闻颍川陈仲弓，烈士也，虽未曾谋面，可以托死。我殁后，但以尸埋仲弓户前。"乃裂被为书，以遗仲弓。既终，妻从其言，于太学寻寔，时寔出行适还，省书并见瘗，怆然感之，向坟揖哭，以为死友。乃营护李浩妻儿，身自送丧至临湘。未至浩家四五里，乃委素书于枢上，哭别而去。其兄弟闻之，寻之，而寔不复见。长沙上计掾史至京师，上书表寔行状，朝廷嘉之，四府并辟，陈寔守严光祖训，不应。大将军及三府见此，更欲赏寔美官，以鼓动天下士子，遂派遣青年俊秀官员尚书郎胡广劝之。胡广先寔师黄琼，后为尚书郎而谄媚权贵，寔鄙视之，虽同处黄琼门下，尽量不会面，逼不得已会之，则未偿与胡广交言也。

三

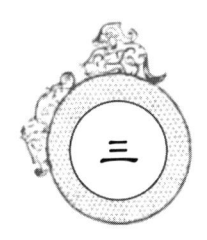

机奸深穷家致富　智谋高仕途高起

胡广将如何劝说陈寔，其早年行状如何，一笔难同述两事，故笔者暂不谈劝说事，先述胡广早年。胡广，父名宠，前妻生广，早卒；宠更取江陵黄氏，生康及其他四男。后母抚养胡广，视之如己出。广及冠，父宠便因病而亡，诸弟皆未成年，故广少孤贫，亲执家苦。广最长，先结婚，与妻不合，思以计去之。广因家贫之故，六兄弟同食递衣，广妻见此，窃谓广曰："今孤母在上，众弟在下，又别无产业以治生理，致贫苦如此，恐难久安。昔妾初嫁时，妾母见君家贫，私赠妾十金，妾藏之久，不敢言。今妾愿以私财赠君，为君经商之本，然君须先分家，后妾将私金拿出。"

胡广故作大悦曰："我本有分家经营之意，然家贫，巧妇难为无米之炊！"广妻曰："君若分家，妾将立奉全部私金！"胡广问曰："夫人果有十金？可否一观？"广妻遂从内藏中拿出十金，示之胡广。胡广伪酬曰："如欲分家，不可悄分，若如此，乡论必不容我，亲友亦当指指点点。"广妻曰："若能顺利分家，一切听凭君所为！"广曰："本地俗，如欲别居，当酿酒集会，请呼乡里乡外，夫家亲朋，共议其事！"广妻曰："善为之！"广曰："诺！我先发通知，五日后群客毕集于家。"广妻遂与广大备酒菜宴客。

五日后，乡里乡外，群亲毕集。众人方欲举杯，广忽然于座中跪白其母曰："此妇无状，欲以私财撺掇，教广分家，离间母弟，合七出之条，罪

应遣斥。"母尚未有言，广便叱责其妻，逐出家门，广妻衔涕而去。众宾客大惊，宴会因此不欢罢散，广由此单身，然声名鹊起。县里上状于郡，郡守慕之，欲辟其散吏，以敦厚风俗。广以散吏无前途，欲养望，托以群弟尚幼，皆未曾娶妻，须已抚养，力辞之，郡守不强也。

广与群弟皆同财业，共作共劳共居也。数年后，群弟各娶妻，诸妇遂求分家，且妯娌间多有争斗之言。广深怀愤叹，乃掩门自责曰："胡广、胡广，汝修身谨行，学圣人之法，欲将齐整风俗，奈何不能正其家！且乎，我当年逐妇，不亦为敦睦家族乎！何以今反如此？"遂欲剃发为僧，以避世俗。群弟及诸妇闻，私下计议，知胡广名重郡治，今因家庭不睦之事而出家，必大骇物听，郡守闻之，必将对群弟、诸妇下大处分，轻则鞭杖，重则发配远方也！

计较毕，众人纷纷叩头谢罪，遂更为敦睦之行。胡广乃曰："我与群弟早孤，后母含辛茹苦将我等养大，兄弟自幼相依为命，吃睡亦在一起，何尝须臾分离？大家虽各有妻，然兄弟如手足，妻子如衣服，兄弟义与夫妻情，孰轻孰重，应知也，群弟何其不懂事！且我有高名在外，郡守重我，若家族行为有亏，我何能高起？又何能提携诸弟？且名声若坏，诸弟群妇又安能立世？请较之！"众人遂悟，故广与群弟又共作共劳共吃共睡，诸妇亦在一起共作共劳共吃共睡也。诸弟有欲生子传后者，则偶与己家妇单睡以延嗣，完事毕，立赴兄弟处共睡也。

然兄弟共睡及群妇共处非长久计，毕竟先要解决生计也。胡广深思，顿悟，大喜，得奇特生财之道也。何道？下将述之。

昔明帝时，佛教传入中华。或曰："武帝时，霍去病讨伐匈奴，得祭天金人，此时，佛便初传至中华也。"无论何情形，至胡广时，佛教传播历多年，已生根发芽，然信徒多为富人及权贵，尚未普及至百姓也。胡广知此，因之而谋富贵，祝发为沙陀。胡广扮作行者，胡康为伴当，至江南某郡之齐仁（谐音：欺人）寺。胡广表明挂单意，沙弥见胡广，欲拒之，适逢寺主遇此，见胡广相貌奇特，有伽蓝之相，喝退沙弥，留胡广兄弟在寺中。胡广善下人，在寺主前执子弟礼，多殷勤伺候，故寺主亲善胡广。

寺主本为淫僧，表面道貌岸然，实乃色乐官，常勾搭周边村妇，并赠送钱财，以作吸引之资，亦可堵塞诸淫妇嘴也。齐仁寺本小庙，香火不盛，檀越甚少，布施不多，因寺主之风流债所费不少，又有群僧及寺院日常开支，故齐仁寺常缺钱也。寺主既与胡广亲善，时时在胡广前抱怨入不敷出，胡广见时机成熟，与寺主出谋，并言明若有所得，各分一半也。寺主闻之大喜。

如何为之？胡广私令寺主按己之相貌重塑某伽蓝像，暗置隐蔽室外数月，风吹日晒，便觉伽蓝已历岁月，后置之于众伽蓝中，新旧别无二致。另以干牛肉制作大佛珠数十粒，挂于胸前。准备毕，胡广孤身在江中乘船，暗令胡康对外宣传曰："有奇僧异貌，能辟谷不食，袈裟瓢钵外，无他粮食，现正坐河船之上，已数日不食亦不饥饿也！"众人闻讯，蜂拥而至，人山人海，或岸边看，或坐船观，指指点点，大为叹异。

适逢商队之船路过，见众人观僧，问其缘由，众曰："僧人已数日不食，身体且无恙也！"众商怪异之，见其人，惊其相貌奇特，遂放广船于大江中流，又数日，亦如此。商人以为神奇，遂相率礼拜，称之"活佛"，竟欲相供养。僧曰："无须供养，我乃齐仁寺头陀，离此数十里，因大雄宝殿年久失修，后被大风吹毁，欲从众檀越祈布施，重修大殿，作无量功德！"因出化缘簿，求各位富商捐款。

富商见之，知和尚不凡，踊跃捐款，胡广令已捐款者皆登记在簿。须臾，百金已毕。胡广意其捐款少，曰："后三日入齐仁寺见，感众檀越捐款，我为众在佛前祈福，务必毕至也！"众商曰："活佛有命，安敢不赴！"及期，众人往寺庙中，胡康及众僧接于山下，曰："我寺主梦神人告诉，众商将来拜庙，特着我等山下迎接也！"众人大异。又问曰："前有僧人，能绝粒，数日不食亦无事，自言为齐仁寺头陀，不知贵寺有此头陀否？"迎众不知，众呼寺主，让全体僧人出列，无此僧人。又问寺主："是否有修大殿事？"寺主曰："大殿虽毁坏，尚且能避风雨，无有祈布施修缮事！"众

商与群僧共大骇，忽然见庙中伽蓝貌酷似僧，怀中有簿，取下观之，乃前之化缘簿。再细察之，众人所写之字尚清晰在其上。

众商更加诧异，惊呼遇天神，于是叩头伽蓝前，大喜，更布施千金修殿，恐泄露有损功德，互相劝诫不能泄露此事也！

水余先生曰：世事皆在自修，与神何干？凡弄神求捐募者，必骗子也！何哉？凡人信奉神灵，皆因心中有贪念，或祈祷平安，或祈顺利，或祈发财，或祈健康。弄神者知此，以神欺人，其法看似高妙，被欺者破财且心悦诚服也，然当局者迷，实破绽百出也。以胡广为例，为何坐船上不食？观者远隔，实难观其真。庙中伽蓝似僧，众商惊为天神，天神当无欲求，为何求布施？

胡广何以能此？知己之相貌奇特，能耸动听闻，且己相貌与本寺伽蓝颇有几分神似，遂按己相重塑伽蓝，置之风雨中数月，觉其有岁月，与众伽蓝无二。为何能在舟中数日不食？乃因先用干牛肉造大佛珠数十颗，饿则暗中食之，渴则饮河中水，以欺人耳目也！仅此一策，胡广得五百五十金也！文帝时，十金为中人全家财产。金为硬通货币，价值稳定，两汉数百年几乎不变。故此金于后汉时，已是数十中人财产也！

有此一事，胡广饶于财，立归家，赠每弟五十金，家家致富。剩余三百金，胡广已掌握，欲相机为扬名立万事也。先前，胡广生母早死，胡广尚未成年，后胡广父死，胡广已冠，曾服丧三年。故广于父丧无法做文章，但母丧则可大做文章也。如何为之？见机而作也！

某日，胡广在集市中，遇杂耍弄鸟者。鸟者但凡一呼，则群鸟毕集，胡广异之，因之生策，欲以此做文章也！胡广私予一金，问鸟者何以能此？鸟者曰："此易耳！群鸟昔皆为雏鸟，养之大，每食鸟，则呼之，鸟素习我之声音，闻我呼声，以为食之，莫不毕至也！"胡广闻之，大悟，遂再予鸟者五金，曰："君弄数百幼鸟来，我买而以君法养之！"鸟者曰："难道君亦欲耍鸟为生乎？"胡广答曰："非也！君不问我当为何，赠君五金，君是否愿意弄众雏鸟也？"鸟者曰："君总予六金，乃重资也！我素家贫，有此金，立当致富，愿累筋骨为君弄幼鸟！"

须臾，鸟者发动全家赴深山抓雏鸟！一月余，已有五百幼鸟交付胡广，胡广谢，令鸟者与己共处数日，学会种种养鸟本领后，在先母坟头搭造茅屋两间，一间己住，一间养鸟也！胡广每喂鸟，则大哭，同时撒鸟食于地，群鸟便飞来食！其后数数如此，群鸟闻胡广哭声，莫不竞凑，蜂拥而至也。

驯鸟毕，胡广归家，与群弟商量为生母服丧事。胡广曰："我生母早逝，时我尚处襁褓中，未能为之服丧，每念及此，心中莫不戚戚焉！"群弟曰："时兄年幼，丧亲母，由后母抚养成人，现已多年，且后母在堂，安能如此？"胡广曰："朝廷选人以举孝廉为主，孝为绝好题目，我家现饶于财，所缺者，官职也！俗话曰：'为官一日，强似为民千载！'为官者，生时富贵，普济亲朋，光宗耀祖；死时，朝廷封赠抚恤，遗福子孙！"群弟曰："善！该如何？"胡广言如此，群弟闻之大喜，便立分头行动也。

广后母五十岁生日在即，胡广兄弟发帖，请乡里及亲朋毕至。生日当天，高朋乡里满座，胡广率群弟奉觞上寿，礼节甚恭，众人莫不多胡广之孝也。众人酒酣，胡广忽然大哭，众人大惊，问胡广："今后母大寿，本喜庆之日，为何而哭？"胡广只是大哭不止，未曾对答，众人惶恐，尽力安慰。未料胡广越发哭狠，暗中咬破舌头，先是泪，后吐血，遂假装晕倒。

众人急忙将胡广抬至床头，撬开嘴，掐人中，强灌米汤，颇历时刻，胡广方醒，仍大哭不止。众人急问到底为何。胡康为之对答曰："恐是家兄思亲母早终之故！昔家兄幼时，亲母早亡，家兄未得尽一日之孝，亦未服一天之丧，故心中常戚戚焉！"其余四弟曰："今母大寿，如此大哭似有不妥？"胡康曰："家兄节操高白，素孝敬后母，此众所固知。然孝敬后母而不忘亲母，此其内心之真孝也。值此大寿之时，后母荣享，而生母长眠多年，家兄内心安能无感！"

胡广闻此，哭声稍霁。众人遂知胡广之意，故意问胡广曰："君欲何为？"胡广曰："无亲母，便无我，然亲母早终，每念及之，心戚戚，我欲为亲母守丧也！"众人曰："此大孝之举，我等安能否定？然亲母去世多年，死时，君尚幼，无养育恩，君何须为此？"胡广曰："人非草木，安能无感，无生母便无我，本欲心丧，独为之，未敢惊动众人。然行亲母丧而后母在高堂，后母对我有养育之恩，难报答，我不能负，又念亲母生我之恩，故此心情郁结，不禁大哭！"众曰："君行亲母丧，此乃至孝，谁敢非议？至后母之养，有群弟焉，何须君急？且君之后母，年方五十，尚能自理生活，未须照料，君自可行己意。"众人一同启告后母，后母能有何异议？只能同意。

胡广遂得行丧，既不骇听闻而得众人支持，又不得罪后母，更博得至孝之名声也。群弟曰："我兄行丧，乃大孝之举，明日清早我兄将赴亲母坟旁之草庐守丧，众人送之，以为声援，如何？"众人曰："善！"群弟曰："今我母大寿，众人不可不欢！明日我兄行丧，众人不可不亲赴，为我兄壮行色！"众人曰："大善！"于是，群弟扫地除更，再度上美酒好菜，众人狂饮至深夜方罢。胡广因欲行孝之故，故后母之寿，勉强成礼而已。罢宴后，宾客将息，胡广遂入房间大哭，群弟伴随，宽譬不离左右，直至天亮，胡广哭声不止也。

次日清晨，胡广已哭一晚，精神颇为恍惚，其余五弟扶掖胡广，胡广著孝服白帽，哭声阵阵，走在最前列，众宾客随后，数十百人，浩浩荡荡，皆赴胡广生母之墓。至坟前，胡广见母之坟，由哭转嚎。忽然，群鸟铺天盖地而来，围绕坟地，见人不惧，挥之不去。众人诧异不已，以为胡广孝感动天所致，遂争相传告，不久便惊动官府。县令使属吏检验，发现只要胡广哭，则群鸟大集，果真孝感动天，于是汇报之县令。

水余先生曰：后汉之徒，以意气相尚，能为人所不敢为，时选人多以察举征辟，非如后世科举有相对客观标准，察举多以举主主观，不能妄举，必采名誉，故凡可得名者，世人一意孤行，必全力赴之，为激诡行而不惭，世竟慕之，遂成风俗。后汉求名者如胡广之徒，狡猾行事，大作孝悌文章以求名声，终以孝道耸动听闻而得入仕途也。

胡广以孝悌立节，县令欣赏之，推荐其向陈留大儒李充学习也。李充者，陈留人，少家贫，好习经，父母早卒，服丧毕，则立精舍教授。后太守鲁平闻其名，请署功曹，不就。鲁平大怒，谪署县都亭长，并威胁曰："若不就职，立嫁妻女，家族远贬。"充不得已，亲起就职，然日夜攻读经文不怠，长年累月，遂成大儒。后鲁平去职，充辞官归家，讲授数十年，门生遍天下也。和帝时，公车征，不行。邓太后时，诏公卿、中二千石各举隐士大儒，务取高行，以劝后进，特征充为博士，亦不至。

李充为胡广民间师。广有雅才，拜充门下，学究《五经》，古今术艺毕览，数年，学问大成。上文已言，郡守法雄欲辟胡广散吏，胡广以家事辞，现诸弟皆已成家，广无由再辞，然嫌散官悠游无事，难展己之才能，不肯赴郡，坚辞之。郡守大怒，谪署县都亭长，并令曰："若不就职，便将远贬。"胡广不得已，起亲行职役，夙夜在公，以治行为最。后郡守再辟其散吏，广不敢辞，随众辈入郡，默默无闻，然日夜精读不辍。

太守法雄之子真，从家来省其父，真以知人著称。雄以军功得为郡守，上马杀贼尚可，却未有识人之明。胡广知法真来，白郡守法雄，愿为公子伴当也。法雄知儿为儒生，正苦无良伴，胡广学通五经，乃良伴，其能主动请缨，安能不从？

法真遂与胡广日处，胡广思讨好法真也。郡中皇甫平与大将军邓骘厚善，在当地最贵盛，地方官及豪族无不敬之，然性格宽厚，犯而不校也。适皇甫平六十生辰，法雄派法真献礼，法真儒者，恨应酬，尤恨与权贵应酬也。胡广曰："我有妙计，保君不虚此行且大悦！"法真不敢违父命，遂与胡广赴宴并献礼，胡广书一联奉上："皇老先生，老健精神，乌纱白发，龟鹤同龄。"胡广诳曰："此郡守真笔，以奉先生大寿也！"皇甫平大喜，立命悬之正堂。

法真见之，私笑，骂胡广曰："何物小子，竟敢戏耍权贵，各取首字，汝莫非嘲笑皇甫平'皇老乌龟'也！"胡广曰："公子明见万里！"法真曰："皇甫平为大将军贵客，大将军权倾天下，汝此为，恐为郡守及君之祸也！"胡广曰："小子揣摩久矣，皇甫平性格宽厚，犯而不校。且郡守素武，以军功起家，皇甫平必知此非郡守之笔。若有事，皆可推责小子，小

子不惧后患也！且乎，皇甫平依附权贵，不讽刺之，我等儒生，心中不甘也！"法真善之。

法真素好古籍，郡掌学家藏上古密书，法真此行，明面探父，暗乃为观上古密书也。法真言于父曰："今闻郡掌学有上古密书，请求一观。"法雄从之，言于郡掌学，郡掌学不肯，曰："此先祖遗留之物，封存甚谨，不敢示人！"法雄素敬郡掌学，不强也。法真见此，忧之，胡广曰："无虑也，保君能观其书！"

遂深夜亲赴郡掌学家，曰："我读书至夜方罢，突思与君会，故深夜打扰，闻君有上古密书，我父亦曾有，此密书有误，君请出示，我为君指出也！"郡掌学素好学，知胡广学问精深，此言不虚，遂将密书取出，请胡广指教。胡广曰："现晚上，灯光昏暗，我难观别，何不借我一天，明晚必奉回，我亲书简，详细讲明问题，如何？"郡掌学求问之心切，遂曰："此传家宝，本不外借，君言仅借一晚，不可拖宕也！"胡广曰："诺！"遂将书取走，当夜交给法真，法真如获至宝。胡广曰："君阅之，誊抄之，数日后，我再奉还。"法真曰："郡掌学安肯借数日？"胡广曰："我自有妙计，公子无用挂怀！"法真无法，只得从之，连夜誊抄之。

次日晚，胡广未奉还密书，郡掌学立赴胡广家索要。胡广曰："我何曾借君之书？"郡掌学曰："昨君夤夜来访，曰密书有误，灯光下看不清，遂拿回家。君怎能如此抵牾？"胡广曰："君之密书，系祖传之宝，昔郡守有请，君且不借，怎肯借给我？"此时郡守正进京上计，郡丞代掌印。郡掌学大怒，诉之郡丞，郡丞招胡广，胡广即持密书往见郡丞。胡广曰："此乃我之书也！"郡掌学大怒曰："胡贼，汝安能昧良心夺我之密书乎？"胡广曰："此若是君之密书，能否背几段以证明？"郡掌学怒急，不能背，语塞。而胡广背诵整本，无有脱误。郡丞曰："郡掌学，君所称之书，君不能背一句，而胡广全书皆能背，此书必属胡广无疑也！"

郡丞遂判密书归胡广，命郡掌学退。胡广出曰："此本君之书，因君不肯借法真，故出此下策，暂用几天，誊抄完毕，便归还，前语乃戏言耳。"

郡掌学知胡广为人，不强之，广遂交还法真誊抄，半月后，如约归还郡掌学。法真感激胡广入骨髓，知胡广才高五斗，又有谋略，适合仕宦，欲举荐之，以己名高，素有知人之明，先不告知胡广，恐其推辞，欲暗中助力广也。

会岁终应举，雄求其子助选，真曰："父大会群吏，儿从牖间密观察，得之后启告父知。"雄从之，召集群吏百人，真私"细察"，指广以白雄。法真召见，与语累日，广每能窥探雄意，顺其意而对，法雄大悦，遂举广孝廉。

既至京师，邓太后与安帝亲自主持，考察诸孝廉章奏，以胡广天下第一，时年仅二十七岁。汉故事，凡举孝廉高第，三公尚书褒奖孝廉本人，且特奖举将，以激励百僚举贤任能也。按汉制，胡广为孝廉第一，诏书下三公府，府下至郡守，特褒奖法雄也。

胡广举孝廉位次第一，旬月拜尚书郎，五迁尚书仆射，仕途进入快车道也。胡广为尚书郎时，邓太后称制，其兄大将军邓骘辅政。邓骘辅政初，颇能推进贤士，荐何熙、李郃等列于朝廷，又辟弘农杨震、巴郡陈禅等置之幕府，天下称之。然辅政久，不免骄奢淫逸，恣意妄为，专权挟私，睚眦必报。那时言论宽松，处士妄议，太学横论，不免造谣讽刺，如"邓骘不智，耳边听忠言如风，眼里见直臣似火！""邓将军家杂，酒肉兄弟多，柴米夫妻众！""邓家全靠钱，无钱便是一脚箭，有钱立使两面刀！"诸多谣言，传不胜传，终传之邓将军耳中。因言者多，法难责众，长此以往，邓家声誉何在？邓将军忧虑之。

胡广见之生意，私下言于邓将军曰："我虽为尚书郎，任小吏，然好学，同时在太学，师从黄琼。太学宽松，逍遥散漫，言论自在，好为谣言。若大将军以强力钳制，则谣言愈众，不如因势利导。"邓将军问："怎么因势利导？"胡广曰："今太学中，最著名老师为黄琼，我之恩师，名儒硕德，学富五车，天下名士。最著名学生为陈寔，我之师弟，以孝义重太学，博学名天下。大将军若能诱以美官，黄、陈师生至幕府，非仅止谤，将军重贤之英名亦将耸动天下听闻。"大将军悦而从之，从此对胡广颇有好感也。

四

历多难贤士修德　　遭酷刑君臣义固

　　大将军本欲亲请黄琼，适黄琼因父死而辞太学归家守制，大将军仅能叹息也。大将军以陈寔仅太学生，地位与己不对称，故派胡广劝说，欲辟其为大将军属吏。胡广屡谒陈寔，寔拒绝见，胡广持之甚坚，陈寔以师门之谊，不得不见。胡广曰："寔兄，今大将军慕君之贤，欲辟君为属吏，居大将军幕府，则仕宦前景可期也！"寔曰："感大将军厚意，然小子母老，今游京师久，思乡，欲归故里，耕作以养老母也。"胡广曰："弟可言于大将军，君可接老母至京师孝养，大将军将厚赠君，君母生活无忧也。"寔辞曰："老母安土重迁，恐难至京师，感大将军厚意，愿兄言于大将军，小子不愿为官，贪恋乡野，愿为山野村夫也。"

　　胡广见此，知陈寔归乡心切，难于阻却，又转思陈寔名高，若在朝廷，恐与己竞争，于己有害，遂不复强。归报大将军曰："陈寔本极愿至大将军幕府，然其母老，欲归家孝养，大将军以孝治天下，恐难夺其志，陈寔亦言：'感大将军厚意，铭记在心，今报母之日短，事将军之日长，若母终服竟，必赴京师报效大将军也！'"大将军闻之喜，厚赠陈寔，陈寔拒不受。

　　陈寔遂得归，居乡数年。时邓太后执政，水旱十载，天下多不安，颍川盗贼四起，寔弟及寔妇为贼所杀。其后贼忽大至，寔抚侍其母，奔走逃难。寔弟遗腹女始一岁，寔弟死后，弟妇不知所踪。贼大至，寔抱弟女而弃其子。寔母欲还取儿，寔不听，曰："今贼大至，恐难两活，我弟唯此一女，应先救之，我弟不可绝后！况我人尚存，将来或有子孙，未必绝后！"母从之。寔遂不顾，委子而去，与母俱匿野泽中，寔子遂为饿贼所俘，为之所啖！

某日，母曰："今颍川盗贼四起，我与汝困此，三日不食，饥甚。"寔曰："母稍待，我将出求食！"母曰："啖人贼猖狂，恐为其所获！"寔曰："被饿贼俘，死；无食，亦死。皆死也。况未必遇贼，尚有生机乎！"遂出求食，逢饿贼，被逮，饥贼将烹之。寔颜色不变，叩头求贼曰："我母子相依外逃，老母三日未食，饿甚。今旦为老母求菜，老母待旷为命，愿得先归，食母毕，还就死，不敢有违此言。"因涕泣。

贼众见其至诚，曰："此乃孝子，食之无义。"哀而遣之。寔还，既食母讫，因白曰："属与贼期，义不可欺。"母曰："此去必不还！"寔曰："孔子曰：'自古皆有死，民无信不立。'儿为儒生，应奉夫子教导，生死与信间，儿择信也！"母曰："此我之困顿，不识大体，我子能如此，我与女孙饿死又何憾乎？"

寔遂还诣贼。众皆大惊，相谓曰："常闻烈士，以为乃传言耳，乃今见之，人生幸事。子去矣，我不忍食子。"于是得全。后某义贼暗指避兵之方，寔辗转客他县，穷贫裸跣，行佣以供母及弟女，便身之物，莫不必给。后盗贼平定，与母及弟女归乡里。

归乡后，县令邓邵已去职，新任县令江革欲复召其为吏，寔以忠臣不事二主之义，不肯赴召。江革素慕陈寔名，屡辟召，寔不赴，与母及弟女隐阳城山中，以避征。

陈寔虽隐居不仕，然尚学术交往，恐人知己为陈寔，故隐姓埋名，称己为走贩商人陈勤。陈寔本儒生，儒家素贱商，为何陈寔却愿称己为走贩商人？陈寔以为："昔孔子率众弟子周游列国十数年，夫子性直，道不同则离，非肯受列国统治者馈赠。其资费何来？乃因周游之故，识各地货物，

四 历多难贤士修德　遭酷刑君臣义固

贩贱卖贵，故得不耕不作，率领众门徒周游也。圣人尚且为达目的而亲贱业，己又何必戚戚鄙夷不屑为之乎？"

陈寔曾暮过某村求寄宿，主人不许，时天将大黑而难行，于是权借宿主人屋外车厢内。后夜有盗扶一妇人及背一包裹急出，适为陈寔所睹。寔念己不为主人所纳，现主人亡其妇及财，明日必当归罪于己，将执己告县，无端将生此横祸也。三十六计走为上计，因急亡去，误堕枯井中。适妇人被盗所杀，尸体先在井中矣。

明日，主人循迹至枯井边，得陈寔，执诣县。昔县令邓邵同时辟召陈寔与杨否为吏，寔为邓令所欣赏，荐其太学读书，后寔在太学学优，品德高超，兼遇贼不屈而守义，故名满天下。陈寔归乡，新县令慕名征辟屡下，欲委重任，陈寔辞之不赴，县令难强，然内怒。杨否仕位不进，又无名声，恨陈寔名高，内心愤藏嫉恨。及杀人案起，主人执寔至，杨吏以疑寔，添油加醋而言于县令，县令内怒陈寔以名高而不就辟，令立逮系陈寔。杨吏亲自拷问，五毒俱至，体无完肤，然寔坚不承认，曰："己误堕枯井中，适逢妇人尸首，己安杀之？且失主言丢失财物，枯井及己身边并无它财，亦可证见我之冤也！"

杨否见陈寔坚决不认，必欲害之，诬陷而成狱，对外榜曰："今贼陈寔，伪窃高名，游学途中，见主人妇姣好，便思勾引。妇人不从，便强行绑架，逼至井中，欲行苟且之事，妇人不从，便起歹意，杀之。奸盗及杀人重罪，罪不可赦！"众人见榜，群议纷纷，指指点点，多不信。寔名满天下，今得重罪，须臾，消息便传开。真犯某青年闻之，自首于县曰："陈寔海内名士，安能做此龌龊事？小子为真杀人贼，不愿正人受诬。小子本与妇人有奸情，惧夫主发觉，遂与妇人私奔。私奔前，卷裹夫家全部家产逃逸。后妇人反悔欲归，我惧后患，杀之，丢尸枯井中，己则携财物逃离也。"

县令问曰："君是否替人受过？是否受陈寔收买？"青年曰："一人做事一人当，我失行，安能连累善类！况陈寔名高，安能为此作奸犯科事？且失主不但丢失妇人，亦丢失财物，财物俱在此，小子未动，亦可证明此事乃小子所为，望县令明鉴！"县令盘查，并与失主核查，果为其丢失财物。

县令遂知陈寔蒙冤，立放寔出狱，寔因祸得福也。前县令邓邵政绩卓著，常为天下最，朝廷玺书褒奖，迁为颍川郡守。汉法：死罪须由县令报郡守，郡守得审核，可驳回，若同意，则再报朝廷审核也。及陈寔下狱，报之邓守，邓守踌躇，后无实得出，邓守知其无辜，又知陈寔太学归家而为布衣，欲举之为吏，知陈寔将以母老为辞，故以重币礼聘陈寔为督邮。督邮为汉时郡守重要属官，位卑权重，代表郡守巡视地方及掌一郡司法。

陈寔得重币不辞，悉数奉予母亲，以为养老之资，邓守又敕令地方官谨视寔母，故陈寔方就职督邮也。因事巡行至许县，杨吏惧，恐陈寔打击报复。因素奸贼，知陈寔好名，故公然弹劾自己，主动入狱。陈寔密托许令，礼召杨吏，杨吏仍不肯出，陈寔露檄曰："昔杨吏以前嫌，自为囚而诣狱，显明过失，欲求受罪。杨吏何罪之有？昔我有杀人嫌疑，杨吏为我同年吏，未徇私义。虽对我用刑，此乃正直执法，有何罪？我德修不足，自惹杀人嫌疑，安能苛责他人？杨吏执法公正，非但无罪，且有功劳，请自出狱，我将荐其县尉，以为忠实执法者之鼓励也。"杨吏方出。寔果言于郡守，迁其为县尉。远近闻者，咸叹服之。

时邓守素有令德，故能委任贤人陈寔，郡守以德治郡，故治下风调雨顺。然虽太平无事，却有不测之忧。时夏大旱，作物枯黄，眼看民人颗粒无收，太守邓邵忧民心切，屡自出祈祷山川，以求降雨，普济万民，然连日无所降。陈寔见太守焦苦，心不忍，于太守祈祷之所，积薪柴茭茅以自环，手执火把，慷慨对天曰："太守仁德忧民，今大旱为民祈请无效，非太守之责，乃在寔也。寔为太守股肱，不能进谏纳忠，荐贤退恶，和调阴阳，承顺天意，致令天地否隔，四方大旱，万物焦枯，百姓喁喁，贫病且死，无所诉告，咎尽在寔。今太守改服责己，为民祈福，精诚恳到，未有感彻，天何不公？令人愤慨！寔见不忍，今敢自祈请，若至日中不雨，乞以身塞无状，必将点火自焚，以区区之身感悟苍天。若人而有灵，我魂亦当上天请雨。"

未及日中，乌云密布，须臾大雨，一郡沾润，大旱遂解，民人皆称庆，喊万岁。世以此称其至诚。郡守虽求雨，然功德却从陈寔而来，郡守不妒忌，反嘉之，屡举陈寔孝廉，然陈寔守祖训，不肯从，郡守不强。郡守德高，督邮良辅，颍川郡大治，政绩常天下最。然又如何？此时外戚专权，女主称制，邓太守不肯媚之，终惹来杀身祸也。

时邓太后临朝，颍川杜根为郎中，上言曰："帝年长，宜亲政事，太后应罢称制。"太后恋权，闻之大怒，令盛以缣囊，于殿上扑杀之。行刑人感杜根之义，未曾下死力扑杀，既而载出城外，根遂得苏。太后怒根之言，心中耿耿，使人检视，根遂诈死，因扑杀时，曾将屁股打烂，时处盛夏，腐肉变质生蛆，根遂偷偷将蛆放入眼中。使者见根目中生蛆，回报太后，太后以为根定死，事遂已。根因得逃窜，远离京师，潜伏边郡，隐姓埋名，为人佣佐，无人知之。

时皇子有疾，朝廷下郡县市珍药，而邓太后兄骘遣客赍书诣颍川郡，并私货牛黄。郡守邓邵，由前许县县令迁为郡守，素来正直，恨邓氏外戚专权，发书，立收大将军骘客下狱，怒曰："邓将军椒房外家，皇子有疾，必应陈进医方，岂当使客千里求利乎！此必客自为之，私假大将军权势求利也！"遂杀之。骘惭而不得言。

适逢杜根诈死之事被告发，有司承邓骘旨，以杜根进谏归政事怒太后，有司奏曰："杜根乃许县人，颍川郡所荐。汉法：举主与被举者同休戚，被举者贤良，则举主受赏；被举者不贤，则举主受罚。故百僚不敢妄举，多专心求贤也。太后德政，四海推服，物无异议，而颍川杜根竟冒天下之大不韪而劝归政，大逆不道。颍川郡所荐之人如此，按汉法，郡守应坐之，以儆效尤！"加之颍川郡守杀大将军客，二事并发，太后敕令逮捕颍川郡守。寔与掾史百余人诣洛阳诏狱就考，诸吏不堪刑罚痛楚，或屈打成招，或死者大半，唯寔掠考五毒，肌肉消烂，终无异辞。

狱成，众当伏法。寔知入诏狱者九死一生，己与郡守有君臣之义，不容背之，为之伏法，理所当然，然惧己死而母不得终养，故终日忧愁，坐而假寐，忽梦见其母下体。寔谓不详之甚，愈惧，形于颜色，大汗淋漓。众狱友问曰："君体不安乎？怎颜色大变，大汗淋漓？"寔曰："非也！我有噩梦，因之惊恐。"众狱友问："何梦如此？"寔以梦境悖礼，不肯言。

众狱友曰："我等同入诏狱，生路远而死路近，诏狱刑罚惨毒，死者大半，我等与君为幸存之余，可谓共生死，何事不能分享乎？"寔遂述梦境，觳觫不安，时有狱友善解梦者贺曰："子其免乎？太夫人下体，君从中而来，是君之生路也。重见生路，预示君将摆脱诏狱，何吉如之？"寔唯唯而已。

寔母忧寔，远赴京师，觇候消息。因寔狱开罪邓氏，邓将军权威震天下，安帝拱手而已，有司承旨，故狱事特急。寔母无缘与寔相闻，但作馈食，付门卒以进之。

寔虽见拷苦毒，而辞色慷慨，未尝易容，唯馈食入，对食悲泣，不能自胜。寔因耐酷刑而著称于狱，又因固守君臣之义而不肯背郡守，众多其节，故掌狱使者暗派狱卒时时关注之。陈寔突然大哭，狱卒大怪，告之掌狱使者，使者怪而问其故："君惨毒刑罚之下，颜色不变，今为何突然痛哭也？"寔答曰："母来不得相见，诏狱本九死一生，与母永绝，故泣耳。"

使者大怒，以为狱卒通传意气，召将案之。寔曰："我必死之人，何必牵连善类？狱卒所为合法，为何案之？"使者问曰："为何狱卒为君通气，告君母来，欲见君？"寔答曰："因食饷羹，识母所自调和，故知母来耳，非人告也。"使者问："何以知母所作乎？"寔曰："母尝截肉未尝不方，断葱以寸为度，是以知之。"使者问诸谒舍，寔母果来送羹，非有人告知寔其母来。使者阴嘉之，知此狱曲在邓氏，上书太后说寔行状，以颍川狱无奸，应将幸存者一律释放，已死者则安抚之。

书奏，太后召见，问曰："若颍川狱无奸，为何颍川守杀大将军客？"掌狱使者对曰："客为奸利，故颍川守杀之。"太后曰："大将军为朕兄，今秉政，帝年幼，我权且摄政，颍川守为何专诛乎？"使者对曰："太后圣德之善，为汉文母，大将军椒房外家，应以德服天下，而皇子有疾，大将军

必应陈进医方，岂会使客千里求利乎？此必客假借大将军之名而私谋奸利也！"太后曰："善！"使者继曰："郡守杀之，大将军私报复之，甚至大起诏狱，颍川郡属掾百余人全部入狱，乃此地无银三百两之举，窃恐大将军失重天下，亦为太后私德之累也！"

太后问曰："为何不早奏，拖沓至此，致物故者过半？"使者对曰："大狱初起，太后盛怒之下，臣下何敢言？今郡督邮陈寔，海内名士，五毒备至，颜色不变，不肯背郡守，大忠之人。与母连心，食羹便知母所送，知母忧心狱急，故颜色大变，嚎啕大哭，乃大孝之人！颍川守用人为此，乃正人也！安能为邪？"太后又问曰："邓守举荐杜根，杜根劝我归政，现帝幼且国事繁，我若归政，则置社稷何？杜根不识大局，欲植恩德于幼帝，心存不轨也。杜根如此，颍川守有失察之罪也。"

使者曰："杜根素著名颍川，邓守举之，乃为朝廷求贤也。邓守举根之初，不知根将有狂悖之言，若因后之狂悖言，遂追究举主，恐法深，人不敢举也。"太后曰："善！"使者续曰："杜根虽狂悖不道，察其内心，非欲为己，仍忠于朝廷，只暗于大理也。"太后曰："朕重思之。"使者曰："太后摄政，天下欣欣，然近年来，阴阳不和，水旱迭发，盗贼四起，此乃狱气太重，以干天和，太后若录颍川郡囚，阴阳必当和谐也！"太后虑之久，方曰："颍川之事，朕能从；然恨杜根，须追责，必不能赦。"

后二日，车驾自幸洛阳狱录囚徒，果无奸谋，理出颍川郡案剩余囚犯，即赦颍川事，放寔还乡里，禁锢终身。

大将军邓骘闻太后录囚，恨颍川守邓邵，暗讽亲吏于狱中毒杀之。太后虽赦颍川狱，然大将军暗令暴邓邵尸于城北四衢，令曰："有敢临者加其罪。"门生故旧无敢视，陈寔独往收敛，哭之不能自胜，吏执以闻。陈寔上书太后曰："邓邵为郡守，治行常为天下最，今既触大将军而披刑，尸体暴露，观者数万，长老孩幼，无不毕见。已死之人，与土壤同域，愿圣朝稽则乾坤，使故吏收以士伍之服，惠以三寸之棺。昔项籍为高祖劲敌，得受殡葬之施，韩信谋反，获收敛之恩。唯陛下垂哀矜，使皇恩加于郡守之骸，则王教行于上，教化行于下也。谨伏手书，冒昧陈闻，乞圣朝哀察。"

太后许之，陈寔送邓邵丧还家，葬毕，行三年服，终身不入朝廷。后朝廷慕其德，屡征辟，陈寔誓不至也。

水余先生曰：汉制：三公得自置吏，刺史得置从事，二千石得辟功曹。属掾凡为长官所辟置者，即同家臣，有君臣之谊。故君臣关系非仅存皇帝与百僚间，凡属吏之于长官皆有之，皇帝亦不禁。后汉重名节，士人亦以节气自尚，长官有难，属掾不避艰险，为之周旋，丢官弃家丧命而为之。后世局势变，君愈尊，臣愈卑，君臣关系仅存百僚与皇帝间，长官有难，属掾避之唯恐不及，安肯济其危难乎！

五

背师恩害及枯骨　巧发棺结攀权戚

昔陈寔在京师游学数年，交友甚众，后送邓邵之丧，众人虽慕陈寔之节，然惧大将军邓骘权势，无人敢送之。仅尚书郎胡广送，因此之故，广在正直士大夫中口碑甚高，大将军闻之，甚怒胡广。胡广为何敢冒触怒邓氏之险而送陈寔？胡广揣摩久之，思："大将军虽专权，乃外戚，国朝外戚极少能善终，前窦宪之祸，则为先鉴。如己与士大夫善，则外戚虽更迭，己之仕位不倒，甚至将来因之升迁。今虽开罪大将军，然大将军如妇人，性易悦，又好名，己若以秘策干之，必能化解也。且己与寔同门，师兄送师弟，礼顺也。"

时胡广居尚书郎数年，仕位不进，因送陈寔故，触怒大将军，大将军将加大处分，然广素知大将军，知此时若以秘策干之，不但能解大将军怒，更让大将军喜，己之官位亦可能得升迁，实乃化挑战为机遇也。

邓骘贵戚，权倾朝野，因李充名儒硕德，慕其名，思欲见之，每下征辟，充辄辞疾不至。邓骘甚内惭，以充高节，难强征。

水余先生曰：后汉时之大儒，学问精深，桃李天下，名重海内，多为布衣，非有高官厚爵。虽处山野，在朝权贵不敢轻之，何哉？那时世人无官本位思想，主以德学定人高下，官爵仅为末也。在此世风下，权贵亦敬大儒，不敢轻慢之，虽不好学，却好附庸风雅，以结交大儒为荣，朝廷虽昏庸，亦承此风，故在野大儒隐隐维持纲纪也。而后世多犬儒，学问肤浅，内无钢骨，好阿谀权贵，己本下贱，故权贵亦贱视之。故曰："人必自贱，而后人贱之。"

胡广窥之，私上书邓骘曰："充曾为小臣师，小臣事之三年，臣有策能致充也！"邓骘览书大悦，私见曰："君若能致充，仕途无忧矣！"胡广请曰："充年老固执，其意难移，故此事甚难，请大将军不内制，敕令当地郡守，随我之为且听我节制，则定能致充也！"邓骘允之。

胡广既得便宜行事之权，立思毒计。何毒计也？待笔者叙来。昔安帝即位初，羌族反叛，李充素孝，令妻子避乱他郡，己独守父母坟墓不离。为避患，偷挖窟室于坟旁，昼则隐窜，夜则拜谒，如此半年，贼平而父母之坟无恙。后当地知，咸称传之。

胡广至陈留，投大将军书于郡守，郡守唯唯，任胡广作为也。胡广说如此，郡守安敢不承令？广遂令郡守属掾乔装盗贼，相机盗墓。先是，李充每日皆谒父母之坟，"盗贼"难下手。胡广故意与师相会，李充喜胡广言京师旧故，延宕数日，未曾拜谒父母之坟。"盗贼"遂深夜偷挖李充父母坟，盗走骸骨，故意留下羌族挖坟偷骸骨之证据也。后胡广归郡治，李充送别后，立谒父母之墓，见父母坟被盗，尸骨无存，当即大哭并昏厥。

李充乃名儒硕德，海内名士，其父母坟被盗，尸骨被偷，耸动当地听闻。郡守等官及胡广、周边名士皆来慰问，然李充无心接待众人，跪于父母墓碑前，大哭三天三夜，先以泪，后继之血，无人不动容。众人咸宽譬之，李充不顾也。胡广私曰："师之父母遗骸被盗，观其迹象，乃羌族所为，大哭有何用？父母遗骸仍不返，当思对策也。"李充私收泪而止，答曰："我连日悲，非汝，几误大事！汝有何策，解此倒悬之急？"胡广答曰："羌族盗师父母之遗骸，师应请求朝廷做主，发兵夺回遗骸！"李充曰："我布衣，安能请奏朝廷发兵？即使奏请能达，朝廷安能单为我发兵击羌？朝廷即使发兵击羌，又安能夺回我父母骸骨？"

胡广答曰："我师过虑也！今大将军邓骘敬贤好士，所征辟者多天下

贤士也。大将军慕与师交，师屡拒之，大将军内甚惭，每思见师。今有此急，师为何不修书一封，由弟子带至大将军，写明父母骸骨被羌族所窃，请大将军发兵击羌，以重兵寻回父母骸骨也，并言明：'若父母骸骨得归，便愿居大将军幕府也！'大将军若能招致师，既能解见师之渴，又有重贤之名，大将军必为之赴汤蹈火也！"

李充曰："君策之善！然修书请大将军发兵，为我私请，不亦生灵涂炭乎？"胡广曰："今羌乱屡起，羌族窃师之父母骸骨，害及先人，其罪不赦，且戎狄如鸟兽，安用惜之？"李充曰："然汉廷将卒出征，必有伤亡，此又何必？"胡广曰："汉羌对立多年，羌变屡起，朝廷宵衣旰食，多年征伐不休。此次汉廷若为师发兵，公义则为击叛羌，稳固边疆，私情则为师寻父母骸骨，公私兼顾，师又有何虑焉？"

李充从之，遂私书一封，由胡广带至大将军。信曰："充素慕大将军，知大将军好贤，大将军屡征辟，然充为山野村夫，父母早卒，思父母恩，欲守父母坟墓，然后立舍教学，传经布道而已。然今羌乱屡起，羌人往往暗中扰乱当地，充父母骸骨为羌人所盗。父母骸骨被盗，我心戚戚无主，环顾海内，唯大将军能为我作主，望大将军助我！若父母骸骨得归，乃大将军更生之恩，鄙人愿效大将军之犬马矣！"

大将军阅信大悦，然内心有疑虑，问曰："羌人私盗李先生父母骸骨，朝廷虽发兵，怎能确保骸骨得归也？"胡广曰："大将军毋庸过虑，此乃小臣之计策也！昔小臣请大将军，得便宜行事，小臣暗中安排郡守属吏偷挖李充父母坟，封存骸骨，托以羌人盗之。现朝廷本欲伐羌，大将军回信言明为李充发兵，以慰其心。且骸骨本在小臣之手，大将军必曰：'我若不得君父母骸骨，征伐誓不还也！李充感大将军之恩，必速至朝廷也。'"

大将军大喜，问胡广曰："君之策妙，然何以答李先生？"胡广令大将军回信曰："鄙将军素慕君之贤，思与君会，然种种缘由，未得会面，内心惆怅也！得先生之信，如获至宝，然知先生父母骸骨被羌人所盗，鄙人实为痛心也！今天子年幼，太后权且摄政，鄙人辅政，万物不得其所，有重责焉。况君父母骸骨被盗，鄙人同感其痛，今朝廷正欲征羌，鄙人暗敕令护羌校尉任尚为先生寻父母骸骨。待之日月，必能得之，言之先生，望放心焉。"

大将军又与护羌校尉任尚书曰："羌人不道，扰乱边疆，杀害吏民。今又潜入内地，盗大儒李充先生父母骸骨，害及正人，更为大逆不道。鄙人极为痛心，校尉其奋力征羌，必得李先生父母骸骨归，否则不好相见也。"胡广又为大将军谋："露布与李充彼此来往之信，及与护羌校尉任尚之书，天下人必感大将军敬贤也！"大将军从之，遂得敬贤之名。

元初四年冬，任尚与骑都尉马贤共击先零羌狼莫，追至北地，相持六十余日，战于富平河上，大破之，斩首五千级，狼莫逃去。于是西河虔人种羌万人诣邓遵降，陇右平。邓遵何人？大将军从弟也。大将军暗令胡广将李充父母骸骨封存，用李充当初下葬物品标识之，送至战场，托言因战胜羌敌而得，后将骸骨送至李充，李充发棺视之，果父母骸骨，遂感激邓将军入骨髓也。世人亦以为汉廷发兵攻破羌族而得，纷归功于大将军，莫不多大将军重贤也。大将军知本谋来自胡广，善之，升迁其官，由尚书郎升尚书也。大将军下诏征辟李充，充闻诏则至也。

大将军贵戚倾时，百僚无不敬之，然大将军于群下之礼往往甚峻，百僚不敢与较也。大将军以充高节，每下之。尝置酒请充，宾客满堂，百僚毕至，酒酣，时充年八十，大将军跪启充曰："侥幸托太后之兄故，官位上将，现鄙人幕府已开，欲多辟天下名士为属掾，随时请教，并匡鄙人之不逮。君为名士领袖，望举荐几位贤士，不胜感激！"充遂为大将军陈说海内隐居怀道之士，某某如此，颇与大将军想法不一。大将军不想听，欲绝其说，殷勤为充夹肉，曰："先生缓言，先食肉。"屡次再三，充大怒，掷肉于地，怒曰："说名士事犹甘于食肉！"遂不顾而出，径直回家。

大将军大怒，百僚见此，皆惧而不敢作声，胡广私跪启曰："今充为天下名士领袖，年八十，名儒硕德，桃李天下，若大将军怒绝之，则失重贤之名，窃为大将军不取也。大将军莫若善待之，则群士知大将军重士且容贤，恐名士纷至沓来也。"大将军怒色立霁，悦而甚望充回，态度和蔼，众人莫不多大将军之宽宏也。

同坐汝南张孟举往让充曰："大将军权重天下，决人生死，向君跪拜请益，敬君足矣。而足下与邓将军说士未竟，大将军盼君停说，而君却激烈面责大将军，且愤然离席，扬长而去，惹大将军内怒，非所以光祚子孙者也。"充曰："我行年八十，死尚不惧，有何惧哉？大丈夫居世，贵行其意，何能远为子孙计哉！"孟举曰："足下父母骸骨被盗，非大将军力，能返乎？"充曰："我本无仕宦志，今屈居大将军幕府，乃所以报大将军此恩也。且乎，大将军执政，于四海有重责，我父母骸骨被羌族所盗，大将军能无责乎？先前我应大将军之邀而至，以报大将军之恩，今与大将军道不同，便分道扬镳，有何不可乎？"充由是见非于贵戚，欲离开京师。胡广急，恐充贸然离，大将军将责己，于是私见充曰："大将军重师，天下人皆知，今师突然求归，明大将军不重贤。大将军必怒，谴责必下，恐为我祸，望师三思也！"

充曰："我与大将军道不同不相与谋，子孙尚不顾，何况其他？"胡广曰："昔大将军发兵为师讨回父母骸骨，颇费周折，此恩不可忘也。"充曰："正因不忘此恩，我方改素志受征辟而至京师，屈居幕府，以谢大将军恩，此外又何必言他？"胡广曰："难道师不念及我乎？"充曰："非不念，乃我年八十，黄泉路近，怎能贪念世俗如此乎？"

水余先生曰：朝廷者，趋炎附势之所，阿谀奉承之地，皇权愈专，趋阿之风愈烈也。然后汉时，皇权未涨，人心尚古，世风未大变，士人尚且质直，多有钢骨，更具操守，以学立身，以德闻名。朝廷多慕，愿征辟之，然真士大夫不好权势，甚至藐视皇权，故不肯俯就，固守己节，虽如此，朝廷不敢轻士大夫，何哉？真士大夫乃民心所系，民意所趋。然后世之士大夫则变质也，柔佞者不论，正直者多伪，以直邀君，卖直取宠，以直为终南捷径。如此，朝廷安能不轻士大夫，以花瓶待之甚至以奴仆视之，故人必自贱而后人贱之。

胡广见师固执己意，知劝说无益。于是心生一计。何计也？昔胡广从充学，善模仿其师字，非行家不能辨也。

充愤然不告而离京师，大将军甚怒。胡广私模仿其师字迹，写致大将军告别书，曰："大将军椒房重亲，位列上将，贵重无贰，礼贤下士。充蒙大将军优待，得列顾问，然充八十之年，黄泉路近，父母之坟，远在家乡，思乡心切。欲归家守父母之坟。知大将军重充，欲面辞，恐大将军劝说不放，故不辞而别，望大将军见谅！我非贤者，然托贤者之名，得蒙大将军厚待，大将军如此重贤，将耸动天下名士听闻，纷纷效力大将军幕府也。充归乡后，若遇贤才，亦积极向大将军举荐，不负大将军礼遇恩也！今远离，因年老，恐再见难，涕泪难已！"大将军览书大悦，示之宾客群僚，大家纷纷赞扬大将军也。

胡广屡以秘策干大将军邓骘，故大将军之贤天下闻名，邓骘亦为外戚中佼佼者。邓将军本欲再提拔广，然计划赶不上变化也。后建光元年三月，皇太后摄政十六年，终身称制，崩。昔安帝少号聪明，故邓太后立之，及长，多有不德事，稍不可太后之意。太后征济北、河间王子诣京师，尤其河间王子翼，美容仪，太后奇之，长留其京师，以为平原怀王嗣，以备废立也。安帝乳母王圣知之，暗中劝帝收敛，顺太后之意，待之将来，帝从之。王圣又见太后久不归政，恐有废立，常与中黄门李闰、江京伺候太后左右，有消息皆通报帝。帝每怀愤惧，然颇自载，故太后踌躇，难兴废立也。

及太后崩，宫人、宦官受罚者怀怨恨，诬告太后弟弘、悝等撺掇太后欲废帝而立平原王。帝大怒，废太后家族，免太后族人为庶人，徙远郡。大将军邓骘素贤，以不与废立谋，但免特进，遣就国。后帝追怨大将军专政，偷派使者逼迫，邓骘与子凤不食而死。

邓骘死后，安帝阎皇后兄弟显、景、耀，并为卿、校，典禁兵，于是内宠始盛。帝以乳母王圣有服侍之功，招其女伯荣入宫，母女弄权，凡有所请，帝未有不从者。

六

结群丐聚谋大财　多智略免官复起

邓家遭废，胡广为大将军亲党，受牵连免职。胡广遂为布衣，悠游京师。胡广掌机要久，知朝中新贵，欲巴结之。朝中新贵为谁？安帝阎皇后兄阎显也，其代替大将军，掌禁兵。胡广素知阎显奢汰，欲以金钱结之，然虽掌机要久，尚书秩禄本低，所得俸禄极微。胡广好名，不肯为贪污事，故赤贫，安有余钱结交阎大将军？

胡广思生财之道，思之再三，终于得之，发信至群弟，借家中之金以谋事，群弟凑合，得五百金，由弟康送至京师。昔邓后执政，水旱十载，四夷外侵，盗贼内起，太后躬自减彻以救灾厄，天下复平，岁还丰穰。虽如此，十年灾难，流民无数，京师附近乞丐众多也。胡广之歪道，在于借助乞丐发财及谋事也。

胡广于京师郊外，就地起屋，招群丐以居，与之同吃同住，且时时周群丐之缓急。群丐昔日讨饭，京师权贵纵横，时时遭打骂呵斥，今得贵人胡广此恩，感之入骨，思报之而无门。胡广故意长期以恩结群丐而不求报，群丐简直欲为胡广赴死也。

昔济北王在京师，曾借大将军阎显弟阎景百金，济北王属尊，故意忘之，拒不还也。阎景素吝啬，然好面，不敢当面向济北王索要，却时时对外宣称此事，济北王故装糊涂，仍拒不还。胡广窥知，与群丐言如此，群丐哪有不从？遂群起赴京师济北王府邸，群丐曰："我受阎景将军厚恩，今济北王欠阎将军百金，阎将军不索，我等众人安能坐视不理乎？"济北王恃属尊，为皇叔，潜派家丁招来司隶校尉，欲驱赶群丐。群丐大呼曰："我等非欲闹事，济北王欠阎将军百金经年不归，阎将军不语，我等不能坐视不理，为阎将军索之。欠债还钱，天经地义，我等有何罪过，司隶校尉却来驱赶？且乎，我等本为良民，非好逸恶劳，因朝廷失政，致我等沦落为乞丐，朝廷又未曾救助，君为九卿，不建言朝廷救济我等，今反来驱赶，是何缘由？"

司隶校尉以群丐言直，且为大将军亲弟索债，亦吃罪不起，两头皆难得罪，不肯驱散群丐，于是托公事急，不等济北王答话，便率群吏离。群丐见济北王不肯还款，于是丐者愈聚愈多，济北王见此，不得已曰："百金愿奉还，群丐立散之！"群丐曰："百金安能了事？王借之多年，岂无利息乎？"眼见乞丐越来越多，众丐情绪愈发激动，济北王无奈，允诺加倍，奉上两百金，群丐才散，此事方了。

胡广得金，将五十金分发群丐，群丐大喜而去，市酒肉庆贺。另外百五十金，私下还给阎景，私书曰："闻济北王欠将军百金，百金于将军而言，鸡肋也。将军不便索要，鄙人仅出面与济北王交涉，济北王愿归还，且送五十金利息以作补偿也！"阎景得金大悦，对胡广心存好感。

此事之后，胡广利用群丐索债，债务人畏群丐声势，无不立偿还也，因此，胡广所得颇丰也。此外，因京师乞丐甚多，郊区满布，凡富贵者谋郊区之地盖大宅院，乞丐以己先占得理，往往结群，阻挠施工。富贵者欲施之钱，群丐不受，再报官府，驱之不散，必曰得胡广方能解决此事。及胡广至，瞋目一呼，群丐骇散，富贵者服其能。胡广往往曰："今京城乞丐甚多，若给多少金，我与丐帮长老言，乞丐必不敢复至。"故富贵者往往多予其金，加意笼络，得金不菲也！

胡广用群丐，或索债，或阻挠施工，所得颇丰，数年来积累万金。后胡广与洛阳令勾结，单干一大票，便得万金，此钱来得甚快，既坑害同

乡，又博得同乡感激。故奸人之雄，所作所为不凡也。

胡广同乡嘉盛，家中素富，早年先至京师，经营典当，因颇善经营故，家产累数万金。胡广思坑害之以获重金，其策巧妙。安帝有旧龙袍数件，由后宫小宦官保管，胡广昔入尚书掌机要数年，与小宦官熟悉，私下贿赂小宦官百金，得废旧龙袍一件。胡广伪遣某丐以龙袍夹杂其他新衣，合成一包，至嘉盛之典当行当之。某丐将衣物放置货架，忽急曰："此仅为一部分，我急速再取另一部分衣物来，一并当之。先不索要当票，待将另一批衣物拿来，一起写当票也！"掌柜不疑，任其放置货架，某丐急速离开。

胡广为尚书时，与洛阳令善。昔洛阳令为诸生，学洛阳，独与妻居。疾病，无被，卧牛衣中，与妻诀，涕泣；又穷，无钱买药。洛阳令为胡广太学同学，胡广闻，市买贵药送之，洛阳令不肯服，泣曰："我疾大困，不能起，必死之人不下苦口之药。"胡广曰："在朝贵人，谁之才学能逾君？今疾病困厄，不自激昂，乃反涕泣，何鄙也！"洛阳令闻之，强行服药，疾遂得差。因此与胡广定交。

广准备坑害嘉盛前，与洛阳令私协商，并曰："所得，各一半也。"洛阳令闻之大喜，立从之。胡广暗使其弟胡康向洛阳令举报，曰："富商嘉盛私藏龙袍，罪在不赦！"故某丐刚离，洛阳令暗立使都尉率众衙役来查抄当铺，当即查获旧龙袍。都尉曰："当铺有龙袍，死罪也！"掌柜曰："此乃某丐先存放此，非我当铺所有也！"都尉问曰："当票存根何在？"掌柜答曰："未有存根也！"都尉问："为何无存根？"掌柜答曰："当时某丐存放急，说有另一批衣物，欲拿来一并开当票！"都尉问曰："某丐何在？"掌柜曰："不知所踪！"

都尉大怒曰："汝之典当行私藏龙袍，被查获而不实言，托言乞丐当在此，乞丐安能有龙袍？如此狡辩岂能令人信服？今人赃俱获，汝等还如此聒噪！"遂强入后堂，将东家与掌柜皆锁走，打入死牢。胡广闻，装不知此事，待嘉盛被捕不久，便拜访嘉盛，"忽然"发现嘉盛因龙袍被逮捕事。

嘉盛之妻哭哭啼啼对胡广言:"那天杀的乞丐!故意将旧龙袍放置我家当铺来陷害我家,我家素来守法经营,安敢为此不法事!"

胡广大惊曰:"我昔在台省狱曹数年,深知汉法,嘉盛涉龙袍事,所犯不轻,可能惹来万世之祸!"嘉盛妻大惊,问:"什么万世之祸?"胡广大言曰:"龙袍乃御用之物,当铺有之,乃僭越之罪,又涉大不敬,得其一,便株连九族,况兼其二乎!"嘉盛妻闻之大哭,立即跪倒在地,求曰:"广兄在朝多年,交际广泛,望广兄救助一、二,不胜感激也!"

胡广问曰:"若家族之人全死,钱财作何用?"嘉盛妻泣答曰:"钱财乃身外物,若人死,钱财有何用!"胡广曰:"我素与洛阳令善,洛阳令性刚,以直立朝,大得名声,朝议本为三公,因邓大将军有私请,洛阳令峻拒,故触怒邓大将军,致多年秩禄不进也。洛阳令如此刚,恐汝家虽欲破财,事却不得解也!"适逢嘉盛之家丁自洛阳狱探监回,带来最新消息:"洛阳令曰:'私藏龙袍,乃灭九族重罪,不久报之司隶校尉复核,司隶校尉将上呈皇帝。'我又私问牢卒曰:'皇帝若知龙袍在当铺,当如何?'牢卒曰:'龙颜必当大怒,恐汝家立诛及九族。'故家主及掌柜已打入死牢,报之主母,请设法周济!"嘉盛妻闻之,当即昏厥在地,众人折腾半天,七手八脚,终将嘉盛妻弄醒。嘉盛妻对胡广大哭曰:"我夫与君为同乡,同乡有救助之义,望君万不可辞!"胡广曰:"我有何本领,能解此难?"

嘉盛妻曰:"闻君与洛阳令善,君请之洛阳令,事必得释!"胡广曰:"洛阳令执法公正,不受私请!"嘉盛妻曰:"我家经营当铺素守法,今被陷害,君所知,非欲洛阳令徇私枉法,乃欲洛阳令雪我家之冤也!"胡广曰:"君家藏龙袍,许涉他人陷害,然龙袍在当铺,被洛阳都尉当面查获,又未曾找到陷害之人。故从面上观,确实罪证确凿,翻案何其难也!"嘉盛妻曰:"我家素饶于金,君上下打点,我不内制也!若家族因此灭绝,家产虽多,又有何用?"胡广曰:"我将再思。"于是悠然离去。

后数日,家丁又传来消息:"洛阳令已拟好奏草,上奏将家主处死,家产全部没收,男丁发往戍边,女眷没入官府为奴。"后家丁又曰:"得狱卒

声问，普天之下，洛阳令仅善胡广，仅胡广方能移洛阳令之意也！"嘉盛妻闻之，六神无主，遂亲赴胡广家，请胡广设法周旋。刚入家门，嘉盛妻率家人膝行至胡广前，请胡广拯救，长跪不起，声泪俱下。久之，胡广方缓缓曰："我确与洛阳令素善，曾于洛阳令有重恩，洛阳令欲报，我未曾言请事，既汝家有此大劫，我可勉为其难与洛阳令言，解君家之危难！"嘉盛妻言："我家愿累筋骨报君之恩，然君能确保解此危难乎？"胡广曰："嘉盛为我同乡，与我素善，我为善安望报？我实知洛阳令深，外表清廉，内实贪也！"嘉盛妻问曰："为何有此评判？"广曰："单从此案来观，为何案件早已发现，不第一时间奏报朝廷，时时使狱卒通气，实乃暗中欲君家贿赂，故此屡外递消息。君家经商，对官场之事不晓，嘉盛之事应无大碍也！"

嘉盛妻曰："原来如此，恕妾愚钝！然洛阳令索多少贿赂？我不惜代价凑之！"胡广曰："未知也！我将拜访洛阳令，私下问，便知！"遂打发嘉盛妻走。胡广何须拜访洛阳令？彼此已有勾连。过几日，胡广托故不出，嘉盛妻急，又率家人赴胡广家问询，胡广曰："我已拜访洛阳令，洛阳令索二万金，方可释缓此事！我以洛阳令所求高，恐君家不能办，故此迟疑，未曾与君答话也！"

嘉盛妻忙曰："两万金能决此事，我安敢辞？然不知怎样方能送入此金？"胡广曰："我与嘉盛善，君将两万金交由我，我转交洛阳令，金朝至，君夫则夕释放也！若不释放，则全退此两万金也。"嘉盛妻曰："我感君入肺腑，另赠君五千金，以为茶水费，望君勿辞也！"胡广坚辞曰："汝等视我为何人？我与嘉盛素以义气相交，恨不得已花两万金将其赎出，安能望报？若受此金，世人将非议，我以何面目立人世乎？"坚拒之。嘉盛妻大感叹，不强，内心感激胡广至骨髓也。遂归家置办二万金，交由胡广。胡广将一万金送洛阳令，洛阳令立释放嘉盛及其掌柜也。

至此事，加之前诸事，胡广家产二万金也！胡广将万金赠与阎氏兄弟，得再任尚书而掌机密。那时京师政乱，阎皇后有盛宠，兄弟掌禁兵，干涉朝政；乳母王圣及圣女伯荣煽动内外，竟为奢侈；伯荣出入宫禁，卖官鬻爵，包揽词讼；中常侍江京、李闰、樊丰等无所顾忌，诈作诏书，国器私用；太子被谗而废，废为济阴王；太尉杨震尽忠而死。胡广见此，知京师将乱，朝局有变，恐为己患，又用厚金贿赂伯荣，得出为济阴太守，以求避患也。

水余先生曰：俗曰："不黑不坏，不为元帅。"胡广出身寒门，无家族凭藉，非杨氏、袁氏累世公卿有政治资本，亦非外戚出身而得假借皇权，故先以异行博名誉，后以诈骗得钱财，再以权谋得官位。朝廷权威满朝，互相倾轧，政治斗争无休止，胡广地位卑微，极易受牵连，然以中庸之道行之官场，得立不败之地，虽几起几落，然总体官运亨通也。

延光四年春二月，安帝南巡，至宛，不豫，须臾，崩于乘舆。阎后与阎显兄弟及宦官江京、樊丰等谋，恐废太子得立，先秘不发丧，至京师方发丧，尊阎后为皇太后，太后临朝，阎显辅政。太后欲久专国政，不肯立长君，定策迎立北乡侯懿后方发丧。

阎显忌安帝舅大将军耿宝位尊权重，又忌阉竖、乳母威行前朝，于是暗讽有司奏"宝及其党与中常侍樊丰、虎贲中郎将谢恽、侍中周广、野王君王圣、圣女伯荣等更相阿党，互作威福，皆大不道"。太后可之，于是丰、恽、广皆下狱死。贬宝及弟子林虑侯承皆为亭侯，遣就国；宝于道自杀。王圣母子徙雁门。于是以阎景为卫尉，耀为城门校尉，晏为执金吾，兄弟并处权要，威福自由。

后北乡侯病笃，中常侍孙程谓济阴王谒者长兴渠曰："王以嫡统，本无失德。先帝用谗，遂至废黜。若北乡侯病不起，我等相谋，杀江京、阎显，事无不成者。"须臾，北乡侯薨。显白太后，秘不发丧，而更征诸王子，闭宫门，屯兵自守。

孙程、王康、王国与中黄门黄龙等十九宦官聚谋于西钟下，皆截单衣为誓。俱于西钟下迎济阴王即皇帝位，时年十一，此为顺帝。召尚书令、仆射以下从辇幸南宫，程等留守省门，遮扞内外。帝登云台，召公卿、百

僚，使虎贲、羽林士屯南、北宫诸门。遣侍御史持节收阎显及其弟城门校尉耀、执金吾晏，并下狱，诛；家属皆徙比景。迁太后于离宫。

前安帝崩，朝局大变，杀戮兴起；后北乡侯崩，顺帝因宦者得立，杀戮再度兴起。一年间，京师政局两变，朝臣多受牵连。胡广为济阴守，远离京师，与权阉外戚若即若离，故得无患也。

胡广以济阴特产为依托，欲交接朝中权贵。济阴当地，民以茶为业，胡广因地作为，遂将好茶分赠京师权贵，曰："济阴产好茶。"权贵私贡顺帝，顺帝好济阴茶，京师以济阴茶为上茶，遂令民纳以充贡。权贵私好之，层层加码，胡广更思巴结权贵，故济阴茶地不够。于是命民拔桑而种茶，民以为苦，多不肯，胡广强令之，民多不配合，胡广见此下令："凡词讼，不论曲直，家中多种茶者胜。若家中有犯罪，多种茶，得减等。"此令既下，济阴多产茶，故胡广得因之上贡及赠送权贵。然官以济阴产茶，征收茶税，导致民人失业，百姓嗷嗷。

众百姓怒，数千民人诣阙讼胡广乱政，章上尚书台。昔胡广掌机要多年，与诸尚书厚善，故尚书纷纷暗中通信胡广，言百姓诣阙事，胡广得以提前运作，将危害减至最低。为堵塞群民之嘴，朝廷以胡广举吏不实而将其免职，实乃轻处，不言乱政事。免职令下，群情雀跃。然此对胡广有何影响？后汉官员屡落屡起，司空见惯。胡广通过济阴之茶，得交百僚，朝士皆对胡广存好印象，此胡广将来官场人脉所在，免职又奈何？

胡广免职，遂入京师，再游太学。先前胡广只身送陈寔，得士大夫好感，故太学奉之为前辈。因胡广早年通经，博闻强识，故因人制宜，先任命其为掌教博士，以避济阴之事。胡广在太学讲授，名声愈震。此时之胡广，年三十几，先为尚书官，后为太守，再为京师太学博士，官场履历丰满，又兼博学，朝廷群公皆慕之，知胡广单身，多欲妻以己女。

群公中，袁家累世公卿，又有厚德。昔袁安为贤公，心向皇室，屡与外戚窦氏抗争，后窦氏败，袁家为朝廷所重，其后嗣亦昌盛也。故胡广欲结亲袁家。适逢袁安之子袁京爱胡广，派人提亲，欲妻广以己女，胡广立答应，须臾间，便结婚也。

水余先生曰：自古朝中有人好做官也。寒门仕进难，若不依附权贵，终老小官僚也。巴结权贵有其门道，或拜之为师，或为之属掾，甚至为之家奴，无论如何，终不如结婚权贵迅捷也。与权贵攀亲，则为之半子女婿，夫人为权贵亲女，子女为权贵外甥，权贵安能不提携之乎？

袁京女素来嫉妒，恐胡广有外遇，常以长绳系胡广脚，唤便牵绳。胡广任博士，太学师生笑之，戏称其为"拴脚博士"，知其有嫉妒夫人也。胡广患之，思对其策。知夫人好迷信，与某巫婆善，于是密与巫婆谋，并厚赠金，约为如此，巫婆从之。因夫人眠，胡广以绳系羊后，躲于邻人之家，静待消息。夫人觉，牵绳而羊至，大惊，招某巫婆至，问："前我以绳子拴郎君，怎突然变成羊也？"

巫婆曰："郎君先人怪夫人积恶过多，惩罚夫人，故将郎君由人变羊也！"夫人问曰："可否有解？"巫婆曰："难解！"夫人大哭曰："愿巫者尽力，我不计代价也！"巫婆曰："夫人若真心能悔，可祈请以解之。"夫人于是抱羊痛哭悔誓。巫婆令夫人斋戒七日，以示其诚，后令夫人举家大小须诣家神前祈祝，皆须闭目而祈祷，不能睁眼，巫婆令睁眼则众人方可睁眼，若违，则法术失灵，郎君永成羊也。众人祈请久，巫婆方让胡广暗中缓缓而至，后令夫人等开眼。夫人见胡广，大泣，问曰："多日作羊，不辛苦耶？"胡广曰："为人时，食酒肉，甚美；为羊时，时时吃草，草不美，然饥饿，须强食，现时作腹痛。"夫人闻之愈悲，发誓不再嫉妒。后故态略萌发，胡广即伏地作羊鸣，夫人惊起，永谢不敢，于是嫉妒之病遂除，更为贤妻良母。

家中安定，后庭稳固，便可专注事业，胡广于太学专心讲学。突有一天，某人画僧顶一冠，方士顶十冠，且蓬松其发；一断桥，甲士与民各左右立而待渡，揭于京师太学墙上。太学师生纷纷议论，不知何意，报之胡广，胡广亲视。众人以胡广博闻，问胡广，胡广谢不知。众人议论久，不得要领。有一太学生，年三十许，言已知其意也！

胡广招之至，该生言："僧无发，喻指无法；顶冠，冠者，喻指官也；僧顶冠，喻指有官无法。方士者，好作法也，方士亡冠，喻指官多法乱。军民立断桥，过不得，喻指民众与士兵生活贫穷，日子无法过也！"众人闻之方服。胡广问其名，答曰："汝南平舆陈蕃也！"陈蕃由是太学知名，亦为胡广所知，大与胡广交往。胡广知其贤，多提携之，后为三公，辟之。陈蕃以直立朝，政绩卓著，终与胡广并列为三司也。

七

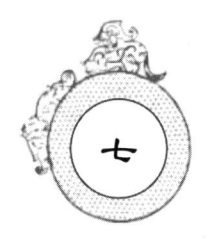

仁者孝喜结异缘　贤官清一毛不拔

陈蕃何许人也？

陈蕃字仲举，汝南平舆人也。祖父河东太守，父县令也。先是，陈蕃父休妻而取后妻，时蕃年十岁，后妻憎恨蕃，屡吹枕边风，故蕃父出之，蕃日夜号泣，不愿离去。后母遂杖殴之，蕃不得已，庐于舍外，旦夕入屋打扫。父入后母言，更怒，又逐之，蕃乃庐于邻居家外，昏晨入请父母不废。积岁余，蕃如此，乡里四邻皆为言，父母惭愧而还之，方允之入家。陈蕃素孝，不敢有怨后母，久之，后母更与蕃亲。

蕃素好学，坐立起诵，年十五时，尝闲处一室，而庭宇芜秽，杂草丛生。父友同郡薛勤来候之，谓蕃曰："孺子何不洒扫以待宾客？今荒顿如此，不无虑乎？"蕃曰："大丈夫处世，当扫除天下，安事一室乎？"勤知其有清世远志，甚奇之，荐之京师太学，师从皇甫规也。

蕃有良妻牛萍，其相会之遇奇特也。牛萍者，亦平舆人，年十二失母，其姊已适人，在京师。牛萍父为商贩，往来郡治、平舆县贩卖香烛，怜牛萍孤幼，无所寄养，令为男子服饰，携带之贩卖也。数年，父死，牛萍无依，欲投奔京师姊家处。陈蕃与牛萍皆为平舆人，路上偶遇，因皆赴京师之故，遂约为同伴。陈蕃不知其为女，与之同寝食累月，牛萍恒称有疾，不解衣袜，夜乃溲溺。

后至京师，牛萍以男子巾貌见其姊，以弟自名，姊曰："我本无弟，汝到底为谁？"牛萍笑曰："弟即我，牛萍也！"泣言其故，且言与陈蕃共赴京师，共寝食数月。姊怒骂曰："男女乱群，玷污我家！汝虽自我言明，孰信也？"因逐不纳。牛萍不胜愤懑，泣且誓曰："妹此身若被污，绝不苟活世上！虽欲死，须令明白以表寸心也！"适姊之邻即稳婆，姊即呼之来验，其果处子也。姊妹始相恸哭，姊始为之换女装也。

先前，牛萍曾与陈蕃约，若在京师安定，则来姊家拜访也。陈蕃拜皇甫规毕，规见陈蕃仪表堂堂，谈吐不凡，广闻博识，大悦，当即收为门徒。陈蕃念约，于是来牛萍姊家。牛萍出见，忽为女子也。陈蕃大惊，骇问，知其故。陈蕃儒生，守儒家之规，故怏怏而归，如有所失，盖恨先前与牛萍同路，不知其为女子，故举止多愚也。乃告其师皇甫规，规亦嗟叹不已。时牛萍未婚，规贤之，言于陈蕃曰："君与牛萍有缘，故能同路，牛萍又能严守己身，今彼未婚，君亦当娶妻，有如此贤女，为何不娶？"陈蕃言："唯师之命是从也！"

规遂派夫人赴牛萍姊家提亲，牛萍不从，曰："妾与陈君同路数月，竟归陈君，世人怎么看我？能无疑我与陈君有私情乎？"四居之邻皆来劝，牛萍涕泪纵横，所执愈坚，故众口喧腾，以为奇事。皇甫规闻，更欲成就其美事，遂求曹腾，望之帮忙一二。那时宦官虽为世人所恶，然曹腾为贤宦，与士大夫交好，士大夫亦多亲善之。皇甫规言于曹腾曰："现今中官专政，世人多非议，曹常侍若能成此良缘，则世间美誉归曹常侍也。"曹腾从之，亲率群属赴牛萍姊之门，判牛萍与陈蕃为夫妻，牛萍姊惧宦官之势，不敢不从也。

牛萍与陈蕃感情甚笃，然结婚初几年，未能生育，陈蕃恐不孝有三，无后为大，忧之，于是欲纳妾，为延续香火计。牛萍曰："一夫一妇，自古皆如此，纳妾见何经典？"陈蕃曰："孟子云：'齐人有一妻一妾。'又曰：'妾妇之道。'妾自古有之矣！"牛萍曰："若这等说辞，我亦当再招一夫也！"陈蕃问曰："何故？"妻曰："岂不闻《大学》上云：'河南程氏两夫'？《孟子》中亦有'大丈夫''小丈夫'。皆为两夫也！"陈蕃见妻子引经典驳斥，遂无言，曰："我非贪恋美色，因为后嗣计而纳妾，既古之教导如此，我便无纳妾计，有后无后，皆命也，不复强求！"与夫人守之终身也。

后夫妻结伴出游，迷路至一神庙，四无村落，人迹罕至，有庙祝栖止其中。内多大蛇，故游人绝迹。陈蕃夫妻既至，庙祝大惊迎曰："上公夫妻来，山庙简陋，无以为馈，幸不为儿辈所见！"即命坐，具羹汤。肉汤甚美，而段段皆圆，类鸡项。疑问庙祝："杀鸡何乃得多项？"庙祝曰："此蛇段耳。"陈蕃大惊。既寝，蕃妻觉胸上蠕蠕，摸之，蛇也，顿起骇呼。庙祝曰："此常事，奚足怪！"因以火照壁间，大小满墙，榻上下皆是也。陈蕃夫妻益惧，终夜不眠。早起欲归，庙祝送之。出屋门见墙上阶下，大如盏盏者，行卧不一。见生人，皆有吞噬状。蕃妻自从此后，屡受孕，为蕃生数子。

后蕃父死，蕃辞太学归家服丧三年，丧过乎哀。后母及后母之二子求分财异居，蕃曰："母老，我自奉养，众弟年尚幼，不善经营，恐皆须委托我，凡经营所得，除我生计外，皆奉送大家，我家素以孝悌闻，今分财异居，恐惹四邻及周边笑也！"后母及二子不从，蕃不能止，乃在乡里众亲见证下，四分其财，后母及二子得四分之三。虽如此，蕃于奴婢引其老者，曰："与我共事久，幼者我不便使也！"田庐取其荒顿者，曰："此我少时所经营及居住，素来恋旧也！"器物取朽败者，曰："我素所服食，身口所安也！"后母及二子大喜，所得皆年轻奴婢、新房、肥田、奢侈具，陈蕃皆不较。分家后，陈蕃方接亲母归家，躬亲孝养也。

水余先生曰：后汉举孝廉，孝为选官之重要考量，朝廷以为居家孝，忠可移事君，此得选人之要也！凡孝者，内心必仁，先仁于亲，敦睦九族，亲亲之恩浓，后仁于乡里，和睦无闲言。举之朝廷，必仁于君，忠君无二，仁于同僚，坦荡无党，仁于国事，守正不回，故能为忠廉臣也！

然后母及二子未经世事，虽分家得厚产，然不善经营，又多奢侈，

七　仁者孝喜结异缘　贤官清一毛不拔

故数破产，蕃则赈给，从不较也。蕃由是更著名，初仕郡，后得为上蔡县令。上蔡前几任县令皆为中官弟子或宾客，贪残多事，故上蔡兴行贿风气。

陈蕃初莅任日，吏民献钱物累计数万钱，白陈蕃曰"下车常例"。陈蕃素廉洁，自奉简约，见如此，思之："吏民风气大坏，皆归中官猖狂，不应直接惩罚吏民，而当以谋略对之！"陈蕃故作以为污己，大怒，便欲写文书申明上宪，并将贿赂之赃污上解上司，以为吏民行贿证据。吏辈大惧，纷纷叩头祈请，陈蕃见此，于是令取一柜，以钱悉纳其中，对众封缄，置于办公之厅堂，戒众曰："我念大家初犯，姑且置之，若再有小犯，便立即将此事上告！"

由是吏民警惧，兢兢业业，不敢为非，上蔡县大治，政绩常为汝南郡下辖诸县最。后终任，调往他县，蕃登舟在即，吏白厅柜尚未处置，陈蕃曰："上蔡县吏民奉钱县令，此乃惯例，吏民何责？前所为，乃为勉励吏民安心工作，非有他故也。"遂令搬柜于船，载之而去。终分九族之贫困者，己分文不取！

后为阳安县令，其地产美梨。当地豪族有以之献中官者，中官好之，言于皇帝，令民纳以充贡。陈蕃曰："梨利民几何？贡之朝廷，皇帝贵族好之，纷求之，必成常贡，责之百姓，百姓必苦，先前胡广在济阴贡茶便为先例。今天下昏暗，百姓嗷嗷，力耕尚不能温饱，安能再为朝廷贡梨乎？其害民必矣！"于是令吏民悉伐其树，上报曰："梨树皆因干旱而死，故不得不伐之！"中官怒而谗之，帝大怒，陈蕃坐法征，槛车送京师。阳安老小攀车叩马，啼呼相随，日才行数里，槛车难前，使者患之。蕃乃伪止亭舍，与众人别，深夜，与使者暗乘船而去。众知，复追之。

及蕃诣廷尉，吏民上书守阙者千余人，曰："勿夺我贤县令也！若有死罪，小民愿替死，求释之以牧养小民！"尚书令黄琼上书顺帝曰："良令长，民之主也，欲天下治，得千余良令长便可矣！陈令素得民心，政绩卓著，其被征廷尉，吏民请愿者数千人也！愿陛下赦之，以之为令长模范，则天下吏民皆勉励也！"顺帝素敬黄琼，览奏，赦之。黄琼又举其孝廉，得除郎中。不久，亲母死，陈蕃弃官归乡，行三年丧。

服阕，刺史周景辟之为别驾从事，陈蕃应命。适逢治下有命案，刺史不能决。何命案？民有与父异居而富者，父贫穷，民未曾孝养。父夜穿墙垣，将入偷取钱物，子以为盗至，视其入，扑杀之，取烛视之，则其父也。刺史与群僚议，子杀父，本不宜纵；然春秋之义，论心定罪，子非故意杀父，而实拒盗，不知其为父，若知之，必不杀矣，故不宜诛，久不能决也。陈蕃曰："杀贼可恕，不孝当诛。子有余财，不知孝父，使父贫为盗，己又误杀之，不孝明矣，又致父死亡，恶亦大矣。此等不孝大恶之人，不杀之更何待？"众皆从蕃议，刺史亦不得不从，遂杀之。然内心却嫉恨也。

后某晚，州治构台作戏娱神，有神经者，哄闹于台，大呼曰："有羌贼！"州治曾遭羌族蹂躏，死伤无数，民人畏之。神经者快奔离开，众优人见，不脱衣，仓皇趋避。观众大骇，亦如雨散，口中纷言："羌贼大至，逃命为上！"须臾间，此语传遍郡治内外，人人纷传云："亲见羌酋率大军来攻城！"

刺史周景闻之大恐，立率众登城楼，急令闭四门。乡民避寇者数万，腾涌于门外，号呼震天。陈蕃谏曰："未见羌寇而先弃良民，谓刺史何？有事，蕃请当之。"周景曰："州治鼎沸如此，羌寇必来犯也！待羌寇至，若城门未闭，羌必突入，州治文官，素无武备，必全城生灵涂炭，委数万百姓予羌贼，则城内之民全矣。此舍小取大，刺史不得不为此也！"

蕃曰："数万民之性命，系君此举，现羌贼未至，让百姓进城又如何？待羌贼至，再闭城门亦不迟也。"刺史不听。于是陈蕃私令属掾暗开一门，纳百姓，顺序而入，已亲仗剑断后也。须臾，百姓皆入，良久，羌寇未至也。然因城门骤闭之故，城外人填涌，践踏死者数百人，半夜中方定。后刺史周景得知，此乃传讹事件，心中甚惭愧。陈蕃以谏争不合，投传而去，又为布衣归乡也。

陈蕃虽为布衣，适朝廷遣使者循风俗，民众皆言陈蕃之德，使者上之。太尉李固以陈蕃救数万民，嘉之，表荐，征拜议郎，再迁乐安太守。

陈蕃为乐安太守初，郡治好斗殴，陈蕃谒郡三老，就治郡请益，郡三老曰："郡多'骡夫'难治，好为之，则郡治矣！"陈蕃问："何为骡夫？"三老不答，陈蕃不强。后郡治发生几起斗殴伤人案，陈蕃讯之，方知"骡夫"乃打手之类。乐安民风本好斗，为何？上任太守好武，曾令曰："今羌乱屡起，朝廷征兵乐安，本太守好武，讼无曲直，挺斗为胜！"于是好斗之风大起，当地大户，必畜养几人，若遇词讼，便派打手，故当地名打手曰"骡夫"。

陈蕃知之后，下令曰："本太守好文，凡词讼有争斗，无论曲直，必恕被打者而加责打人者。此外，民有斗殴者，本罪之外，先殴者出钱与后应者。"此令一发，小民惜钱，富人惜面，皆不愿输钱予敌手，其后纷争终日，虽相对骂，无敢先下手者。于是民间以打人为戒，骡夫无所用，期月，打人之风遂息，骡夫则不见也。

打人之风虽息，然诉讼之风不易息，陈蕃患之，思欲处置也。后每见诉讼者非急事，则谕之曰："今日太守忙，明日来！"屡屡如此，讼者皆笑曰："何物太守，不念民急！"故当地有"乐安太守明日来"之谣。而来诉讼者，往往因一时之愤而起，经宿气平而讼消，或众为调解而不愿将讼再闹至郡衙，因此息讼者多矣。故陈蕃政绩卓著，常为天下郡守第一。

于后汉贤臣而言，除治民有方外，己之私生活亦极为简约，所谓"民不畏我能而畏我廉"。陈蕃政绩卓著，朝廷赏赐良多，然皆接济九族贫困者，己家生活极为清贫，常人亦不能堪，蕃安之若素也。

陈蕃性极清俭，终日与妻子蔬食，全家面无肉色。亦极少请客，即使待客亦如此，皆以恶蔬供之。士大夫戏称："陈蕃陈蕃，一毛不沾！"某日，忽召亲朋属官数人会食，众皆惊讶，清晨便赴陈蕃家。等之久，日高，陈蕃方出，曰："后房理事久，慢待，见谅！"遂与众人闲扯移时，众腹皆咕咕直叫也！陈蕃嘱左右曰："盼咐厨家蒸烂去毛，莫折断颈部！"众相顾，以为必蒸鸭鹅之类，皆大喜，叹铁公鸡终有拔毛之日。久之，下人方端出盘，酱醋极其新香，众以为必吃大餐。但见每人前脱粟饭一碗，蒸葫芦一枚而蘸酱吃，众皆偷笑。

陈蕃曰："官府俸禄薄，又未有其他收入，且我之俸禄皆赠之九族弱贫者。今所上饭菜，皆我与妻子耕种，用力不少，供群客，难免淡薄，只不让众人饥饿即可。"众人唯唯，用餐毕，上瓜，众人削瓜皮侵肉稍厚，陈蕃就地取食之。众皆愕然，陈蕃自若。食瓜毕，陈蕃曰："前为戏耍，即刻调和教好，此有真味！"众人以为必是山珍也，为何？郡守虽清廉，毕竟两千石，一顿之请，尚能及也！陈蕃好嬉笑，良久，只见陈蕃命下人出琴一张，亲自弹奏《离骚》一曲，曲毕，陈蕃问曰："味道如何？"众人皆笑绝倒，曰："陈君之清，旷古未有也！"遂传出，乐安人皆喜得清廉之太守也。

水余先生曰：自古称好官为"清官"，非赞其能，乃求其廉也。凡为官者，其能力有高低，乃物有不齐之故，无足怪，然其廉洁可一也。官中廉洁者，自奉简约，无奢侈浪费，俸禄之外，不多求一文，因节俭故，俸禄颇有余，则接济九族贫困者，家无余财，唯有廉声。故清官者，无多欲则不求财，不求财则无多赋敛，无多赋敛则易奉公，奉公则民好服其教，所谓其身正，不令而行，故清官多能政绩卓著也。

陈蕃之清廉名，传至郡名士周璆耳，璆善之。周璆，高洁之士，隐居深山，私下教授门徒甚众，名重天下，前后郡守皆慕之，欲专门拜访，周璆皆拒绝，更遑论受其征辟。唯蕃能致焉，字而不名，特为置一榻，去则悬之，亦时常赴深山周璆破宅中拜访也。周先生曾冒大雪下山往富家易谷种，闻富家阁中集饮，出对联而评国政。其中有人出对曰："水底有天春漠漠。"众人不能对，周先生闻之，大喊曰："何不对'人间无路月茫茫'。"

众人问其姓名，不顾而速去。众疑周处士，遣人遥尾随其后，路甚偏僻，在深山中，识其所而返。雪停后，众人往造访焉，适逢先生不在。寻找半天，未见人，忽发现米桶中有妇人，乃先生妻也，因天寒无衣，故坐

桶中也。众人寻集资馈赠，先生一概不纳。此为古处士之节，守得住清贫，无妄求，一丝一缕皆己力也。

处士豫章徐稚与陈蕃、周璆素善。徐稚字孺子，豫章南昌人也。稚少为诸生，学《严氏春秋》《京氏易》《欧阳尚书》，兼综风角、星官、算历、《河图》、《七纬》、推步、变易，异行矫时俗，闾里服其德化。有失物者，县以相还，道无拾遗。四察孝廉，五辟宰府，三举茂才，皆不赴也。陈蕃为太守，以礼请署功曹，稚不免之，既谒而退。蕃在郡不接宾客，唯稚来特设一榻，去则悬之。后举有道，家拜太原太守，皆不就。

徐稚某日赴周璆家，特意先路过陈蕃府邸，拜会陈蕃。陈蕃问曰："君为何而来？"徐稚曰："今周先生诞辰，欲往其家贺，特路过府君家，欲邀府君同往贺寿也。"陈蕃曰："善！我思周先生，亦欲见之，恰逢此机能拜访，然君以何为贽？"徐稚答曰："以二手帕！"陈蕃曰："我之贽亦当如此！"入屋寻找，无有，又细看家中，家徒四壁，似乎无物可送。踌躇良久，方忆厨中曾有鱼干一枚，当即令家人取之。家人还报已食，仅存其半也。陈蕃度家中无他物可奉送，仅以其半鱼干与徐稚俱往周先生家中祝寿。周璆见二人至，大悦，遂烹鱼煮酒，加之菜蔬，以待二公。三人吃喝，极欢乐而罢也。

陈蕃清俭，天下闻名，惜那时处东汉末，宦官专权，朝廷及地方多宦官党羽，多流于奢侈。贪官群体好笑陈蕃清俭，造一笑话，以调侃，笑话云："腊月二十四，天下灶神俱朝上帝，众皆皂衣，一神独白。上帝怪而问之，此神答曰：'臣乃陈蕃家灶神也，诸神俱受烟熏，故黑。臣在陈蕃家，自三餐外从不延一客，家中蔬食，几无烟火，臣衣何从得黑？'"陈蕃闻之大笑，未曾置评也。吏民皆知陈蕃清俭吝啬，其饭菜难于吞咽，皆不愿赴陈蕃家做客。唯独一人，名士周璆为陈蕃家常客也。

水余先生曰：古官箴曰："吏不畏吾严而畏吾廉，民不服吾能而服吾公。廉则吏不敢慢，公则民不敢欺。公生明，廉生威。"为官者，先德而后行；德者，先廉而后公。为何廉先？为官廉洁者，心中无他欲，不好财色，奉行当官为民作主之训，致力民政，勠力民生。虽官能有高下，然既一心为民，敬勤其事，必有惠政也。而贪官者，心中多欲多求，欲求占据心胸，故好财好色好享受，多欲求，于民政心分，甚至无心民政。因朝廷俸禄有限，不能供贪官私欲，贪官必剥民自肥，赋敛当地，以供嗜欲。如此，百姓必大困也！故水余先生曰："廉洁乃为官之本，官能次之。"

一日，周璆拜会陈蕃，陈蕃蔬食待之，炒韭黄及清水煮韭菜。周先生见之，戏陈蕃曰："孰谓府公贫？一食有十八菜也！"为何如此说？韭黄、韭菜皆与九谐音，两菜加之，故得十八也。陈蕃曰："十八大菜待君，此我全部家当也。"周璆曰："唐突搅扰，别无他事，此行恭喜郡公！青州刺史李膺，直声震天下，举奏贪官无数，郡守弃印绶者十之八九，未被李膺弹劾者，百不存一，唯独举荐公，公升迁有望矣！"陈蕃曰："知李膺巡按青州，然素来忙于听事，未尝与李膺交接，且李膺天下贤士，贤者亦不受私谒也。"周璆曰："公即将升迁，我此行来，名为祝贺，实乃与公辞别。乐安郡有公，乃民人大幸！公将入京师为官，须时时寄信于我，免我悬念也。"陈蕃颔之。说到此，李膺何许人，为何直声震天下？

八

直士刚愎内成忧　边将贤智降叛羌

李膺字元礼,颍川襄城人也。祖父修,安帝时为太尉。父益,赵国相。膺少游太学,虽公卿子孙,不以骄人,与人均礼,人皆不知其身份也。时大将军梁冀专权,恃妹为皇太后,所为多不法,又好专权,百僚不敢谏。李膺为太学生,直言上书曰:"生闻百王之失,皆由权移于下。伏念先帝,圣德未永,早弃万国。陛下富于春秋,纂承大业,故太后称制,权且摄政,大将军秉政也。天下者,应与群贤共治,诸舅不宜持权,以示天下之私。经曰:'天地乖互,众物夭伤。君臣失序,万人受殃。'今盗贼大起,水旱为灾,岂非辅政者之咎乎?大将军冀持权多年,不能调和阴阳,致灾异屡起,应辞位归家也。望陛下以义自割,大将军以谦自引。如此,大将军家可长保爵土之荣,皇太后永无惭负宗庙之忧,诚策之上者也。"

书奏,大将军大怒,欲讽有司下李膺狱,将加大处分,以儆效尤。大将军长史朱穆谏曰:"李膺狂生,安足与较乎?"大将军曰:"我秉政久,四海推服,物无异议,朝廷众僚敬我,皆和睦无闲言。然太学生悠游无事,评点国事,臧否人物,我忍之久。今太学生李膺敢妄议我,不重惩,不足以解我恨,更难塞群议也。"朱穆见此,知劝谏无效,于是曰:"君知李膺之祖为谁乎?"大将军答曰:"不知也!"朱穆曰:"李膺祖修,与大将军父厚善,昔彼此为刎颈之交,天下人皆称之。今大将军诛人之孙,恐无以告慰先大将军灵也。"梁冀虽暴虐，却素孝敬，已能为大将军，因承袭父商之位，舍之。

朱穆何人也？其字公叔，年五岁便有孝称。父母有病，辄不饮食，疾愈乃复常。及壮沉湎于学，锐意讲诵，或时思至，不自知亡失衣冠，堕入坑中。其父常以为专愚，几不知数马足。学明《五经》，性矜严疾恶，不交非类。年二十为郡督邮，迎新太守，见穆曰："君年少为督邮，因族势抑为有令德？"穆答曰："郡中瞻望明府谓如仲尼，非颜回不敢以迎孔子。"太守甚奇之曰："仆非仲尼，督邮可谓颜回也。"后举孝廉，顺帝末，江、淮盗贼群起，州郡不能禁。或说大将军梁冀曰："朱公叔兼资文武，海内奇士，若以为谋主，贼不足平也。"冀亦素闻穆名，乃辟之，使典兵事，甚见亲任。

李膺上书后下狱，众太学生以为必将遭不测，后"无端"得出，故名重太学。膺尝自京师赴赵地省父，欲止邮亭休息。先是，膺在太学，天下闻名，亭长先时闻膺当过，以有贤者客，洒扫备酒席待之。膺既至，不自报其名，亭长不肯纳，因问曰："闻李太尉孙从洛阳来赵地省父，何时至乎？"膺曰："寻至矣！"遂去不顾也。

年二十三，父客死赵国，李膺辞太学赴赵地迎父丧。昔膺父为官多年，门生故吏甚多，皆欲重资送李膺，李膺一无所受，与门客步行负丧归乡里。道载船触石没，膺抱持棺枢，遂俱沉溺。众哀其孝义，钩求得之，疗救仅免于死。

服满，李膺再游太学，为太学前辈。李膺早年先娶妻毛氏，生长子，后毛氏卒，京师续弦邓氏。邓氏家素饶于财，男丁皆外出经商，妇女看家。颍川某无良少年，纠集数人，窥知邓家男丁不在家，欲至邓家剽掠。邓家为大户，贼虽至，不知虚实，不敢入其室，大呼曰："我乃盗贼，今执弓矢刀剑而来，要想保命，可将财物奉出。"以弓矢射入，以恐邓家人。邓母见贼惶恐，不知所为，群媳亦不知所措。时邓氏方十六，言于众妇曰："贼虽大言，仅射弓矢，却不敢进，可见群贼惶恐，可以计吓走之。"众人从之。

邓氏令两妇引绳,己安矢于绳,自窗中射之。数矢后,贼犹不退,矢竭。群妇更恐,邓氏颜色不变,大声诡呼曰:"取强弩来!"故意以麻秸一束大响动置地,作取矢声。群贼闻之,惊曰:"彼矢多如是,不易制也。"遂退去。邓氏因此以智谋及胆略出名,求之为妇者甚众。邓氏曰:"我乃女中豪杰,须嫁世上英雄也。"陈寔素著名颍川,昔与李膺父善,知李膺丧偶,于是为媒,介绍李膺。邓氏素闻李膺为人正直,才学无双,不以李膺丧偶为嫌,于是与李膺结为夫妇。邓氏有容貌才学,素刚硬,李膺爱惧之。

某日,李膺忽梦中失笑,惊醒邓氏,邓氏将李膺摇醒,问曰:"汝梦何事,得意如此?"李膺素以诚待妻,不敢瞒,遂曰:"梦纳一妾。"妻大怒,罚跪床下,寻欲起寻常家法笞之。李膺辩曰:"梦幻虚情,如何认作实事?"妻曰:"诸梦皆可做,唯独此种梦不许汝做。"李膺曰:"夫人既不允许,以后我不做此梦就是!"妻曰:"汝在梦里做,我如何得知?"李膺曰:"既如此,待我夜夜醒至天明,再不敢睡,则不能做梦,如何?"妻曰:"甚好!"

后几日,李膺惧妻,不得睡,苦恼。太学生众,不少病其妻之吃醋者,太学生甲、乙与李膺相互诉苦。甲曰:"我妻素妒,凡买一婢,即不能容,必至别卖而后已!"乙曰:"贱内更甚,岂但婢不能容,并不许置一美仆,必至逐去而后已。"李膺叹息曰:"两位老兄,劝你等罢,像你等老嫂还算贤惠,只看我拙荆,不但不容婢仆,且不许做梦置妾,害我数日皆未得好睡,今精神荒顿,头昏脑胀也!"

甲曰:"李君太学名士,名重天下,今惧内如此,恐为诸生所笑,若不有所为,惹笑话尚在其次,恐日子难过也!"李膺曰:"君等有何策,可解我之倒悬?"乙曰:"不若有所联盟,集体施压狠妻!"李膺问曰:"如何为之?"乙曰:"鄙人闻太学中,惧妻者不少,不如我们结合十兄弟,歃血盟誓,互为声援,若谁受妻欺辱,另九兄弟立即群赴支持之,妒妻见势大,必不敢再欺负也!"李膺、甲曰:"君策甚善,立即行之。"

于是三君串联，纠合十人歃血为盟，盟毕，大宴，各诉苦请。正酬神饮酒之际，不想众悍妇闻之，一起打至盟所。九人飞跑惊窜，唯一人危坐不动。众皆私相佩服曰："何物乃尔，刚硬如此，该让他做带头大哥也！"少顷妇散，众归察之，已惊死也。李膺归家，惧而下跪，邓氏不言，立用笤抽，打破李膺脸皮。次日赴太学，祭酒皇甫规见之，问为何脸破。李膺不敢答，规再三问，李膺饰词以对曰："晚上葡萄架下乘凉，葡萄架倒下，故此刮破脸皮也。"

规不信，曰："君妻好嫉妒，太学周知，脸皮一定为妻子扯破。"李膺微泪颔之，规于是令曰："快差从吏速拿李膺妻来，我当李膺面训诫之！"不意奶奶在后堂潜听，大怒闯出堂外。规慌忙谓从吏曰："你且退下，我内衙之葡萄架亦要倒下也！"又谓李膺曰："你这作死门徒，家事为何让为师做主，还不给你师娘跪下请罪乎？"李膺见此，速跪，好话说尽，方得出。

水余先生曰：古曰："妻者，齐也。"故上古男女同奉宗庙及事父母。后汉时，男女较为平等，皇帝虽为九五，无上尊荣，然太后亦可称朕，出令称制，与天子同尊。东京皇统屡绝，权归女主，外立者四帝，安、质、桓、灵也，临朝者六后，窦、邓、阎、梁、窦、何，女谒盛矣。前汉之亡，乃王莽姑母王政君历四世为天下母，六十余年，卒成新都。可见，汉朝时，男尊女卑思想不浓，女权尚盛，几乎半边天矣。后汉不少名士，对外硁硁名士节，天下亦以直士目之，然家中偶有悍妇，颇具德色，更有泼辣性，名士爱之惧之，言听计从，不敢越雷池一步。此后世少见也。

李膺虽惧内，然学习勤奋，故在太学学习为优，加之早有孝行，又曾直言极谏，故被举孝廉。须臾为司徒胡广所辟，举高第，再迁青州刺史。李膺好威严，青州众官闻李膺将下车，解印绶去者四十余人，及至，奏劾诸郡，至有郡守自杀者。不自杀者，多被李膺举奏下狱，唯独陈蕃以清廉能干为李膺所荐。朝廷本欲迁之，然因李膺举劾太广，尤其绳纠故人，故人为阉竖党，膺得罪权阉，致免官，故陈蕃止不迁，仍为太守也。

李膺如何举劾故人？平原郡守季敏早年游学京师，与李膺厚善，皆有济世志，季敏年长，膺兄事之。大将军梁冀权倾天下，然内行不谨，专权跋扈，骄奢淫逸，朝臣多结舌不敢言，而大学生群体却敢妄议。梁冀忧之。季敏本投机之徒，窥梁冀意，投入大将军幕府，以秘策干之，大将军大喜，委以腹心。季敏为大将军出策：凡太学生妄议大将军者，由季敏暗中窥探，报之大将军，或贬或诛；凡言大将军善者，亦由季敏窥，报之大将军，或赏金或赏官。此胡萝卜加大棒政策，之后，太学生不太敢妄议大将军也。

大将军内感激，季敏遂得迅速从大将军幕僚升为平原郡守，秩禄在李膺之上。汉制：刺史秩禄六百石，太守两千石，刺史以六条诏书巡察，故得以卑制尊，以下制上也。季敏为大将军鹰犬，李膺秉持君子交绝不出恶声之意，心中早疏远之，季敏却不知。

季敏为平原守，恃大将军势，所为多不法，民众敢怒不敢言。李膺为青州刺史，部署下属按其违法事，俱得之，乃请太守，为置酒食，极陈平生之欢好。季太守大喜曰："人皆有一天，我独有两天。"李膺曰："今日李膺与故人饮酒者，私恩也；明日青州刺史案事者，公法也。"季敏大惊问曰："不能为我私也？"李膺曰："君为政满地狼藉，百姓嗷嗷，恨不得食肉寝皮，我所为者，为万千百姓伸张正义也！"季敏曰："如此，我必休矣！我为君兄，君如此，我家人则大哭也！"李膺曰："宁可君家哭，不可让平原百姓哭也！"季敏曰："既然君不顾兄弟之情，今郑告君：'我与大将军厚善，君若执法于我，必得大将军重谴，其慎之。'"李膺曰："死且不顾，安虑大将军乎！"

于是举正其罪，报之朝廷，大将军本欲保之，然季敏所犯太多，群情鼎沸，为之谣言："季守为戚犬，见主则摇尾；自居土皇帝，待民如草芥；报日何时至？杀狗宰权戚。"谣言远闻，京师亦传。不得已，大将军免季敏之官，甚怒李膺，讽有司，以李膺在青州所为多苛刻，盛夏拘系无辜，以干天和，致青州大旱，免李膺之官也。

永寿二年，鲜卑寇云中，桓帝闻膺能，乃复征为度辽将军。李膺莅位仅三天，郡兵皆调发赴平鲜卑乱，而羌贼数万仓促犯城。李膺与群僚会议，众皆议闭城门，李膺曰："孤城空虚，能支几日？只应谕以朝廷恩威，庶几自解也！"众皆难之，谓："李将军乃书生迂谈也。"膺曰："将军部无兵，羌贼攻城必破，我等束手受毙乎？"众人曰："今城墙高大，弓矢强劲，士卒千人，可固守此城也。"李膺曰："然敌众数万，弓矢数千，我士卒千人，又多文官，安能敌？固守困城，终当败也。"众曰："如此，谁当往？"膺曰："我为度辽将军，守土有责，我当独往。"众犹谏阻，膺不听，上马，令开城门而去。

众人请膺带士兵从，膺曰："此为我祸也。"却之。贼见门启，以为城中出战，遂弓矢大张，刀枪林立，然谨视之，乃一官人乘马，二夫执缰绳而已。三人出，门遂闭也。膺不顾，径直入贼阵，贼遮马问故，膺曰："我新度辽将军也。尔等导我至汝寨，我有所言！"贼不测膺意，然知膺仅三人，无法掀起波澜，遂姑导以行。行几十里，远入山涧，顾看从人，已偷跑一人也。即达贼地，另一人亦逃，仅剩李膺一人，贼遂控马，李膺随之，夹路见一壮汉，被绑于树，向李膺呼救。

李膺问之："君何人也？"壮汉答曰："我乃颍川董卓，陈寔徒孙也。避难羌中，被贼人邀去，不从，贼将杀之。"李膺不顾，径直入洞也。贼露刃出迎，李膺下马，立其庐中，顾谓群贼曰："我乃尔等父母官，可弄坐来，尔等皆可来参拜我也！"贼取榻置中，李膺坐，呼众人向前，众贼不觉相顾而进。贼酋问膺为谁，膺答曰："李将军也！"贼酋问曰："廉直震天下之元礼将军乎？"李膺曰："然也。"出其印绶，贼视之，果为李将军，贼皆罗拜，请谢恕罪。

李膺曰："我固知汝等皆良民，迫于宦官害政，有司聚敛，饥寒交迫，聚此苟图救死。前官不谅，动辄以兵相加，欲剿绝汝等。我今奉朝命为度辽将军，为汝等父母官，视汝等为家人，何忍杀害？若信从我，当宥汝等罪。可随我还府，我以谷帛赠汝等，万勿复出掠，害及良民。汝等若不从，可杀我，后必有官军来问罪。前汝等本无罪，杀我之后，罪责重矣！"

众错愕曰："诚如公言。公诚能相恤，请终公任，羌族不再扰犯也。"李膺曰："我一语已定，且李膺重诺之名，天下闻之，汝等何必多疑！"众复拜。李膺复曰："今诚转祸为福之时也。若闻义不服，致我受害，朝廷征伐有辞，天子赫然震怒，荆、扬、兖、豫等大兵云合，岂不危乎？利害所从，汝等其深计之。"众人曰："我等不敢！"

水余先生曰：自古有乱政而无乱民也。古时风俗淳朴，民人单纯，男耕女织，勠力农事，父慈子孝，兄友弟恭，亲亲自慎，四邻和睦。虽朝廷赋敛严重，豺狼纵横民间，民人有狗彘之食，虽日渐疾苦，亦安之若素，不敢妄动。仅饥寒交迫，卖儿女亦无法救穷，冻饿是死，举大义亦死，等死耳，如此民人方肯大起，非素有推翻朝廷之志。唐诗曰："朱门酒肉臭，路有冻死骨。"如此久之，世间贫富悬殊至极，民人安能不反乎？纵观古代史，多有农民起义造反，推翻当时朝廷，虽社会动荡，非民人之罪，乃统治者之过也。

李膺曰："我饿矣，可为我具食。"贼众杀牛马，为麦饭以进。李膺饱食之，贼皆惊服。日暮，李膺曰："我不及入城，可在此留宿。"贼设床褥，李膺安寝，鼾声如雷，贼众大叹。明早，贼众复进食，李膺曰："我今归城矣，尔等能从我往取谷帛乎？"贼曰："可！"数贼控马送出林间，数百骑随从，复见树上被绑之人。李膺顾曰："此壮士乃好人，汝等既效顺，可释之，与我同返城。"贼既解缚，还其衣物，董卓赶紧着衣，随李膺走在后也。

薄暮，李膺至城，城中官吏见之，惊曰："必太守畏而从贼，为之向导而欲陷城也！"不肯开门。城门上之众吏争问故，李膺曰："第开门，我有处分！"众人愈以为李膺为贼内应而献城，李膺笑对贼众曰："本欲领汝等共入城取谷帛，奈何众官疑我为汝等向导，汝等且止，远离城门，我当自入，出来犒赏汝等。"贼少却，不疑李膺。李膺遂入城，群吏害怕，立复闭门。李膺谕之，群吏不听，李膺不能无信，遂命从属取谷帛，从城上投下予之。贼取之，大谢叩头而去，终李膺之任，不再扰边。

九

父仇深不共戴天　妒妇狠几丧夫命

李膺救下董卓，董卓何许人也？

董卓字仲颖，陇西临洮人也。父君雅，少游学，拜陈寔为师，父事之。陈寔颍川人，名重天下，地方父母皆重之，陈寔荐君雅于长官，故君雅得以为颍川纶氏尉。董家与陈家相邻，董家贫，陈寔时时济之。君雅生三子，长董擢，早卒；次即董卓；卓弟董旻。董卓幼而无赖，为儿童时，董卓之祖戏之曰："学好文与武，货与帝王家！汝文不能举笔，武不能拉弓，将来能如何？"董卓怒曰："我能忍也！"遂用小刀自刺出血，镇静自如。董卓祖大惊，鞭之。董卓曰："我皮如铁，任你刀鞭。"卓祖曰："我家素文，汝狂悖如此，必破家矣！"董卓曰："今朝廷黑暗，天子昏庸，天下将乱，无有安家，家本将破矣，与我何愆？"

卓祖惧，与其子君雅言："此儿狂悖，宜早除之，不尔，长大必破人家。"君雅遂欲将卓卖入羌地为奴，任其生死。君雅弟阻止，君雅遂将董卓狂悖情形言于弟，弟曰："儿长自当修改，何至便可如此。且世方乱，董卓有如此英武，将来必不凡矣。不但不破我等之家，必当兴我家矣。"及长，力举千钧，雄勇好杀，击刺骑射，冠绝一时。

后君雅因陈寔之荐，为郡督邮。时唐梁为许令，与中常侍刘普交通，刘普非诛杀梁冀之"五常侍"，然因桓帝宠幸故，叙入诛梁冀之功，故得以封乡侯。许令有刘普之靠山，贪暴为民间巨患，百姓敢怒不敢言。偶有胆大者，亦只匿名举报，然前后郡监司畏其靠山，皆不敢纠问。及君雅为郡督邮，巡行至许县，部下属具得其违法事，奏之郡守，郡守本不欲纠之，君雅持之坚，唐梁遂论输左校。朝廷嘉君雅持正，因此得迁为令。小黄门刘普怒君雅，遂讽郡守逼君雅去官。君雅被罢，归乡里。汉法，免罢守令，自非诏征，不得妄至京师。

陈寔适在京师讲学，君雅慕之，潜入京师拜谒。时唐梁为司隶从事，因前事之怨而收君雅下狱，五毒刑罚备至，君雅遂死狱中。唐梁尚不解恨，刑其尸体，暴露都衢，以报昔怨。

董卓年二十，因雄武征诣公车，会父君雅被杀，载父丧归，瘗而不葬，仰天叹曰："父仇不共戴天，若不报，我将何以立世？昔伍子胥独何人也！"乃藏母、弟深山中，变姓名，典屋卖地，尽以家财募剑客，欲时时刺杀唐梁也。后唐梁因交内侍故，迁司隶校尉，官属甚多，随从甚众，不便下手。

董卓与剑客密谋。会唐梁府邸与寺庙相邻，寺庙破败，罕有人至，董卓与剑客潜入庙中，夜则挖地，昼则潜伏。如此半年后，遂得达唐梁寝室，地道出口在其床下。适唐梁如厕，素便秘，如厕久，董卓及剑客待之不及，因杀其妾并及小儿，留书曰："唐贼杀我父，父仇不共天，今本杀汝贼，适逢未见尔，先杀贼妾儿，后将及贼梁，以首祭我父。"并留董卓名而去。

唐梁得书大惊，恐董卓挖地纵横，故以木板铺地，布荆棘于室，一夜九徙，虽家人莫知其处。每外出，以剑戟随身，募众壮士自卫。董卓知唐梁有备，难下手，便思毒计。私打听，得知唐梁父葬于魏郡，遂日夜兼程，径至魏郡，挖掘其父冢。唐梁父虽死多年，然开棺颜色栩栩如生，董卓断取唐梁父头，以祭己父。祭祀毕，又会京师，标之集市曰："唐贼梁父之狗头。"遂逃离，不知所踪。唐梁得知己父冢被董卓挖，耻之，隐匿不敢言，白上请假，偷归乡里，掩埋父冢。暗中安排司隶部属逮捕董卓，经岁不能得，感忧愤恨，发病呕血而亡。

董卓逃窜经年，后遇赦还家，遂发丧葬父。董卓虽报仇成功，然士大夫多讥讽其挖掘冢墓，归罪枯骨，以死人压活人，不合古义，远不及古之伍子胥复仇。颍川陈寔闻而论之："子胥虽逃命，然秉政强吴，因吴强兵，又得阖庐支持，故得攻破楚都。然不过掘墓戮尸，以舒其愤，竟无手刃后主之报。然董君孑然一身，无所依靠，仇敌强大，位为司隶，根大势重，又有权宦为内援，报仇何其难也！然董君一身，先挖地纵横，后虽未果，不气馁，分断贼唐父之首，以刺激生者，使唐贼气郁结，不得其终，假神灵而毙其命也！家无凭借，以匹夫之力，功比千乘高，比之伍员，不亦更优乎？"陈寔名高，议论中肯，故士大夫之讥讽论故因此而消，天下人皆贵董卓之义也。

水余先生曰：父母之仇，不共戴天。汉法虽禁复私仇，然使者后人勠力复仇，冒禁杀仇敌，其过程曲折艰辛，有为人所不能为，世人以节士目之，欣叹其义举，汉廷亦往往循人情而曲赦之，此得为政之要也。儒家倡三纲："君为臣纲，父为子纲，夫为妻纲。"又倡忠孝治国，取忠臣于孝子。子敢触严禁而报父母仇，此真孝子，若将来为臣，必守君臣之义，为君而死。不肯负父，安能负君？

董卓虽因大赦而得免，然唐梁与权宦刘普素善，唐梁虽死，刘普必欲董卓死以为唐梁报仇，遂追究前事，董卓坐徙凉州。唐梁外甥为酒泉太守，蓄怒以待之。卓父故吏孙随知卓若赴凉州必死，以家产募众客，追卓，及于太原，与之结伴，送之羌族亡命。

董卓好侠，桓、灵时，羌变屡起，董卓亡命羌中，刘普知，暗贿羌酋以重金，嘱之杀董卓。董卓状貌异常，体重三百斤，行于路上，众人皆瞩目。羌酋派族人四处打听，遂得董卓声问。群羌于是骑马，追逐董卓，董卓奔避不及，被羌砍，觉头落胸间而喉不断，亟以手捧头置项上，热血凝结，痛急遂死。

羌人以其遗体交至羌酋，羌酋本欲割其头并函之，封以交中常侍刘普复命。然当欲割头时，董卓苏醒，群羌大骇。适孙随至，见此，泣血言董卓复仇事，群羌义之，遂不割，留董卓帐内。数日，董卓不死，颇能咽汤，数十日伤口愈合，百日结痂，后痂脱落，视其颈，一圈疤痕。羌人见董卓砍头不死，皆神之，以为非常人，多与董卓善。须臾，刘普闻，再贿赂重金，于是羌酋将董卓捆绑于树，本欲解之京师予刘普，适李膺见，得救之。

李膺见董卓，董卓叙其过去，李膺闻之叹息，曰："天下方乱，君壮士，不可轻生，可先归乡，隐姓埋名，我有十金，权为行资。"董卓磕头涕泪而去。

先是，羌虏及疏勒、龟兹，数出攻抄张掖、酒泉、云中诸郡，百姓屡被其害。自膺到边，以文德说服羌虏，羌虏先从，传之蛮中，疏勒、龟兹，皆望风惧服，先所掠男女，悉送还塞下。自是之后，膺声振远域。

羌虏、疏勒、龟兹已服，而乌桓、鲜卑倔强，朝廷以膺练习边事，故转膺护乌桓校尉。鲜卑数犯塞，膺常蒙矢石，每破走之，虏甚惮慑。

李膺任乌桓校尉时，边任多纨绔子弟，仗朝中外戚、中官之势，为非作歹。军行，纨绔子弟多带娼妇随，李膺欲驱逐，恐得罪纨绔子弟，更恐伤士卒之心。会有士卒因忿争杀娼，吏执杀娼者以白，李膺曰："群娼来军中何事？士卒杀之，我不较也！"纵之去，群娼闻，惧被杀而无人治，于是皆走散。群娼虽离，却恨李膺不治杀娼者，思报复。先是，群娼在城中久，与将士亲接，知城中薄弱环节，于是私言鲜卑大将曰："乌桓校尉治邸西北角偏弱，攻之必破，李膺可擒也！"鲜卑从之，于是兴大军欲攻取。

李膺夫人邓氏闻群娼散，曰："娼者无节，我恐娼者与戎狄私合而为大患。"不启李膺，率百余婢巡城，登城亲自审视，识城之西北角当先受敌，率领百余婢及城中女丁，于其角预斜筑城二十余仗。其后鲜卑攻城，西北角果溃，凭此新筑处固守，故城得完，李膺得以击退鲜卑。

李膺素惧内，夫人又有此功，更惧之也。在群僚属前，夫人若在，李膺恂恂如属吏一般，夫人性亦刚，对李膺颐指气使，李膺不敢不从。某同僚心中不服，终有一日，忍耐不住，怒启李膺曰："以登坛发令之官，受制于一女子，君天下闻名，何以为颜面？"李膺曰："积弱所致，一时整顿不起。"同僚曰："刀剑士卒，皆可助兄威！待夫人咆哮时，先令军士披挂，枪戟林立，站于两旁，然后与夫人相拒。彼慑于军威，敢不降服也！"李膺曰："甚好，甚好，速为之！"

及队伍既设，弓矢既张，形势既立，邓氏见之，大喝一声："汝装此模样，将欲何为？"李膺闻之，不觉胆落，急下跪启曰："并无他意，请奶奶赴教场检阅也！"其实，某同僚亦惧内，经此，为夫人所知，夫人斥责，同僚大惧，跪伏良久，哭泣诚请，夫人方勉强原谅。

李膺与此同僚皆惧内，久之，皆积忧成疾，李膺吐红痰，同僚吐绿痰。因请随军名医治疗，医者曰："红痰从肺出，因肺出血所致，犹可医治；绿痰从胆出，不可医，归家治后事可也，不出半月，必死。"同僚惊问之故，医者曰："惧内吓破了胆，故吐绿痰，胆既破，如何医得？速归家等死。"李膺曰："既然红痰可治，请速开方。"医者嘱咐曰："今红痰已出，必找病源，若长期惊吓，恐致绿痰，则命不可保也。"李膺颔之。果不其然，此僚归家半月，便卒。

邓氏闻同僚惧内吓破胆吐绿痰而死，又闻李膺已吐红痰，若长期惊吓，亦当吐绿痰，惧李膺死，于是渐革妒忌之性，更为良妇，终温良恭俭让，夫妻之情更深于前。

水余先生曰：名士好学修德，操守虽高，却偶惧内，留下无数笑柄。昔河东狮吼，季常畏惧，行为颠倒，为名士所取笑。李膺直声震天下，不畏强权，敢与权戚阉竖叫板，虽死不惧，然却惧内，于夫人前战战兢兢，不敢越雷池一步，夫人所言，不敢不恭顺，夫人责骂，安然受之。英雄气概何在？此非天道好还乎？

昔李膺为度辽将军，政绩卓著，为时人所重。又曾只身深入羌贼穴，以三寸不烂之舌而劝退羌贼，羌贼数年不扰边。后李膺迁为乌桓校尉，新任度辽将军为阉竖之党，不知绥靖羌族，且多赋敛，致边人大怒，暗与羌

族私通且为内应，故边疆大乱。度辽将军推责李膺，上奏曰："昔李膺未曾平定羌贼，惧贼，怕兴征伐，故仅行绥靖策，以财赂之，羌贼贪汉币，故且息寇。然羌贼无信誉，若不贿之财货，便犯边，故羌贼至今为患。"阉党为内应，上之。于是坐李膺余寇不绝，以公事免官。李膺还居纶氏，教授常千人。后汉时，士人多向学，或学于京师太学及郡县学，或学于民间名儒。民间教授与官方教学非对立，彼此往往互相交流借鉴也。

李膺天下名士，立学纶氏，学者络绎不绝。南阳樊陵求为门徒，以千金束脩奉上，膺以其为人谄媚而谢不受。陵后以阿附宦官，致位太尉，为节志者所羞，此为后话。荀爽曾驾车拜谒李膺，适逢李膺外出无车，荀爽为之御，行之路上。李膺才学外，其貌壮伟，行为酷炫，妇人多慕李膺，争以果掷车上，须臾，满车。李膺言于荀爽曰："鄙夫人好嫉妒，慎勿言妇人掷果事！"既还，爽四处吹嘘曰："今日乃得为李君驾车也。"仰慕之，略过掷果事。

荀爽才虽高，然状貌甚陋，前为李膺赶车，慕李膺之妇人缘。驾车归家，学李膺举止。荀爽此时年少，小儿见荀爽举止，大恶之，争相以瓦石投之，须臾瓦石满车。荀爽受伤，马被瓦石所惊而逃逸，仅剩车，不能归家，哭泣路边。忽某人见而悯之，命从骑下马与之，不告而去。荀爽得马，不肯归家，驾车又回李膺处，言己经历。李膺曰："汝南范孟博天下义士，好周人急，汝必遇之也。我今为布衣，欲见孟博，君为驾，现出发。"于是造访其门，果孟博所为也。

十

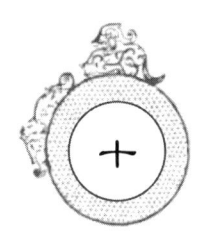

孝士清志澄天下　贫士贤声震京师

范孟博何人？乃名士范滂，亦好正直。下文详述之。

范滂字孟博，汝南征羌人也。少立操尚，行己以礼，身长八尺四寸，容貌绝异，音声清亮，辞气雅正，博学多能。少游太学，师事名儒，受《诗》《书》《礼》《易》及《孝经》《论语》。

范滂不但学问高超，其于女子品位亦不同世俗也。昔有某女眇一目者，与父游京师，父突病亡，眇女贫不能葬，遂卖身葬父，人以其眇而丑，十数天，无人问津。范滂游太学，名重京师，数同学从之游。范滂见此女，大悦，遂与数同学为之葬父。葬毕，得眇女，大嬖之，为之置第，仔细侍奉，唯恐不当其意，出外必带，亦殷勤伺候之。有太学同学嘲笑，范滂为之自若，曰："自余得此佳人，还视世间女子，无不多一目者。夫佳目得一足矣，奚以多焉！"

后范滂以双亲老，受学竟，还乡里，孝养父母。师丧亡，滂闻问尽哀，负担奔赴，送师丧还故里，蔬食执役，制服三年。师丧竟，俄父没，滂大悲，柴毁骨立，杖而能起。

建父墓于县之东山，躬自负土，封树周围，不受乡人之助。或愍滂羸惫，苦求来助，滂感其意，昼助不逆，夜便除之，父身后事，必双手一一亲为，不假手他人。滂以方营大功，乃暂离其眇妻，镇宿墓所，列植松柏

亘五六里。历时经年，父坟耸立，群柏环绕。父之大功成，滂早中晚各一谒，每谒则必悲号，鸟兽翔集。时有鹿犯其松栽，滂悲叹曰："鹿独不念我乎！"明日，忽见鹿为猛兽所杀，置于所犯栽下。滂怅惋不已，乃为作冢，埋于隧侧。事未竟，猛兽即于滂前自扑而死，滂益叹息，又取埋之。自后树木滋茂，人兽皆无犯者。滂前后服丧六年，方释服也。先前，滂游京师，学问大成，守丧期，诵学不断，六年守制，遂成名儒硕德，服满，四方求学者不断也。

滂家贫，躬耕，计口而田。或有助之者，不听。诸生秘为刈麦，滂遂弃之。知旧有致遗者，皆拒不受。门人有为本县所役者，将赴远任，然不愿离乡，告滂求属县令照顾，滂拒曰："卿学不足以庇身，我德薄不足以荫卿，属之何益！且我不执笔已十年矣。"乃背负糇粮，儿负盐豉草履，送所役生至县，门徒随从者千余人。滂名重天下，征羌令以为诣己，整衣出迎。滂乃下道至县衙前，云："门生为县所役，故来送别，非欲诣县令也。"因执门徒手涕泣而去。令即取消门徒所役，令归滂侍学也。州刺史慕之，举孝廉、光禄四行。

水余先生曰：古以忠孝治国，有深意焉！忠孝内通也。事父母孝，故忠可移事君，施之具体行政，必能恭勉其事，故而汉廷以举孝廉选官也。范滂以真孝立名，朝廷慕而征辟，滂忧公如家，心系社稷。知阉竖专权，党羽布天下，为政之饕餮，毒害民人，故滂志澄天下，于桓帝前直言极谏，任监察官而敢纠绳弹劾。范滂大贤，真孝可移治国者，伪孝之徒，闻滂之忠节，不愧死也？

至京师，桓帝亲见，问国政之要，滂对曰："西京之制，中常侍参选士人，严格其选，故西京宦官难专权。建武之后，乃悉用宦者。后顺帝因宦者得立，宦者渐持权，干预政事。国朝诛杀大将军梁冀，多得五侯之力，至此天下国事，一更其手，权倾海内，宠贵无极。子弟亲戚，并荷荣任，故放滥骄溢，莫能禁御。凶狡无行之徒，媚以求官，贪污受贿，无所不用其极；恃势怙宠之辈，渔食百姓，穷破天下。当今弊政种种，皆因宦官专权而起，愚以为可悉罢省宦官，遵复往初，率由旧章，更选海内清淳之士，明达国体者，以补其缺。"

桓帝不纳其废黜宦官之言，然以其对切腐败，颇认可。时冀州饥荒，官吏贪残，盗贼四起，乃以滂为清诏使，案察之。滂登车揽辔，慨然有澄清天下之志。及至州境，守令惧滂之威严，自知臧污，望风解印绶者数十人。滂举劾刺史、二千石二十余人，凡冀州部大僚，鲜有不被弹劾者。罪恶者皆权豪之党，势力盘踞，多年为害地方，百姓敢怒不敢言，滂一切举奏，莫不厌塞众议，百姓欢腾。

然奸官多依附权宦，权宦纷言范滂弹劾甚多，以致冀州大乱。帝于是敕令尚书诘滂曰："所举无乃猥多，恐有冤疑，其更详核，勿拘于前。"滂对曰："臣之所举，自非饕秽奸罪，岂以污简札哉？臣以会日促迫，故先举所闻，其未审者，方当参实，以除凶类。臣闻农勤于除草，故谷稼丰茂。忠臣务在除奸，故令德道长。"帝以滂言直，不纠也。然宦官不便，言于帝，以滂此行有功，迁光禄勋主事，明为升迁，暗将其调离也。

时陈蕃为光禄勋，滂为属官，执公仪诣蕃，蕃不止之，滂怀恨，弃官而去。郭林宗闻而让蕃曰："若范孟博者，岂宜以公礼格之？今成其去就之名，得无自取不优贤之议也？"蕃乃谢焉。然滂睹时方艰难，知其志不行，乃投刺而去。

范滂归乡，途中遇疾，不堪骑马，因清廉故，无多余财。适有辇棺回者，与范滂归宿同地。范滂曰："今我疾病，不堪骑马，又无钱雇车，给君薄资，我寝息棺内，君等运送如故，又可得钱，以为如何？"运者见滂相貌异常，非等闲辈，又以范滂所言有理，遂从之。至郡治东门，门者不知棺中有人，诘问运者棺何来？范滂以为问己，遂从棺中徐徐而答："我乃衣冠，道路中途得病，贫困之故不能雇车，故躺在棺中，请勿怪也！"门者惊曰："我守此门三十年，从未见棺材答话，实乃奇事也！"范滂闻，棺内大笑而已。范滂归乡，开门教授，门徒更众，名声愈著。

上文已言，郭林宗为范滂责让陈蕃。郭林宗何许人也？陈寔、胡广、

陈蕃、李固为先一代名士领袖，桓帝时，年纪多至知天命年。郭林宗为后起名士之秀，为新生代名士领袖也。

郭泰，字林宗，太原介休人。家世贱而小富，早孤，兄弟三人，兄郭大、弟郭安。先是，郭泰之父默得病，就医治疗，死于医家。家人迎丧，引丧者颠仆，称默之言曰："我寿命未尽，因服药过多，伤及五脏，然非死疾，今当复活，慎无葬也！"灵幡绕树不可解，棺材重而抬不动。郭泰祝曰："若父复生，岂非骨肉所愿，今送父回家，不葬也！"灵幡遂解，棺材亦轻，迎丧之众遂还。

及夜，泰母梦夫曰："我当复生，可急开棺也！"泰母言于众人，众尚未理会。次夜，泰母及泰三兄弟皆梦之，即欲开棺，而默母即泰祖母不听。时泰年幼，慨然曰："非常之事，古则有之，今灵异如此，然冀有万一，不开棺则彻底无望矣！"默母从之，乃共发棺而视，默果有生验，只见以手刮棺，指甲尽伤，然气息微弱，不细察，存亡不分也。

遂将默从棺中抬出，置于床上，累月不能语，身体亦不能动，仅有弱息也。合家营视，顿废生业，虽母、妻再亲，不能无倦，家庭因照顾病人而生诸多争吵矣。郭泰见之，主动请缨，绝弃人事，躬亲侍养，从不言怠，足不出户三年，父遂安康。后三年，父突无疾而终。泰由是因孝知名也。县令闻，请之为属椽也。

泰母本欲使泰给事县廷，泰曰："大丈夫当安天下，安能处斗筲之役？"郭大遂知弟泰有大志。郭大少从陈寔学，陈寔介之太守，太守欲举郭大孝廉。大以弟泰、安未显贵，欲令两弟先成名，思之再三得计策，与两弟言如此，两弟大喜。于是下帖召集乡里、亲朋群饮。众酒酣，郭大突然跪启母曰："今大之妻与妯娌不和，恐致家庭不睦，古曰'礼有分异之义，家有别居之道'，故启母以分家！"母曰："我本寡妇，夫死从子，汝等孝养无缺，我又能何言？善为之。"

郭大曰："我为长房，子女又多，分家不可不多占得好也！"于是当众之中，将家产一分为三，大自取肥田广宅，两弟所得皆劣少。大自在张罗，咄咄强势，二弟退让，唯唯诺诺，乡人亲朋皆称两弟之克让而鄙视大之贪婪。

先是，郭大兄弟三人皆著名当地，郭大如此，弟泰得名声，然泰不乐仕进，因此名声从学，广交众友，后周游天下，显拔幽滞，为名士伯乐。后文将有详细叙述。郭安因此并得选举，举孝廉，踏入仕途也。后多年，泰、安兄弟皆功成名就，郭大再会乡里、亲朋，泣泪："我为兄不肖，因先师从陈寔先生故，窃得高名，郡守本欲举我孝廉，然我思三兄弟为手足，两弟年长，未得名声，难营荣禄。故我以分家之机，自求多财，欺辱二弟，自得大讥。现在我理财所增，三倍于初，悉推与二弟，分家当初之多得，亦拿出分之，一无所留也。"于是乡亲、亲朋莫不多之，不日便远闻，达之郡守，郡守多其义，举之孝廉。然天不假郭大年，早死也，故事迹不闻。

水余先生曰：后汉察举无客观标准，全在举主个人主观，然举主恐世人讥议徇私，故选人多采名声。世人为求仕进，凡能为声名者，大肆为之而不惭。世风如此，即使贞士有操守者，亦不免陷于流俗，以奇行立名，因之求耸动听闻。虽矫造如此，因此时去古不远，风俗淳朴，贞士为此，乃情非得已，内心常戚戚不安，非如后世为之不惭。

昔郭大分家之初，郭泰得退让重名，因不好仕进故，郭大请于陈寔，陈寔介之，郭泰得从成皋名儒屈伯彦学，三年精读思，遂博通坟籍，谈吐精妙。屈伯彦曰："君之学业有成，我处之庙小，恐难容大菩萨，君应向京师游学，太学名师云集，必当大有裨益君之学问，今有十金及五部典籍，赠君以为赴京师行资也。"泰受书拒金。

郭泰始入京师，人皆莫识也。时宦官专权，尚未大恶，太学掌舆论，宦官亦好与太学师生来往，太学师生亦不甚拒绝。时符融与小黄门刘普在酒肆喝酒，郭泰适在旁桌，无意听见其对话。符融不好牛肉而好羊肉，刘普从其意，命掌柜换之，因此得一上联曰："符先生以牛易羊。"符融见状，不能对。郭泰虽初至京师，却恨宦官专权，见符融不能对，私拉符融语曰：

"先生为何不对：'刘中贵指鹿为马。'"符融听，大惊，虽怕开罪刘普未敢如此对，却奇郭泰之才。

暂不言郭泰入京事，先介绍符融。符融何许人？陈留浚仪人也。少为都官从事属吏，都官从事主察百官违法，因都官从事为人圆滑多变，非敢公正执法，融耻为属吏，不辞而弃官。融后再游京师，因才智谈吐为少府李膺所重，拜之门下。李膺为九卿，刚直为天下称，士大夫皆慕李膺之节，求拜访者大有人在，李膺非人人皆见也。然李膺每见融，便绝他宾客，专听其言论也。融谈吐如云，膺每捧手叹息，不知疲倦也。

符融叹服郭泰，待中贵离，便与郭泰言也。符融问："先生何人？"郭泰曰："乃太原郭林宗也。"郭泰问曰："君何人？"符融曰："我乃陈留符融也。"郭泰曰："幸会！幸会！"符融问曰："太原守为宦官之党，其治如何？"郭泰答曰："四尽也！"符融问曰："何为四尽？"郭泰答曰："水中鱼鳖尽，山中禽兽尽，田中米谷尽，村里人庶尽！"符融大惊："安能如此？"郭泰曰："京师乃富庶之乡，安知民间疾苦也。"符融曰："今中常侍弄权，未知扰乱天下如何，闻君之言，醍醐灌顶，适才闻君之对，君高才也。"

融欣赏郭泰，便立介之李膺，融少有推介，膺闻融荐，立见之。泰博学，谈吐不凡，与融无二，膺大悦，曰："我见士人多矣！未有如郭林宗者。聪识通朗，高雅密博，今之华夏，鲜有其俦。"膺大郭泰二十岁，然待之以朋友礼也。时朝廷政乱，宦官专权，天变屡现，灾害屡起，四海乞丐众多，不少涌入京师。李膺为九卿，忧民，每上朝，备百钱于身，于路散发，久之，李膺每出，乞丐攀舆接路。李膺不觉大喜，虽将钱分发，却故对属掾作不堪之状。后郭泰见之，进曰："李先生衙门，原系教化之门。"李膺有不悦色。郭泰曰："今阉竖专权，党羽众多，贪残害政，君不正之，却以此小恩小惠，虽日不暇给为之，安能普济万民乎？"李膺谢之曰："君见识高，鄙人佩服，我有小女，愿为簸箕妾！"

郭泰未答，李膺请出其女，有倾国倾城之色，李女见郭泰，有爱慕意，郭泰不答，李膺不强，欲待之岁月。后李膺置酒京师西门酒楼，酒楼有下贱之婢，貌奇丑，蓬头垢面，耸肩凸腹，郭泰一见而爱，立向酒家买之。李膺曰："我女国色，为何不爱？"郭泰曰："人各有爱，此乃逐臭之意！"李膺笑曰："名士风范，果不同凡响！"适逢酒楼有中常侍侯览在，李膺见，对之拱手；随从见之，皆长俯跪拜；独郭泰不跪而长揖。李膺引见郭泰于侯览，且曰："侯常侍权重，君应致敬。"郭泰曰："老宦官德重，必守国制，不欲我等下拜，今我等下拜，置老宦官何地？"侯览本欲发作，听郭泰此言，语塞，不得不强装笑颜曰："此人所言甚是！"

李膺观郭泰不好色、不惧权、多智略，遂与郭泰亲近。有名重海内之李膺推介，须臾间，泰名震京师，诸官僚、名士皆欲与泰交往。后归乡里，衣冠诸儒送至河上，车辆数千，膺唯与泰同舟而济，众宾望之，以为神仙焉。自此后，郭泰为天下名士。泰性明知人，好奖训士类，周游京师郡国，善于识人，先言而后验，众人皆服。

十一

游天下拔识贤才　观表面误会真贤

郭林宗至南州，见袁闳，不留宿而去。至黄叔度家，累日不去。黄宪字叔度，汝南慎阳人也。世贫贱，父为牛医。颍川荀淑至慎阳，遇宪于逆旅，时年十四，淑竦然异之，揖与语，移日不能去。谓宪曰："子，吾之师表也。"同郡陈蕃、周举常相谓曰："时月之间不见黄生，则鄙吝之萌复存乎心。"袁闳字夏甫，太傅袁安玄孙。自安至闳，四世三公，贵倾天下。闳玄静履贞，不慕荣利，不乐仕宦，身安茅茨，躬耕在野，妻子御糟糠，素食而未尝食肉。

人或不解，问曰："袁闳本公族，能不慕权势，归隐泉林，与同族三公绝交，乃人之翘楚。而黄叔度乃牛医之子，未习礼容，未读诗书，乃布衣素族，安能反与之善乎？"林宗曰："袁闳公族隐者，识度虽高，不脱世俗；而叔度识度渊深，时人莫得而测。"

至太原，识别孟敏。孟敏本巨鹿杨氏人，客居太原，正在耕种，荷甑堕地，不顾而去。林宗适见之，问其意。孟敏曰："荷甑已破，视之何益？"林宗以其有分决，异之，劝令游学，并留信，为推介名师。孟敏十年游学苦读，终成大儒，后隐居教授。朝廷慕之，三府并辟，孟敏不屈。

至颍川，识别庚乘。庚乘字世游，颍川鄢陵人也。少为县廷门卒，终日正襟危坐，未尝语，左右不敢妄出入。林宗见而拔之，劝游郡学。庚乘从之，以未曾从学，先为诸生佣。日夜苦读，三年，学问大成，自能讲论，见识超群。以身份卑微，每处下坐，诸生博士就之而发问，庾乘皆能速答，众莫不叹其敏思博识，久之，学中以下坐为贵。后征辟并不起，号曰"征君"。

至扶风，识别宋果。宋果字仲乙，扶风人也。性轻悍，喜帮人报仇，杀伤者数人，有天幸，每行将就逮，便遭大赦，故未尝就狱，为郡县所疾。林宗见之，训之义方，惧以祸败。果感悔，叩头谢负，遂改节自新。后以烈气闻，辟公府，先为侍御史，后为并州刺史，所在能化。

至家乡，识别王柔、王泽兄弟。王柔字叔优，弟泽，字季道，林宗同郡晋阳县人也。兄弟总角便著名，以林宗有风鉴，共候林宗，以访才行所宜。林宗曰："兄弟皆贤者，各有专攻，皆能出人头地。叔优当以仕进显，季道当以经术闻，然处今黑暗之局，虽有善愿，欲革政事，所为有限也。"后皆果如所言，柔为护匈奴中郎将，泽为代郡太守，兄弟欲有为，然上有昏君，下有群小，多方掣肘，故皆叹林宗先见也。

家乡又识别贾淑。贾淑字子厚，林宗乡人也。贾淑父祖，素来温顺，而淑为人阴险，多害及他人，邑里患之。后其舅被人杀，贾淑大怒，报仇县中，亲杀仇敌。汉法："不得私报仇，与杀人同罪。"故为吏所捕，系狱当死。乡里纷议贾淑事，林宗感之，于狱中见淑，与语，淑恳恻流涕，林宗知其可塑。于是诣县令应操，陈其报怨踔义之士，当法外开恩，赦之。适逢贾淑所杀者，乃县令之弟，故县不宥之，林宗亲赴郡，与郡守言此事，郡守素敬林宗，责令县开释，贾淑乃得原，淑此后洗心革面为善士，专济人急。

后林宗遭母忧，淑来修吊，既而巨鹿孙威直亦至。威直名士，素疾恶如仇，以林宗贤而受恶人吊，心怪之，不进屋门而悄然离去。门人言于林宗，林宗追之，威直责曰："君善士，天下闻名，今母终，名士云集，皆有令德。贾淑之恶，天下闻名，君为何受其吊唁？"林宗谢之曰："贾子厚诚实凶德，然洗心向善。仲尼不逆互乡，故我许其进也。"威直愧曰："君

德称天下，鄙人造次也。"淑闻之，改过自厉，终成善士。乡里有忧患者，淑辄倾身营救，为州间所称，终为天下名士。

至陈留，有名士史叔宾者，少有盛名，知林宗著名，其所品鉴，朝廷、郡县皆重视，欲干进，见林宗，礼貌甚恭，林宗与之语，不悦。告人曰："墙高基薄，虽得必失。"后史叔宾为求仕进，投入阉竖侯览怀抱，为之鹰犬，士人多批宦官专权，史叔宾专为回护。正人皆恨之，史叔宾名节败矣。

谢甄字子微，汝南召陵人也。与陈留边让并善谈论，俱有盛名。每共候林宗，好与林宗游，未尝不连日达夜。林宗谓门人曰："二子英才有余，而品行不足，难以立世，惜乎！"

甄不拘细行，为时所毁。何行？甄喜闻脚臭，尝值宴集，忽不见，众人寻之，见道旁有行客休息，方理袜子，臭气熏天，而甄好之，当众低回，留之不去。众人笑之且恶之。甄不顾，遇臭脚，必闻之久。因此秽行，为众所弃。而让以轻侮曹操，操杀之。

后又至陈留，感化恶人左原，终为善士，此过程颇费周折也。昔郭泰游京师，与博士祭酒善，时博士倚席不讲，众生学问空疏，甚至不学无术。博士祭酒欲整顿，请于朝廷，聘诸名儒硕德，分行天下，考核郡学，奖惩黜置，无须上报。朝廷从之。郭泰掣签，得巡视陈留郡学。郭泰品学高超，天下闻名，为陈留督学，至陈留，大与士子、诸生来往，凡其等有请见，无不立会。然权贵富豪虽慕，欲赠千金而求见一面，泰坚拒绝也。

水余先生曰：郭泰位卑，督学又非位重，权贵为何以千金求见郭泰？后汉求仕进者非以巴结权势得官，主依察举，察举多采名声，高名便得好仕途，故求仕者好为异行而不惭，以求闻达于名士，名士为之题品，此名声之所来，仕途之所资也。世人嫉恨权贵，后汉中后期宦官与外戚迭专权，政治黑暗，然舆论却开放，故权贵难得名声，仕进路反而堵塞。权贵以千金求见郭泰，以金为贿赂，若郭泰题品，便利仕进也，即便仕路不通，亦可因此得名，踏入名士行列。然郭泰为名士伯乐，操守既高，自束甚严，从不妄题品，更不肯因此受贿而题品。泰无败德事，故天下服之，其所题品，皆合现实，故能成为名士伯乐，门生遍天下，奖拔之名士后亦多为名臣也。

时权宦党羽布天下，陈留亦多权阉宾客、亲属，慕郭泰名，多求见，郭泰一概不见也。群小以郭泰名高，不敢害，遂切齿诸生，搜罗诸生过失，以求报复。陈留左原性格倔强，素不合群，诸生常排挤，左原心闷，无人倾诉，遂偶私与娼交合，为群小窃知。后左原宿娼家，群奸使亭长率两人半夜暗至妓院，五花大绑，擒左原及娼而去。

清晨，郡学门开，郭泰正理文书，亭长率两人挟左原及娼，径直入郡学。亭长为表功，喝退两人，己亲带左、娼入见，大呼言其状。泰佯为不见闻，理文书自若也。亭长见郭泰如此，遂膝行渐前，离左、娼甚远。郭泰眼示门役，暗示："放某生去！"门役喻其意，潜趋下而引左原出，亭长不知也。

左原既出，泰问："嫖娼之某生何在？"亭长回顾，不见，只有娼也。大惊，不能言，泰大怒，大杖之三十，骂曰："污蔑郡学生，杖三十，为今后戒也！"遂将娼逐出。亭长惶恐，与周围人曰："向殆执鬼，怎突然间不见也！"然诸生知左原宿娼，咸唾弃之，皆鄙视之，不愿与其为伍也。故左原遭郡学斥逐。

泰闻之，具酒食劳原于路侧。左原本因见斥而怒火中生，发誓报复，然左原素知郭泰大名，亦慕郭泰，见郭泰具酒食，惶恐不安也。左原跪曰："犯法小子，何敢劳郭师亲自馈辞？"郭泰曰："君虽违法，于泰看来，非君素行也！昔颜涿聚，梁甫之大盗，卒为齐之忠臣；段干木，晋国大害，终为魏之名贤。谁能无过？慎勿恨己及人，以求报复。凡事不得解，则反躬自省也！"左原叩拜曰："牢记郭师之言！"

郡学教谕后知之，问泰曰："君天下名士，德盖四海，为何礼慰小人？"泰曰："诸君黜人，一棍打死，不虑后患也。左原有怪才，若不慰问，将来报复，必成大患！君不闻'人而不仁，疾之已甚，乱也'。我惧怕其为害，故以礼训之而已。"教谕曰："善！"后汉时，乡论甚重，决定

士人之口碑及仕途。后左原归乡后，亦因郡学犯法事见斥，大怒，变卖家产，结数剑客，谋杀举报己者。至郡学，闻泰开讲，内愧，于是言于众客曰："林宗先生在学，我曾答应先生不得报复，大丈夫安能违背己诺！"于是率剑客去。后事发露，众生胆战，皆谢林宗再生之恩也。

林宗闻之，荐左原至太学。左原穷思三年，究竟坟典，学问大成。林宗又为推介，三公竞交相辟。左原先为三公掾属，因林宗之荐，大与党人来往，后党锢祸起，坐免官禁锢。陈蕃、窦武事后，林宗哭之，因此发疾，次年殁。左原闻，思慕哭泣而死。

水余先生曰：人性本善或本恶，古今有纷争，喋喋不休，至今未有定论，然教化为要，此则一也。教化得当，恶人为善；不得当，善人变恶也。教化之要，首在感化恶人，使其向善。其意有二：一方面，恶人向善，减轻其危害；另一方面，恶人向善，可耸动听闻，促使他人向善也。

又识张孝仲刍牧之中，知范特祖邮置之役，召公子、许伟康并出屠酤，司马子威拔自卒伍，及同郡郭长信、王长文、长文弟子师、韩文布、李子政、曹子元、定襄周康子、西河王季然、云中丘季智、郝礼真等六十人，并以成名。子师位至司徒，季然北地太守，其余多典州郡者。郭泰虽不仕宦，其所奖拔者，多历位朝廷公卿及地方大僚也。

后识茅容、黄元艾，茅容为天下义士，元艾则为世间奸贼。此处只叙茅容事，因元艾事与董卓关联，将叙之在后也。

一日，郭泰在外周游，天突降大雨，郭泰与同路众人避雨树下，箕踞相对，独有一人，礼貌谦恭，正襟危坐。郭泰奇之，请教其名，其曰："鄙人乃山野农夫茅容也。"郭泰问其年齿，茅容答曰："四十有余。"郭泰问曰："是否习经？"茅容答曰："鄙人家赤贫，躬耕尚无暇，安有闲暇习经？"郭泰问曰："众避雨，皆随性或坐或立，君何能危坐愈恭？"茅容答曰："此鄙人素行也。"郭泰曰："君先人是否知书？"茅容答曰："祖上世代务农，皆目不识丁也。"郭泰内心十分欣赏，欲与之定交，并劝其向学。

郭泰问曰："我今游历无定方，今困于大雨，天色已晚，可否赴君家寓宿？"茅容曰："诺。"遂赴茅容家。茅容家贫，仅两间茅屋，一屋为茅容母居，一屋为茅容自居，家徒四壁而已。次日清早，茅容杀鸡，郭泰以为茅容视己为贵客，杀鸡招待己也。然中午饭，茅容将半只鸡炖汤端给其母，半只挂在房梁上，以便下顿食母，另做青菜，与郭泰共食。郭泰见此，大叹，对茅容道："君远贤于我，泰待客人从来鸡鸭鹅肉，君却将肉孝敬母，以草蔬与客同饭，古之有节者亦莫过于此！"

茅容问曰："君何人也？"郭泰答曰："我乃郭泰也。"茅容惊问曰："君太原郭林宗乎？"郭泰答曰："鄙人是也。"茅容对郭林宗拜，郭泰答拜，并曰："郭某之修为，皆后天学之，而为人处世尚远不及君，君之质乃天成，今与君定交为友，何如？"茅容曰："能与天下名士林宗为友，此我生之至愿也！"二人遂定交。郭泰曰："君应向学，何须惶惶于耕作之间？"茅容曰："家贫，母老无他儿，须我孝养。"郭泰曰："此十金，足供三年孝养，今赠君，权以为养母费，君将母托予邻人，先向学三年，必将大成，为一代名儒硕德，光耀门楣，后孝养老母，不亏孝道，学业与孝顺两不误也。"

茅容从之，问："既然向学，何方而求？"郭泰曰："黄琼先生天下名儒，现教授于家，我修书一封，君持此书寻黄先生，拜其为师，必有大成。"

郭林宗遂修书一封，辞曰："我友茅容，年四十余，躬耕于野，不事诗书，礼容超然，若加淬炼，必成大器！推荐君门，望君诲之，不胜拳拳！"茅容遂从黄琼学，咨访大义。后黄琼再为官，茅容辞，四海再寻师，日夜诵读，学问大成。以时方乱，遂归家，不出仕，耕作养母。桓帝时，天象屡变，灾异屡发，茅容耕作遇灾而无成，供母之资匮乏，茅容忧，郡守知之。

前文已述徐稺，徐稺与陈蕃善，然徐稺之著名亦因林宗之推荐及奖拔也。豫章南昌人徐稺为海内名士，早期家贫而躬耕，非己所织之衣不穿，非己耕种之物不食，丝毫皆己办，不求于人。恭俭义让，非礼之事不言，

非礼之事不为，所居服其德化，道不拾遗，不欺童叟。

徐稚素慕茅容之贤，往候之，并欲请益。坐定而郡守之檄适至，以茅容为守令，茅容跪接府檄，高捧过眉，跑入家门，喜动颜色，周围之人贺喜，茅容处之不疑。徐稚，亦躬耕，丝毫不取介于人，高尚士也，见此景，内心鄙贱之，自恨来此，不及与茅容言语，固辞而去。后数年，茅容之母以寿终，茅容立辞官行丧，三年服丧终，追念父早亡，再行三年。行丧期及期满后，公府数辟，不至，后举贤良，公车征，亦不至，安于布衣。故徐稚悟叹曰："贤者固不可测也！往昔捧府檄之喜悦，乃因母老而为母屈就，合古之教导'家贫亲老，不择官而仕'者也。后坚持不就征，不屈朝廷，乃贤者之素志也。"遂再会茅容，更成良友。

水余先生曰：贤者不可表面观之也，何哉？贤者修心，不以世俗为导向，不以扬名为趋赴，只求内心安而无愧，因此反而名声大。或因穷而养亲，污己为官吏，世人却以为其慕功名；或因道合而出仕大官，世人以为其好附权势。诸如此类，贤者不辩，内心淡然，为之不惭，知事久必自明，无须斤斤自辩也。

茅容之孝，天下闻名，所谓"物以类聚，人以群分"，茅容好友孝子。徐稚再会茅容，茅容问曰："君从乐安来，乐安是否有孝子？"徐稚曰："乐安有孝子赵宣也！"茅容问曰："可否详言赵宣事？"于是徐稚徐徐言："赵宣，乐安人，幼丧父，母抚养之成人，后母老病，宣感母恩，养亲必己力。少学木工，佣赁以给供养，性谦虚，每为人作匠，取散夫价，不多拿。主人设食，宣自以家贫，母未曾有肴味，而己佣作，主人给酒肉，因母在家未能享用，故不肯食，唯飨盐饭而已。若家或无食，宣则空腹做事，义不独饱，直日暮作毕，受直归家，于里中买食物，供母饱，己则食残羹冷炙。于是乡里称孝。"茅容闻，大叹息。

十二

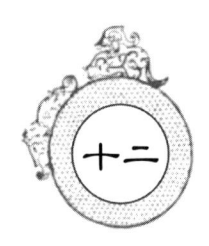

孝子伪以孝谋事　群奸合昏主得立

然世间之人，善始者众，克终者鲜。赵宣早有孝行，号称孝子，却晚节不保，甚至为非作歹也。何等事呢？

赵宣母抱笃疾弥年，宣衣不解带，口不尝盐菜，跨积寒暑，日夜照料，未尝睡卧。母亡，哭踊恸绝，数日方苏。宣以为奉终之义，情礼所毕，营坟穴之功，皆应自独为，不欲假手他人。宣前为木工，虽智巧，不解作墓，乃访邑中营墓者，甘为徒弟，不取酬劳，半年勤学，方乃闲练。葬母毕，遂赴营墓者家，为长工，与诸人分劳务，每取繁重，轻快之活让予他人。服丧三年，未尝酒肉，为长工三年营墓，故善其事也。服满，因善营造墓穴故，求者盈门，又历数年，为乐安郡最著名营墓者，权势之家无不请，宣皆赴，然不肯多取值，皆平价，而所营墓最佳。久之，当地权势家多与之善也。

大将军梁冀母亡，归葬娘家乐安郡。大将军欲营墓穴，京师众匠皆不可大将军意，当地推荐赵宣，宣知大将军权势熏天，为之经营墓穴，极尽奢华，又不肯多取值。后大将军亲临墓穴，大为感恸，知赵宣为之，又知宣以孝著名，因此与赵宣善，时时与赵宣通声问。故赵宣渐为大将军亲党也。

大将军感赵宣建墓之劳，又知赵宣之孝，时大将军以孝治天下，特表

赵宣为天下孝子模范，故朝廷厚恤之，奖万金及奴婢二人。赵宣名、利、美女三丰收，思不孝有三无后为大，然既以孝立名，为天下榜样，恐不能大张旗鼓为传后事。该如何？

赵宣深思，以己善建墓，于是葬亲而不闭墓道，于墓中构数屋居之，生活物件一应俱全，与二奴婢居其中，对外无人能知。于双亲墓外另起两间草屋，以为祠堂及己寝卧之所，凡有人至，则请至草屋，来人见赵宣草席恶蔬，皆以为赵宣真孝也。无人，赵宣则私入墓中密室，与二奴婢鬼混，饮酒作乐吃肉，如此多年，得生五子。

水余先生曰：善始者众，克终者鲜。赵宣早有孝行，苦寒励志，为人之所不为，千载之下，观之未有不涕泪也。赵宣之孝，时人罕能及，即使圣贤亦仅此而已。然晚节不保，趋炎附势，媚于权威，终坏己之操守，甚至不及世之俗人，终为世笑柄也。何哉？赵宣无学，不修内德，外无礼容，故难拒世间诱惑，终坏其操守，变其本质也。

赵宣行丧二十余年，乡邑称孝，大将军梁冀表之为天下孝子典型，故州郡数礼请之，赵宣皆拒绝，沽名养望。先是，陈蕃游于太学，名重天下，后莅郡为乐安太守，清廉能干为天下最，故士大夫皆交口称赞。赵宣慕之，言之于郡，欲见陈蕃，陈蕃闻其孝声，与见，突问及妻子，宣未及深思，答曰："五子皆服中所生也！"蕃大怒曰："圣人制礼，贤能遵之，不肖者力求守之。赵宣却假托守礼，服中诞生五子，诳时惑众，诬污鬼神，其罪不细！"遂下赵宣狱。

大将军梁冀威震天下，闻之而内惭，时遣书诣蕃请托，请释赵宣之事，不得追究。陈蕃正直，使者不得通，知陈蕃与周璆善，诈为周璆送信客，有信送达陈蕃，遂得通谒蕃。蕃问明来意，原来乃大将军派遣之说客，怒，笞杀客。大将军大怒，坐陈蕃笞杀事，转修武令。吏民闻，哭泣不绝。陈蕃晚至逆旅，谓诸子曰："为官多年，无所有，仅落得百姓几点眼泪也。"诸子曰："父亲囊中不着一钱，好将百姓眼泪包去，作礼物送诸亲友也！"

陈蕃大笑，曰："如此甚好，谨视行李。"诸子曰："父亲宦十数年，仅一青布袍、一革靴而已。父亲高志，儿辈能谅，前为乐安太守时，未曾置办一物。今为修武令，修武多美材，可为家族计也！"陈蕃曰："诺。"后卸任修武令，诸子迎，间请曰："往者所言之美材，颇择得否？"陈蕃曰："诸子少有所请，我安能不从乎？"诸子大悦："父亲，美材何在？可否一观？"陈蕃遂曰："在我口袋中！"诸子大惊，陈蕃曰："美材未带，美材之籽在，种之在地，长几十年，便成美材也！"诸子唯唯，陈蕃大笑。

然做官，既靠能力，更靠运气。须臾间，专权之大将军梁冀被杀，黄琼为太尉，知陈蕃贤，荐之，故陈蕃得以调回京师，稍迁尚书，秩禄不变，然权任却不可同日而语，后不久，迁尚书令。然则，梁冀为何被杀？

初，梁冀大妹为顺帝皇后，称制为太后，小妹为桓帝皇后。梁商先为大将军辅政，后梁冀代替之，两世权威，威震天下，天子拱手，宫廷近侍，皆冀所亲，皇帝举止，纤微必知。梁冀自从诛杀两太尉李固、杜乔后，骄横益甚。梁皇后倚家族势而骄恣，多所鸩毒，上下钳口，莫有言者。桓帝逼畏久，心中恒怀不平，恐言泄，不敢谋。后梁太后崩，梁冀无宫中依靠，专权久，不知布恩德，故怨之者甚众，朝臣与其离心离德。

桓帝决策诛杀梁冀，去其势力。朝臣居外，与桓帝隔绝，素畏大将军势，故皇帝不得不与宦官谋也。桓帝如厕，私问小黄门史唐衡曰："宦官与梁家不相得者谁？"唐衡指荐其他四人，单超、左悺、徐璜、具瑗。桓帝呼五宦官定计诛梁冀兄弟。后遂成功。

诏赏诛梁冀之功，悺、衡迁中常侍，封超新丰侯，璜武原侯，瑗东武阳侯，悺上蔡侯，衡汝阳侯，各万三千户。五人同日封，故世谓之"五侯"。须臾，新丰侯单超卒，赐东园秘器，棺中玉具；及葬，发五营骑士、将作大匠起冢茔。其后四侯转横，天下为之语曰："左回天，具独坐，徐卧虎，唐两堕。"回天者，权大包天，颠倒黑白；独坐者，骄贵无偶，僭众人上；卧虎者，喜怒无常，好吞噬人；两堕者，纵横捭阖，随意不定。又封小黄门刘普、赵忠等八人为乡侯。自是权归宦官，朝廷日乱矣。此后，

从外戚持权转入宦官专权之局也。

水余先生曰：前汉内官非皆阉人，间有士大夫为之，如太史公受宫刑后，入汉武廷为中书令。光武中兴，悉用阉人，士大夫不复参与其中，然未定员，随事而设。至明帝永平中，始置员数，中常侍四人，小黄门十人，仅为皇帝家奴，未涉外事。后和帝即位幼弱，外戚窦宪兄弟总揽朝纲，和帝在大内，未曾亲接内外臣僚，所居者，独阉人也。和帝为除外戚，不得不与阉人专谋，故宦官郑众得以任事，为国除窦氏大患。和帝因之论功，故宦官得享分土之封，超登官卿之位，于是中官之势力始盛。

迄乎殇帝延平，宦官权力渐大，其员稍增，中常侍至十人，小黄门二十人。邓后女主称制，以礼不便，难用朝臣居大内，遂不得不用阉人，致阉人势重，手握王爵，口含天宪，参与外事，非复仅皇室家奴也。后孙程等十九宦官援立顺帝，曹腾等暗中助立桓帝，加之桓帝诛梁冀之际，与宦官五侯合谋，至此后，宦官持国政，中外服从，上下屏气，终成城狐社鼠，势大而不可去也。

宦官专权，制控人主，虽有忠公体国之臣，多见排斥，阿谀奉承之辈，则被提拔，汉之纲纪大乱矣。然汉室祖宗德泽深厚，素以气节养士，故天下风俗淳朴，正直士大夫、官僚为维护纲纪屡与权宦斗争，此起彼伏。终因宦官势大而不易去，彼又易假借皇权行恶，故屡起党锢之祸，打击正直忧民之士大夫、官僚也。

众贤与宦官争斗，早期尚能减轻宦官专权之害，勉强维持纲纪，故汉廷虽腐败，却能维持数十年不倒。后期，因宦官始终持权，其害已侵入社稷肌体，群贤虽与之力斗，却被军阀趁入，虽宦官绝灭，然汉祚亦因之而终也。

权宦亦有"贤者"，其典型代表为曹腾，孙为曹操，操为腾养子曹嵩子也。

永宁元年，邓太后诏黄门令选中黄门从官年少温谨者陪皇太子读书，曹腾应其选，因温良故，太子特亲爱腾，饮食赏赐与众人异。后太子被谗废为济阴王，曹腾遂受牵连被远贬。后济阴王因十九宦者得立，此为顺帝，腾立被召还京师，为小黄门，侍奉顺帝，后迁中常侍大长秋，为权宦之首。腾好贤敬能，无所谮构，其所称赞举荐者，若陈留虞放、边韶，南阳延固、张温，弘农张奂，颍川堂豀典等，皆位至公卿，为汉名臣，却不伐其善。故士大夫不讨厌腾，甚至纷纷与之亲善。

昔曹腾应选伴太子读书，有夏侯民者同时应选，性格温谨，与曹腾素善，结为生死之交。顺帝因孙程等十九宦官政变而得政，故宠幸宦官，许中人养子袭位，此汉朝衰败潜伏之机也。

故水余先生曰：中人养子袭位，国家极大之弊，何哉？顺帝之立，与朝臣无涉，由孙程等十九内侍歃血为盟而成其事，顺帝感激，故允中人养子袭位。中人本出身不良，多缺教养，自宫或他宫后，心灵扭曲，故中人握权，多倒行逆施，贪残害政。唐、明两朝亦有中人握权，然皆前后横亘一百多年，社稷方坏，与后汉异，何哉？唐、明时，中人虽持权跋扈，无袭位者，皆及身而止，故其祸暂可不烈。而后汉，中人握权在顺帝，横亘桓、灵，至董卓之乱前，前后五十余年，却毒流天下。名士与宦官斗争，为投机军阀所乘，中央政府解体，汉政府名存实亡。

何哉？皆因中人养子袭位也。中人有养子，奋斗有其目标，亦盼将财富权势及地位传予后嗣，其贪残不光为己，亦为家庭等。中人有其养子，养子有其家属，家属有其朋友，导致中人党羽牵连蔓藤，深入朝廷与郡国，故后汉时中人支党蔓延天下，中央地方皆有其党。而唐、明时，中人虽有其党，多是朝臣不顾廉耻者，此等皆依附中人权势，对中人并无人身依附，故中人权任一削，党羽便散去。而后汉时中人养子袭位，养子等对中人有人身依附；且后汉时，长官与属掾间亦存君臣关系，下属常为长官周旋，不避艰险；中人宾客随从甚重，在此世风下，多以君礼事中人。故中人权任虽削，但党羽如阴魂不散。致袁绍等杀宦官，须进行人身消灭，不如此，中人党羽不易散也。然中人集体殄灭，国家社稷亦为虚也。

顺帝世，夏侯民以宦者给事掖庭，补黄门令，非其好也。性格质直，

学览经典，虽在中官，不与诸常侍交接，仅与曹腾亲善而已。后阳气通畅，因宦官为士人鄙视，于是白帝求退，愿为百僚。

顺帝素亲夏侯民，其既退，擢拜郎中。后定世间亲，与妇人交合，生五子二女，长为夏侯嵩，末为夏侯鸾。顺帝因中人得即位，听中人养子袭位，夏侯民与曹腾亲善，曹腾请之夏侯民，以夏侯嵩继其后，此为曹嵩。曹腾虑人有旦夕祸福，恐曹嵩将来不遂，为防不虞，故又过继夏侯民幼子夏侯鸾也。故曹腾有二养子，长曹嵩，幼曹鸾。

史以为曹腾为贤宦，笔者却认为其罪过通天，为何言此？

昔大将军梁冀毒杀质帝，汉廷开廷议，大会群臣，议立新君。三公李固、胡广、赵戒及大鸿胪杜乔皆以为清河王蒜明德著闻，属最尊亲，宜立为嗣，倡之朝廷，百僚莫不归心。而清河王蒜却为宦官所恶。

为何？昔中常侍曹腾曾谒蒜，蒜性刚直，素恶中官乱政，对曹腾礼节甚慢。曹腾为权阉之首，因之恶蒜，故宦官集团皆恶蒜也。初，平原王翼既贬归河间，其父请分蠡吾县以封其为侯，顺帝许之。翼卒，子志嗣。平原王家素与梁家交好，故梁太后欲以女弟妻志，征志至夏门亭。会帝崩，梁冀欲立志，然廷议中众论各异，梁冀心中迟疑，未有定论。

宦官侯览为刘志家臣，素与曹腾善，于此议立新君际，私书曹腾，劝曹腾拥立刘志，以富贵动之，且以清河王严整惧之，故曹腾动心，坚欲立刘志。

白日廷议无果，腾深夜暗赴梁冀府邸，说梁冀曰："将军累世椒房之亲，太后摄政，将军秉政，虽政事良美，然执政久，不免人有所不满。将军门生故吏遍天下，安能个个皆贤？且宾客纵横，多有过差，清河王严明，素恶将军专权，若果得立，将军受祸不久矣！不如立蠡吾侯志。蠡吾侯与将军通婚姻，先仅为侯，将军超拔为天子，蠡吾侯深感将军拥立功，将军富贵可长保也。"

冀可其言。明日，遂再召廷议，重会公卿，意气汹汹，言辞激切，曰："昔霍光欲废昌邑王，大司农延年承霍光意而持剑在后，曰议其后者请斩之。今立新天子，群议纷纷，议其后者，我必斩之。"自胡广、赵戒以下莫不忌惮，皆唯唯曰："唯大将军令！"梁冀曰："我欲立蠡吾侯志，今日之议，不得旋踵，群臣后应者，休怪我剑无情也。"群臣多曰："附议！"独李固、杜乔坚守本议。冀厉声曰："罢会！"固犹望立清河王蒜，复以书劝冀，冀愈激怒，说太后，策免固。汉廷使大将军冀持节以王青盖车迎蠡吾侯志入南宫。其日，即皇帝位，时年十五，此为桓帝也。太后犹临朝听政，大将军秉政，天子为傀儡也。

水余先生曰：桓帝之立，乃后汉衰亡之机，非曹腾，桓帝不得立。腾养子嵩生操以篡汉，曹氏固世代为汉贼也。故曹腾者，宦官中最奸狡误国者，而范晔《后汉书》不著其恶，反多美词，称其贤宦。《后汉书》素表彰仁人志士，此处是非颠倒，良可叹也。

十三

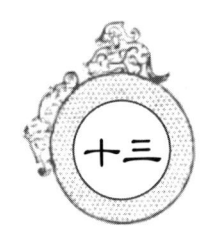

遭污谤奸贼自宫　轻朝廷处士避征

桓帝即位，以曹腾为先帝重臣，又有拥立之功，忠孝彰著，封费亭侯，加位特进。后曹魏建立，太和三年，追尊曹腾为高皇帝。宦官被尊为开国皇帝，旷古未有也。

若无侯览，便无法通曹腾，更不能通阉竖集团，刘志恐难立为帝也。侯览何许人？侯览，山阳防东人。顺帝时，侯览愤而自宫，因缘际会，为刘翼家臣。

刘翼本为普通宗室，默默无闻，然多智略，故能发家致富，以丰厚家底结交外戚，终使儿子刘志为帝。惜者，刘翼早卒，未及见。刘翼发家智略如何？笔者叙一事，便可见一斑也。

刘翼少游秣陵，遇某富商，世代从山西贩羊皮至秣陵，家产累数万金。刘翼与侯览游览至此，知某为秣陵首富，思欲诈其钱财。刘翼扮贵公子，侯览装术士，至富商家，先定五百金羊皮，开列货样，种类繁多，富商见状，亲自接待也。刘翼、侯览先留定金百金，声明待货足后，支付余款，并傲慢曰："我等京师所来，为宫中采办，此仅先批次，试探货物，若货好，后续宫中订单无穷也。"富商见贵公子出手阔绰，觉其不凡，又留有将来定大宗货之言，尤为关注刘翼、侯览。

后侯览、刘翼以催货为名，频频至店，至则唯恐他人知，窃窃私语。

"术士"又指天画地，若有机密大事。富商见此，好奇，屡问二人，二人不答。后富商再三追问，贵公子屏人语曰："伴随我者，乃著名术士，名震京师，善望气也。昔秦始皇谓江南有天子气，屡游江南，曾埋金千万以厌之，故谓之'金陵'也。始皇埋金甚密，凡参与者皆杀之，故不知其处。夜来此术士见宝气腾空，知藏金不久当出世，未卜其处，故此四处周游。"

富商大惊，问曰："那藏金在何处？"刘翼曰："今详查宝气所腾飞处，便在尊店第三重屋下也。"富商问曰："何以能取之？"刘翼曰："须术士祈祠方可得也。得之，富可敌国也。"富商素贪，信之，问曰："三重屋下乃我内室，当如何发之？"刘翼曰："此事当问术士也。"

刘翼遂引侯览出，先言明情况，术士问曰："可否引我观君之内室？"富商曰："可！"术士认真察视，方曰："审矣！自此至彼，方圆三十丈皆金穴也。此金最初无气，然数百年来，埋之愈久，金气慢慢上腾，方今才可见也。此君家至大之福，故遇我，能得此千万金也。"富商大喜，问曰："何以取此金？"术士曰："择吉时，具牺牲，祭告天地，我先作法，后集合众丁三十人，各执锄、锨，夜深人静后，齐工挖掘，至五尺深，便见分晓也。"

富商大喜，与术士定好吉期，集合众丁，备好锄、锨。吉日中午，贵公子与术士偕来，术士先祭祀，为之极诚，复披发仗剑为法事良久。术士边作法，富商边用酒肉招待众丁，使众饱食。至深夜，众人锄、锨并举，挖至五尺深，并无所见。时则天刚明也。

忽闻门外众人喧闹之声，须臾急敲门，富商正疑惑，刘翼开门，郡都尉来拜也。富商惊讶，都尉遂率众属吏入，坐于堂上，固请富商相见也。富商不得已，强出，拜伏于地。都尉掖之起，曰："何须如此？然闻秦始皇埋金为足下所发，富可敌国，鄙人闻，特来道喜。方今边关羌乱屡起，边饷告急，君诚以数十万金捐献朝廷，佐国家之急，万户侯不足道也。若捐此金，鄙人将为君举奏，保君封爵也。"

富人縠觫，谢曰无。都尉遂直入内室，见户外杯盘狼藉，户内挖地纵横，问曰："挖地如此，安能无金也？"贵客、术士遂来前谒，言："前望见金气，埋金实有之，仅不甚多，富人早转移也。"都尉曰："既如此，数十万金我不索取，然数万金必不可少。"富商闻之昏厥。众人七手八脚将富商弄醒，富商一再央求，都尉答两万金平此事。富人惧祸，遂馈两万金求免。

富商为何被坑两万金？实为刘翼与都尉素合谋在先，故都尉才及时出现。得两万金后，都尉与刘翼各得万金。刘翼将万金悉数赠与梁大将军，梁冀因此善之，欲妻以妹，后翼突然卒，子刘志嗣位。那时守丧尚无硬性规定，三月期满，梁太后征刘志至夏门亭，将妻以女弟。会质帝崩，侯览私说曹腾，劝梁冀立刘志，梁冀白太后，太后遂与兄大将军梁冀定策禁中，后使梁冀持节，以王青盖车，迎刘志入南宫，其日即位，此为桓帝也。由上可知，桓帝之立，曹腾移梁冀意，侯览定曹腾意，故侯览实乃桓帝拥立功臣也。

侯览为何能定曹腾意？昔曹腾年幼，为集市轻薄子，背镂刻天帝像，且留文字曰："敢触天帝像者，万劫不复。"纠集一帮市井无赖，曹腾为老大，侯览为其小弟也。曹腾率领众无赖欺行霸市，为坊市患，每被举报，吏欲杖其背，见天帝像则止。为何？因当地素迷信，以天帝为最高神，敬畏之。久之，曹腾流氓集团为当地巨患，前后县令皆不敢处置。后来某贤令，知此，立责属吏擒而杖之，专令属吏打天帝，尽则已。属吏迟疑，不敢为，县令大怒，已亲杖，数十下方止，侯览背鲜血淋漓。贤令亲逐之，曰："再为患，必杖杀。"

曹腾不顾，背虽破，裸露背而大呼邀周围之钱，曰："修理天帝功德钱。"市集之众见之，纷纷捐款，侯览更得厚金。为县令所知，县令大怒，擒曹腾至，又亲杖之，重打数十，腾奄奄一息，侯览见此，启告县令，愿县令打已以替曹腾，县令不从。侯览先以泪，后磕头流血为之力请，县令见此，方免曹腾，责曰："汝之行，乃死罪，今赦之，乃感汝小弟对汝真情，故不肯下死手，今释汝，若敢再招摇撞骗，必打死。事不过三，汝其慎之。"将曹腾械系集市，榜之曰："天帝在此。"以为众人警戒。曹腾因侯览求情事，感激之，与之亲善。

水余先生曰：侯览大奸，倒行逆施，为国大患，然此求情事似合于道义。拜曹腾为老大，曹腾因作奸犯科而激怒县令，因之受酷刑，几陷不测，无人敢求情。侯览不顾触禁，先以泪后以血凄请，曹腾终得释放，彼时世人目之为重情重义之人。果如此乎？侯览揣之熟，知腾非常人，先植厚德于腾，以为将来进取虑。后果得其大用，因之得攀立桓帝为天子，鸡犬升天，侯览亦为阉党之首，权倾天下。故奸人之雄者，能为非常之事也。

侯览先为流氓，后被公然责罚，于当地名声大臭，无法立足，无奈自宫，入大内服侍也。侯览先事桓帝父刘翼，刘翼死，事刘志，刘志登基为帝，侯览为中常侍。桓帝初立，梁冀内有太后为主，外有朝众及宾客党羽为助，故专权跋扈。梁太后薨，桓帝忍梁冀久，不能堪，在五常侍帮助下，诛梁冀，并灭梁家。

新诛梁冀，天下想望异政。朝廷以大司农黄琼为太尉。黄琼首居公位，乃举奏州郡素行贪污，至死徙者十余人，海内翕然称之。此外，黄琼拔列贤才，以尚书陈蕃为尚书令。陈蕃名士出身，多与隐士来往，初为尚书令，便举荐在野贤才，以激励天下效力朝廷之风。

尚书令陈蕃荐五处士曰："臣闻善人者，天地之纪，治之所因由也。天诞俊乂，为陛下出，辅佐朝廷，成就大业也。处士豫章徐稚、彭城姜肱、汝南袁闳、京兆韦著、颍川李昙德行纯备，名重天下，著于民听，宜登论道，授予官职，终能翼宣威德，增光日月者也。"五处士行尚高洁，德重天下，以朝廷政乱，主昏于上，群小跋扈于下，国事难为，意鄙朝廷，故皆辞疾不至也。

豫章徐稚前文已述。其家贫，尝自耕稼，非其衣不服，非其力不食，恭俭义让，非礼不言。所居服其德化，道不拾遗。陈蕃尝为豫章太守，以礼请署郡功曹。稚不愿仕进，然为之谢，赴郡邸拜谒，既谒而退，蕃馈之粟，虽受之，皆分诸邻里。后朝廷举有道，起家拜太原太守，皆不就。朝廷诸公多所征辟，亦皆不就。然举主有死丧者，负笈徒步，千里赴吊，斗酒只鸡，藉以白茅，酹毕便退，悄然而来，静默而去，丧主不得知也。

姜肱字伯淮，彭城广戚人。与世无争，隐居静处，非义不行，非礼不言，敬奉旧老，训导后进。曾与小弟季江俱行，为盗所劫，欲杀其弟。肱曰："弟年稚弱，父母所矜，又未聘娶，未曾留后，愿自杀以济弟。"弟季江复言曰："兄年德在前，家之英俊，安可害之？不如杀我。我顽嚚，生无益于物，没不损于数，乞自受戮，以代兄命。"二人各争死，盗大感动，戢刃曰："我等虽盗，非草木无情也，二君所谓义士，杀之不祥，取其物亦不吉。"遂舍之且弃物而去。肱车中尚有数千钱在席下，盗不见，使从者追以与之。贼感之，亦复不取。肱以物已历盗手，非己之物，因以付亭长委去，因此著名。后举有道、方正，皆不就。

桓帝尤慕姜肱，屡征之，姜肱不至。桓帝欲见其相貌，下令彭城使画工图之以闻。姜肱以朝廷黑暗，皇帝昏庸，不肯，故意卧于幽暗，以被覆面，言患风，不能露脸，画工不得见。彭城言于桓帝，桓帝叹息，遂不强之也。

李昙字子云，颍川阳翟人。少丧父，事继母。继母酷烈，昙奉愈谨，率妻子执勤苦，不以为怨。昙身耕农，以奉供养，得四时珍玩，未尝不先拜而后进继母，故孝行为四围知。乡里有父母者，宗其孝行，以为法度。后母终，服丧三年，毁殆灭性，服终，县令慕之，辟为县吏，为尉从佐。奉檄迎督邮，即路慨叹官卑，耻在厮役，因坏车杀马，毁裂衣冠，乃遁至犍为，从名儒学。妻子求索，踪迹断绝，后乃见草中有败车死马，衣裳腐朽，谓为虎狼盗贼所害，发丧制服。积十许年，乃还乡里。志行高整，非礼不动，遇妻子如君臣，乡党以为仪表。朝廷慕之，屡征辟，辞疾不至也。

袁闳字夏甫，太傅袁安玄孙。自安至闳，四世三公，贵倾天下。闳玄静履贞，不慕荣利，不乐仕宦，身安茅茨，躬耕在野，妻子御糟糠，素食而未尝食肉。父为彭城太守，丧官，闵兄弟五人常步行随柩车，号泣昼夜，缞绖扶柩，冒犯寒露，体貌枯毁，手足血流，见者莫不伤之。从叔逢、隗并为公辅，前后赠遗，一无所受。二公忿，不以为意。至于州府辟召，州郡礼命，皆不就。

闵见时方险乱，而家门富盛，欲投迹深林。以母老不宜远遁，乃筑土室，四周于庭，不为户，自牖纳饮食而已。旦于室中东向拜母。母思闵，时往就视，母去，便自掩闭，兄弟妻子莫得见。或以为狂生，朝廷征辟，以恋乡野而辞。

韦著字休明，京兆杜陵人。少修清节，资财千万，父卒，悉散与九族。隐居山泽，以求厥志，隐居讲授，不修世务，四方之徒慕其德，求教者络绎不绝，往往千里赴之。朝廷慕其德，天子及群公数征辟，其乡人劝之行。著曰："夫干禄求进，所以行其志也。今后宫佳丽千数，其可损乎？大内厩马万匹，其可减乎？左右悉权豪，宦官弄权，贵戚跋扈，其可去乎？"乡人皆对曰："不可。"著乃慨然叹曰："生此昏暗之时，士大夫安有行远之志乎？世乱则修其心，养其志也。"遂引身不出。后桓帝以礼再征，至霸陵，称病归，后入云阳山，采药不返。有司举奏加罪，帝以其著名隐士，恐堵塞进贤之路，特原之。再后，桓帝复诏京兆尹重以礼敦劝，著固辞，不就征。

水余先生曰：后汉时，统治者提倡节义，并融之于选官制度，故天下向风，多好节义。在此氛围下，昏君亦慕节义之士，多欲征辟之。然后汉隐士，学问高超，行尚高节，言行一致，蔑视皇权，不肯屈就为官，甘老泉林或厉身从教，太平之世如此，昏暗之世更是如此。此世风下，昏君不敢轻士大夫，纲纪也因此得略为维持也。

十四

惜娇妻处士降志　惧悍妇诸多笑柄

诸处士以宦官专权，朝政方乱，鄙视朝廷，轻蔑皇帝。桓帝闻尚书令陈蕃之荐，策书备礼，玄纁征五处士，皆辞疾不至。天下士人以此观风旨，多心轻朝廷也。桓帝大怒，与诸常侍言："今寡人礼处士备至，虚心待贤，然众处士皆未至，朝廷颜面何在？朕之颜面何在？"中常侍唐衡对曰："处士者，虚名耸动天下，轻视朝廷爵禄，不愿与朝廷合作。即使厚礼征之，处士若至，以刚直立节，无政事之能，却好直谏，妄论朝政，陛下必恨，却不能杀，杀之则世人批朝廷不能容贤。故处士者，实无益朝廷，不必征之。"

桓帝曰："卿言大有理！然今已征五处士，皆不至，寡人甚觉脸面无光。"唐衡对曰："此何难？征某一处士至京师，陛下礼遇之，则事济矣！"桓帝曰："君有何策？豫章徐稚、彭城姜肱、京兆韦著、颍川李昙，皆名重天下，然山野村夫，闲废散漫，汝南袁闳虽公族，却好行己意，人以为狂，皆恐难配合朝廷。"唐衡曰："陛下言极是，然汝南袁闳为太傅袁安后嗣，其从叔逢、隗并为公辅，言之二人，务必请袁闳至，若彼不至，则晓二人以利害，则事必济也！"桓帝悦曰："善为之！"唐衡对曰："诺！"

唐衡遂至袁府，逢、隗闻唐常侍至，立出府迎也。逢、隗奉茶毕，唐衡曰："今我传帝命，欲二公劝处士袁闳就朝廷之征也！"袁逢问曰："可有帝敕否？"唐衡曰："无之！"袁隗问曰："为何？"唐衡曰："帝羞于五处士皆不就征，令天下士人轻视朝廷。帝欲征某处士以存朝廷颜面，然难于启齿，故私命我有所请托也。"袁逢问曰："何所请？"唐衡曰："处士豫章徐稚、彭城姜肱、京兆韦著、颍川李昙，皆乡之大贤，名高，恐难至朝廷。而闳本公族，世受皇恩，似该应朝廷之征也！"

二袁有难色，曰："闳虽袁族，然不慕权势，早已归隐山林，先前其父终，丧葬皆亲力亲为，不肯假手他人。家贫，我兄弟有所赠，皆不受也。我兄弟欲与之来往，其绝不答，且大叹息也！"唐衡问："叹息何言？"二袁曰："其叹曰：'我先公德高，福祚后嗣，后世不能以德守之，而竟为骄奢，与乱世争权，此晋之三郤矣。'如此狂悖之言，我兄弟与之绝，不通声问多年矣！"

唐衡曰："今上虽未有明旨，然私派我来，希望二公能劝闳就征，此非鄙人个见，乃传今上私意也。"二袁曰："事难矣！"唐衡曰："袁氏世受国恩，此时不报，更待何时？处士皆不至，帝已内怒，二公再不有所为，恐家祸立至矣。君家权势与梁冀比何如？须臾间，梁家灰飞烟灭也！望二公慎之。"二袁惧曰："敢不从命！彼若不至，必缚之至朝廷也！"唐衡曰："感二君厚意，然如此粗暴，非朝廷待贤之意，且大骇物听，二君必有奇策以致之。"二袁曰："诺！"袁逢、袁隗合计，知此事干系重大，遂由袁逢亲至闳家请之也。

先是，朝廷屡征辟，袁闳知朝廷欲借处士耸动天下听闻，今虽不至，然以己名高，朝廷必将再征辟，本欲潜入深山，隔绝人事。以母老不宜远遁，乃筑土室，四周于庭，不为窗户，如古之圜土，仅开一小门，供己纳饮食而已。

早晚在室中东向拜母，若母思己，时往见之，方开门，母去，立闭门，虽兄弟妻子莫得见也。袁逢至闳家前，早派人通报，袁闳不理，逢至停留数日，亦不得见也。袁逢忧之，亲至土室外曰："今至贤侄家，欲会贤侄，贤侄不见，是何道理？"袁闳不应。袁逢屡言之，袁闳方答曰："小侄早绝人世，方自隔绝，除母外，一切人皆不见也！"袁逢问曰："然我千里迢迢拜会贤侄，不可一见乎？"袁闳答曰："非有意冒犯贤叔，叔自安车而来，旅途不苦，有求学者万里徒步奔波而至，跪于室外，涕泪呈请，我亦不见。且我数年已不见妻儿。闭关不见人，乃我生活常态，望贤叔谅之。"

袁逢见此，知袁闳难见也。遂直表来意："朝廷重君，屡欲征辟，君为何拒绝也？"袁闳曰："今世方乱，君昏于上，群阉专权于下，国事难为，我本无出仕之志，以此亦求避患也！"袁逢曰："先公世享国恩，其后嗣不应报效朝廷乎？"袁闳曰："报效多途，非仅出仕也。我在野，轻朝廷爵禄，让朝廷不敢轻天下士，此维持纲纪所在，亦间接报效朝廷也。"袁逢语塞，不得已曰："君不就征，我兄弟家祸立至！侄不虑之乎？"袁闳闻而讪笑曰："我一介布衣，与世无争，与人无害，怎能为叔惹来家祸？"袁逢方曰："今上征五处士不至，内甚耻，知其他四处士为山野人，不习朝廷规制，亦未受朝廷大恩，难征，亦难责之。然陛下以君为太傅玄孙，礼应重朝廷，亦不至，故派中常侍晓我兄弟，并威胁曰：'若侄不就征，则必下大处分矣。'故我无奈，只能亲请贤侄！"袁闳曰："我重思之。"

袁逢见此，遂跪伏大哭曰："贤侄不出，我无生路，不如立死土室旁。"拔刃欲自裁，众人见状，急止之，故袁逢不得自裁，然假装四处寻死，众人坚止之。众人皆跪哭，请曰："君不就征，袁家大祸立至，袁公思此，欲立死君门口，君忍心乎？"袁闳方从土室出，勉强许诺就征。袁逢大喜，但不敢表露。

袁逢立上奏桓帝，曰处士汝南袁闳愿就征也。桓帝闻之大喜，策书备礼，玄𫄸征之，切责郡县，四时郡县官亲至问候，待之秋爽，羊车安卧，驾载上道。郡县官哪敢不从？前闻三公袁逢尚跪于土室，郡县官至袁闳家门便下跪，膝行向前，直至土室，磕头毕，又膝行至家门，方敢上马，绝尘而去。袁闳一切不闻不见，然郡县官不敢稍有失礼也。

后秋爽，袁闳出发，桓帝又敕沿途郡县官妥为照料。袁闳至京，称病不肯起，乃强舆入殿，帝立见，犹不以礼屈。帝怒曰："朕能生君，能杀君；能贵君，能贱君；能富君，能贫君。君何以慢朕命？"袁闳曰："臣受命于天。生尽其命，天也；死不得其命，亦天也。陛下焉能生臣，焉能杀臣！臣见暴君如见仇敌，立其朝犹不肯，暴君能贵我乎？臣虽在布衣之列，山野之中，晏然自得，不易万乘之尊，又可得而贱乎？陛下焉能贵臣，焉能贱臣！臣于非礼之禄，虽万石不受；若能申臣志，虽箪食不厌也。陛下焉能富臣，焉能贫臣！"

桓帝见此，内怒，不能屈之，敬其名，使出就太医养疾，月致羊酒。袁逢、袁隗兄弟知此，又私谒袁闳，兄弟皆下跪，涕泪请曰："先公家族大，人丁多，君傲慢上命，必惹上怒，今上果于杀戮，先前梁家、寇家何在？恐成袁家万世之祸，与其后死于帝怒，不如先死在君前。"袁闳方服软也。

后天子乃为袁闳设坛席，令公车前导，尚书奉引，赐几杖，待以师傅之礼，延问得失，袁闳因惧怕家祸而对之恭且详，帝大悦，有任用之意，闳亦不敢辞，拜五官中郎将。数月，袁闳窥见帝旨，知帝以处士为政治花瓶，非欲用之，仅乃摆设，为证明朝廷重贤而已。袁闳思："今已至数月，满足今上重贤之虚荣，亦给足朝廷任贤脸面，若此时离去，于家于己皆无害。"故称疾笃，诏以为光禄大夫，赐告归。袁闳辞光禄大夫，归家养志，居土室终日也。

水余先生曰：东京袁氏累世公卿，家庭势大，人丁昌盛，门生故吏遍天下，袁闳公卿后嗣，不好权势，甘老林泉，虽因保家族而暂应征，却终能固守己志，不与朝廷合作，亦名士佼佼者。正因有如此贤能隐士，故能维持昏暗世之纲常也。

然物有不齐，人有高下，世间常态也。后汉隐士，亦有败类，然不过十之一二。后世之隐士，则多斯文败类，以归隐为政治资本，充当终南捷径，此时之真隐士，亦不过十之一二而已。

后汉隐士之败类，著名者为韦著，归隐者以之为耻。然韦著早期，砣砣隐士行，晚年为悍妇所制，失行累累，不得善终，终为隐士败类也，以下则详细述之。为保持有关隐士叙述之连续,时间上不得不有跳跃,笔者水平所限,惭愧也。

灵帝即位初,陈蕃、窦武之党既诛,因陈、窦名高,党人多贤,海内多怨曹节等权阉害贤。故曹节等欲借宠时贤以为名,释海内之怨,因韦著三拒桓帝之征,天下闻名,故白灵帝拜著东海相。

昔桓帝三征时,韦著尚未婚配,只身隐于云阳山,以打柴渔猎为生,闲暇则手不释卷。后云阳山大雪,百里冰封,渺无人烟,韦著受难,几乎冻饿而死,为云阳山某义士所救。义士见韦著名重海内,德行高超,遂以己女相托,韦著感义士相救之恩,又虑不孝有三,无后为大,从之。

义士女素有才华,韦著爱之。然义士女实乃悍妇,控制欲强,韦著素呆,先前不知此情。

因韦著名素高,今失行娶悍妇,尤为士人关注。传之京师,有好事太学生为之造谣:"花甲作新郎,残花入洞房。聚犹秋燕子,健亦病鸳鸯。戏水全无力,衔泥不上梁。空烦悍女意,无事守空床!"后韦著知,脸皮厚,素来不顾世俗眼光,无所谓也。韦妻闻之大怒,既怒韦著难行云雨,又恨谣言恶心也。故此,韦妻一天三小闹,三天一大闹,韦著鉴此,千方百计讨好妻子,妻子愈怒。

水余先生曰:隐士者,内修心,外修德,不慕政治,不好权势,以朝廷为桎梏,以政治为羁绊,故好山林之乐,甘田亩之中,长隐而不现也。隐士之徒,虽处尘世,却多未经世事,性格纯真,行为不拘,放浪形骸,行事未尝顾及世人眼光,此开启魏晋名士风范也。

十五

改素行隐士沦落　会异人凡人得道

适朝廷欲征韦著为东海相，秩禄二千石。诏书由帝使亲送至韦著家，韦著欲如先前，坚决拒之。然此次阉党知韦著已成亲，且惧内，故诏书迫切，若不赴任则连坐，诛及妻党。韦妻闻之，大言曰："使者但去，不日我夫妻便赴任也！"韦著素惧妻，然不肯改隐士行，曰："今党锢屡起，阉竖专权，正人被杀，安能赴任？"韦妻曰："今一赴则为东海相，两千石之职，汝哪辈子能修此等福分？之前屡拒征，乃坐地起价，现得为郡守，足矣；今不就征，诛及我，怎忍心？汝若不就征，我必将床笫暗昧之事，与世人公言之，看汝奈何？"

韦著不得已，思己无用，惹怒妻且愧之。又思若为官，有权有势，妻必崇拜己，不但怒解，且对己畏惧，于是欣然莅郡上任。至东海府邸，韦著谓妻曰："我已为两千石，官职比昔日布衣大得不得了。"

韦著因隐士出身，素以天下为己任，恨政治黑暗，疾东海多贵戚豪族及阉竖之党。下车伊始，便政任威刑，权贵及大姓有犯，或使吏发屋伐树，堙井夷灶。功曹谏曰："今东海多权贵，与朝廷权阉关联，今群宦当权，触犯者不得善终。故奋力用刑，不如行恩；孜孜求奸，未若礼'贤'。"韦著曰："东海奸人多，贤人则不至；恶草不去，良禾不长。"不听。为受罚者所奏，权阉为之内应，致著罢官下狱，灵帝以其名高，不欲

摔破政治花瓶，故宽处置之，然犹坐其论输左校。

因隐士极少肯从政，若不用之，必大骇物听，且让士人与朝廷离心离德，先前陈、窦事，士人已恨朝廷，故朝廷不得已再启用政治花瓶韦著，故又拜郡守。韦妻见韦著以严刑触犯权贵而惹祸，劝韦著不如随波逐流而捞好处，空名不如金钱实在。韦著初不从，韦妻长期大吵大闹，以去就威胁，以床笫污事恐吓，韦著无法，听凭妻子乱作为，终丧初心也。

后韦著生辰将至，属吏闻其属鼠，于是凑钱铸一黄金鼠为寿，知韦著隐士起家，好面，不肯当面收受，遂私送夫人。夫人甚喜，曰："感念君等惦记老爷生日，然君等知我之生日亦在目下乎？"众吏曰："不知！然我等知郡中实夫人做主，我等亦应有所表示，其规格与大人略同，不知夫人何属？"夫人曰："感念大家，我小大人二十三，丑年所生，属牛的！"众吏曰："知晓也！"遂不告而退。

韦妻以为众吏告退，将集资铸金牛，心中大喜。众吏私商曰："大人寿，属鼠，铸金鼠已费不赀。今夫人如此之说，暗示我等铸金牛上寿，家家破产亦不能办也！然闻大人素来执法严苛，又唯夫人之言是从，不为夫人铸金牛，夫人必大怒，恐为我等家祸！"吏甲曰："大人过寿，铸金鼠，理当如此。夫人者，与大人不能同体，亦不能同尊，礼降一度，我等何不集资，铸一铜牛，奉予夫人，事情不亦解决乎？"群吏从之。后夫人寿至，群吏铸一大铜牛，以红布盖之，四吏勉强抬至府衙。夫人闻之大喜，以为群吏铸金牛，遂亲迎，至群吏前曰："感谢君等厚意！"立命随从将"厚礼"抬入后房，命家丁厚待群吏，己则立奔往后房视看，发现仅是铜牛而已，心中大怒，思欲报复众吏。

韦妻私怒责韦著曰："汝之生日，众吏铸金鼠以迎合；我之生日，众吏铸铜牛以应付，明显藐视我，不严惩，不足以让群吏知慢我之祸！"韦著有难色，韦妻遂勃然大怒，破口大骂，韦著素惧内，不敢不从也。

后某天，韦著坐堂理事，众吏伴随。韦著借故命差役将群吏逐一拿下，每人打十板，以作惩罚。众吏经此一劫，思欲报复，因设一计。

吏甲禀报夫人曰:"昔日我等于夫人寿辰际亦曾铸金牛,因郡治附近有金牛山,相传神牛出没,我等铸金牛后,置此山某庙,受神牛灵气。欲放之一年,采足灵气,待明年夫人生辰,再行奉送。此受灵气之金牛,则能为夫人家消灾镇鬼也!然夫人今年寿辰早至,我等又不能空手拜贺,故铸铜牛以为姑且应对,实乃大礼在后也。"夫人闻之大喜,欲立即往观。吏甲曰:"夫人莫急,先由小人把话讲明!"夫人曰:"速讲!"吏甲曰:"金牛山多野人,夫人若去,恐有闪失也!"

夫人问曰:"若奈何?"吏甲曰:"昔大人廉洁,无马而骑骆驼上任,可有此事?"夫人曰:"有之。"吏甲曰:"金牛山之野人视骆驼为天神,见之皆跪拜也!夫人与大人若骑骆驼而赴,则野人畏服,无任何患矣!"夫人曰:"能带随从否?"吏甲曰:"夫人不知,金牛之事,小人仅让夫人与老爷知,若为他人所知,恐被窃也!"夫人曰:"善,我立即禀老爷!"

夫人随之禀韦著,欲与著赴金牛山提前观金牛,韦著有难色,夫人怒,韦著不得不从也。遂与夫人一起,乔装为农夫,私骑骆驼赴金牛山。野人从未见骆驼,见之大惊,以为山精,遂鸣鼓率众射杀之,并及韦著与夫人。一代隐士,如此落幕,可叹!可叹!然守节不终,为群隐士所耻也。

水余先生曰:名隐韦著先前名望高,后则笑话多,何哉?人贵修志,志修则德举,德举则声闻,若因之得重名,更应自慎,名德难修而易失也。士者,天下道德代表,民间观赡所向也。凡降志必失德,失德必辱身,辱身则沦为天下笑柄也。故士大夫立身修德,不可不慎也。

然以上隐士多以修身及学识为朝廷所慕,故朝廷屡征辟之。此外,后汉时,尚有隐士好修道,以道术耸动听闻,典型代表为费长房,其最著名弟子则为"黄巾贼头"张角也。

费长房,市掾也。市中有老翁卖药,悬一壶于肆头,及市罢,辄私跳入壶中。市人莫之见,唯费长房于楼上睹之,异焉。因往拜会,且奉送酒肉,屡次三番。老翁见费长房相貌奇特,有学道之缘,遂与费长房曰:"子明日可更来!"次日,费长房又市酒肉诣老翁,老翁将长房之酒肉布施乞

丐，曰："蒙君厚意，我有更好之酒肉！"费长房不解，老翁曰："随我来，至壶中也！"费长房有难色，曰："怎么进？"老翁曰："但对壶口跳，必能进也！"费长房从之，遂被吸入壶中，老翁随后到。

但见壶内别有洞天，玉堂严丽，旨酒甘肴充盈其中，老翁与费长房在其内共饮，良久二人方出也。出壶后，老翁敕令曰："不可与他人道，否则汝与汝家有万世之祸也。"费长房曰："不敢！"

后几日，费长房在酒楼，老翁适至，对费长房私曰："我乃神仙，因过被天帝责罚，打入人间，今刑罚已满，将归山野，汝能相随否？若不能从，我酒壶在楼下，汝可取之，以壶中美酒与汝作别！"费长房知老者不凡，素好道，有此机缘，怎不从？奈何有家有室，故迟疑也。老翁曰："先将酒壶取上来，先喝酒，后再议此事！"费长房亲自取，酒壶岿然不动，派数人同举，亦难动摇，遂令十人以扁担扛之，亦难行动也。老翁闻之大笑，亲下楼，以一指提之而上。视壶中酒约一升，老翁与费长房饮之终日不尽，分之四座，亦不能尽。酒酣，费长房愿从老翁学道，曰："小子愿累筋骨以侍奉！"老翁大笑，曰："汝与道有缘！然汝似有隐忧，顾恋家人也！"费长房曰："老翁明见万里！"老翁曰："此何难也！"

老翁断一青竹，度与费长房身齐，令悬挂屋舍后。家人见之，青竹化为费长房之形，以为费长房自缢而死，老小哭嚎，遂葬之。费长房立于家人老小之旁，无人能见。费长房言于老翁曰："我虽离去，然家中何以为生？"老翁曰："此易耳！"遂念咒语，土地公拜见，老翁曰："土地爷，请保费长房家人平安，风调雨顺，耕作有成，温饱富足！"土地公曰："敢不承命！"

费长房无后忧，遂从老翁入深山，践荆棘于群虎之中，老翁留费长房与群虎相处，费长房不恐惧。老翁又令费长房卧于空室，以朽索悬万斤石于上，众蛇竞来啮索且断，费长房亦不移。老翁还，见之，抚曰："孺子可教也！"复使费长房食粪中之三虫，臭秽特甚，费长房意恶之。老翁终叹息曰："汝几乎可得道，然不肯食此三虫，故道不成也，奈何？"费长房曰：

"我愿重食之！"老翁曰："道者，非素修，其机缘转瞬即逝，汝不肯食此三虫，故难成道！"费长房涕泪固请，老翁曰："汝道虽不成，然已随我有些岁月，方术却可胜世间人也！毋庸涕泪，有此方术，可纵横世间也！"

费长房含泪从之，老翁画一符，传以口诀，曰："以此可主地上鬼神！"费长房曰："谢仙人，然处此深山，我安知家路？"老翁予一竹杖，曰："骑此任所之，则至家中矣！既至，可将杖投入河中！"长房乘杖，须臾归家，自谓离家数天，实则数年矣！即将杖投入河中，顾视化为龙，游于水中，须臾不见。

家人见费长房，大恐，谓其久死，非费长房，乃费长房之魂也。费长房曰："我何尝死去？随老翁学道，往日所葬，但竹杖耳！"家人乃发冢开棺，杖犹存焉。长房自从归，乃能医疗众病，鞭笞百鬼。人常闻费长房自言自语，或独自愤怒，问其故，曰："我责鬼魅之犯法者耳！"

适逢巨鹿郡治有鬼魅，伪作太守，诣太守府捶鼓，白昼出没，郡中患之。郡丞闻费长房道术精湛，于是请之。时鬼魅适来捶鼓，逢长房谒太守府，见费长房，惶惧不敢退，便前解衣冠，叩头乞活。众属橡见，大异。费长房怒曰："当场现汝之原形！"遂展符，鬼魅现形，为老鳖，大如车轮，颈长一米。费长房曰："众人可将老鳖搬入厨房，杀之作羹，可延年益寿也！"众人欲搬，老鳖张口，众人惧而止。费长房曰："无妨！"令曰："还不垂头丧气！"老鳖遂缩头不敢出，众人搬入后厨，杀之作鳖汤，食之者，立觉神清气爽，有病者立即缓解。

有老吏盛一碗，送之太守，太守问："此何物？"老吏曰："此老鳖汤也！"太守问："何处得来？"老吏曰："府前鬼魅原形，今获得，乃鳖精，杀之炖汤！"太守问："如何获得？"老吏遂将情形和盘托出。太守闻，大怒："子不语怪力乱神，必费长房故弄玄虚，以惑众也。"命衙役："速将费长房绑缚进府，我要亲自拷问！"

费长房不明就里，被绑入府中，众人皆随，太守亲数曰："汝有何术，而诬惑官吏、百姓？若果有神，可显一验事，让鄙人观。不尔，立将汝处死，以为妖谤者戒。"费长房不动声色，曰："实无它异，颇能令人见鬼耳。"太守曰："既如此，促召之，使太守目睹，尔乃为明，立释汝也。"

费长房于是左顾而啸，念念有词，有顷，太守之亡父祖近亲数十人，皆反缚在前，向长房叩头曰："小儿无状，冒犯上仙，分当万坐，望祈恕罪。"顾而叱太守曰："汝为我等子孙，不能有益先人，而反累辱亡灵，触怒上仙，可叩头为我等陈谢，不然，我等必不佑汝。"太守见，惊惧悲哀，顿首流血，自甘罪坐，莫及先人。费长房默而不应，群属见此，亦纷纷叩头，为太守助请，费长房方念动咒语，群鬼乃消。自此后，太守奉费长房为上客，执弟子礼，费长房居之不疑。久之，费长房有求仕之意，郡守辟其为郡丞。

水余先生曰：后汉时，君臣之谊非仅限于皇帝与百僚间，官长与属掾亦存君臣关系。缘由何在？后汉时，皇权尚未高涨，朝廷亦无官本位思想，用人权非仅在朝廷，皇帝与长官皆能选士，凡为所辟，既为君臣，始终有君臣之谊，故士人之仕途大开，方术士亦能为官吏也。后世异也，用人大权多持之朝廷，皇权高涨，定于一尊，不许士人有二主也。

十六

死逃生屡克大难　　出异谋拜师学术

太守属吏中，有张角其人，见费长房之方术而生心，欲求为费长房弟子，颇历周折。先不言拜师过程，先介绍张角也。

张角巨鹿人，早年外地为商，往来贩卖，其父开客店者。有好男之和尚，夜深投宿客店，时客满，无空房。和尚对张父曰："贫僧游方，风餐露宿，只求一宿，于床榻并无要求。"张父曰："今夫人回娘家探亲，我独睡，师傅权可与我挤挤！"和尚欣然从之。和尚近视，张父无须而面白，和尚以为少童，遂调戏之，张父素有龙阳之好，欣然乐就。极欢乐之际，和尚曰："我与君好，今虽为和尚，然庙里香火甚好，可为君制衣打簪。"

张父俱不愿，和尚问曰："然君须何物？"张父答曰："愿得一副好寿板！"和尚问曰："君年纪轻轻，为何要如此不祥之物？"张父知和尚不知己为老翁，欺他近视，诳之曰："家贫，为老父备。"和尚叹息，曰："此易耳！我所在寺庙，离此三十里，有府衙寄存多副寿板，送君一副即可！"张父问曰："我父母俱存，可否送两副？"和尚曰："亦可！"

众君要问：庙里何来如此多寿板？昔汉顺帝下诏于永和二年行幸长安，拜前汉宗庙，车驾将途经巨鹿，巨鹿守与丞商议，郡丞以为："皇帝出行，亘古难得，现各路皆争相迎逢招待，我等之招待，要别出心裁，方可大悦圣心，又笼络诸权贵，升迁方有望也！"太守曰："善！"郡丞曰："今

从幸人众多，安有不物故者？仓促间，该如何？且朝廷不倡'未雨绸缪'乎？"太守曰："善！"郡丞曰："既从者甚多，必有物故者，彼多显达者，安能暴尸乎？若此时布以恩惠，不啻雪中送炭，且因此可结交权贵也。"太守问曰："君欲何为？"郡丞曰："若造凶器三十枚，置诸行宫，以备不虞。且乎，凶器号称'棺材'，所谓'升官发财'，虽凶亦大吉也。"太守曰："善，此鄙人思虑所不及。"

顺帝车驾未至，置顿使先至行宫，见三十枚凶器，光彩赫然，大骇，谓太守曰："主上赴长安拜祭高祖、太宗，为天下祈福，谁造此不祥？"遣却之，郡守拜伏请饶，终托罪于郡丞，下郡丞狱，另送置顿使万金，嘱之勿言，此事方得解。私令将凶器皆移送和尚所在之庙。因不祥之物，郡守因此得谴，官方无人问津。适张父有此请，和尚为何不乐施之乎？

和尚曰："我赠君寿板两副，皆上等楠木所造，前本皇家之物，我不能轻授，望君多伴随我，方可赠送。"张父问曰："君欲何为？"和尚曰："君须伴我数月，随我周旋，方可赠送！"张父本好男，遂从，至庙中，和尚欲长留之，乃醉而髡其首，以为寺庙给使。后其妻踪迹至寺庙，得夫以归，并责之。张父大悔恨，曰："我本为寿板计，几迷心智，勿外泄，等我发长！"夫人问明，且知夫已为己谋好一副楠木棺材，大悦，不再责。张父无发而羞见人，长在房间，杜门不出，经营一并委托夫人。

张角为商归，不见其父，母饰词曰："朋友去世，汝父奔丧去，数月方归。"张角始不疑，后每怪母倍食，又素闻人音，穴壁观之，见母与一僧同卧，愤怒至极，取刀入室，抚僧之首，奋刃断之。母觉而止之，不及，告以故。张角验其首，方知杀父也，乃大悔。为四邻所举报，押解之府衙，府衙审之，谓："虽非弑逆，然母奸不应子杀。"遂下张角狱，处死刑，上奏，待朝廷复核而执行。

张角患之。适逢友人探监，张角私与友人曰："我之事，君必所知，非欲弑父，乃意外也，罪安至死乎？"友人曰："我深知君之冤，然有何法救君？人各有命也。"张角曰："命虽如此，却要一争！"友人问曰："君等死之徒，有何争法？"张角私语友人曰："如此，如此，我许能逃脱也！"友人立出监，赴张角家，取"仙浆"。何为仙浆？张角曾经商，至缚娄国，该国有水仙树，腹中有水，谓之仙浆，饮者醉七天，脉息微弱，如死人一般。

友人得"仙浆"，贿赂牢卒，又见张角，以"仙浆"给之。张角得"仙浆"，大喜，待友人出，便大哭曰："我杀父，罪恶滔天，今虽死罪，有何面目赴刑场？今身上藏鸩毒，朋友既送来酒，我便将鸩毒置酒中服下，必死也。死后，阴间随亡父周旋，以赎罪愆也！"说毕，便饮用"仙浆"，立即"醉死"。牢卒大惊，派仵作验，果"鸩毒"发作，脉息极微弱，呼吸几停，即将死也。仵作见此，与狱卒曰："此人命将尽，必死，可放其归家，死狱中不吉也！"狱卒奏之府衙长官，府衙长官念张角非欲弑逆，今临死，不愿其死牢中，允之。

府衙遂通知张角家属领张角归，友人适在家中等待，家人不知始末，皆以为张角已死。友人劝张角家属市买薄棺，准备后事。于是张角家属设灵堂，摆遗体，通知亲友，言张角已死，可吊丧。四周遂知张角已死，纷至吊唁，因天折故，家中放置"遗体"三天，装敛后立下葬，大家亲见装敛埋棺也。待之七日满，友人私发冢，张角适醒，身上尚有酒气也。

张角经商多年，积累资产数百金，暗藏某地，张角取金，欲赠友人百金以谢，友人坚辞。张角不复强。改名换姓，私下亡命，欲待大赦后再行归家。张角亡命至泰山郡，适逢郡招衙役，张角行百金于主事者，得为衙役，后升为郡吏。

张角曾奉郡守之命，营干他郡，已历数月，岁暮归以复命。至泰山郡辖下，途中遇二人，装饰亦类公役，与张角同途，言同行之事。张角问曰："二君哪里公干？"二位答曰："为郡役。"张角大惊问："鄙人为郡吏数年，郡属掾相识者十之八九，二君素昧平生。"二位答曰："实不相瞒，我二人乃城隍鬼隶也，今将以公文投东岳大帝。"张角问曰："公文何事？"答曰："泰山郡将有大劫，所上报者，被杀之人名数也！"张角大惊，问曰：

"人数多少？"答曰："亦不甚悉，约三十万余也！"张角问其期，答曰"正朔"。张角大惊，算时间至郡邸正值岁末，恐罹难，延迟又恐遭郡守斥责。二位曰："违误期限罪小，入遭劫数祸大，宜他避，姑勿归郡！"

张角从之，潜归乡至巨鹿，适逢天下大赦，前罪遂除。周围问为何未死，张角说其本末。又问何在。张角答："为泰山郡属掾。"众人皆慕。问其为何归家。张角谎称："岁末郡守开恩，允探亲。"未几，泰山、琅琊贼公孙举、东郭窦等反，攻杀泰山郡邸，杀太守及众官僚，一路屠杀百姓，死者三十余万之巨。朝廷遣兵讨之，连年不克。张角亡匿得免。此为永兴二年年底事。前杀父本死得逃，后遇鬼差，得免于难，自此之后，张角颇信奉鬼神之说。

水余先生曰：张角少历艰险，更经奇遇，屡克死难，未得其解，故心中以为王者不死而必有后福，渐萌不臣之心也。张角早年奇遇颇与鬼神关联，因之而好鬼神，后依之以神道设教，耸动天下听闻，其徒众既多，势力既张，已又有王者不死经历，难免不生窥社稷之意。若非汉廷腐败，漠视民疾，主昏臣佞，阉竖专权，屡兴党锢，大失人心，世人多恨汉廷，盼其下课。非汉廷自毁长城，虽有千百张角异徒，更有何患？

张角在巨鹿，因饶于财之故，行百金于郡守夫人，得为太守属掾。适太守府有鬼魅，因费长房而得消除，张角亲历，慕之，欲拜费长房为师而从之学方术。费长房初不许，张角苦苦哀求，费长房始终不许。适此时宦官专权，侯览从京师至某郡，仗皇恩，所至之处皆缚守令置舟中，得赂始释。将之巨鹿，郡守知此事，忧之，故意称病不出，避见侯览及众宾客。因郡丞费长房有异术，交之代理。然费长房之方术可驾驭鬼神，安能对付世间权贵？

费长房大忧，与众属掾谋，皆束手无策，张角进曰："某有计策，可解此倒悬，若得解，愿为弟子！"费长房悦曰："果如此，鄙人愿收汝为徒！"张角募善水者二人，令衣郡属官衣冠，先行迎接。侯览坐船离京，于船见此二人，大怒曰："我衔帝命使地方，所至皆郡守亲迎，巨鹿守何在？汝等敢来谒我耶？"令左右执之。二人即跃入江河中，潜遁去，侯览惊，亦不解。

与此同时，张角令人编歌谣曰："常侍托皇恩，草菅吏人命；何时民暴动，杀阉喂大鱼。"使人传诵，须臾间，传遍巨鹿，甚至远达他郡。侯览闻之大忧，颇收敛。后张角悄进，骗其曰："闻常侍大人驱二人溺死江中，谣言远闻，必达京师。方今圣明之世，法令森严，众人切齿常侍跋扈，朝中必有大臣以之为罪过而兴弹劾，常侍大人其计较利害？"侯常侍方大惧，礼谢而去，不敢责礼，虽至他郡县，亦不敢大放纵。郡守闻，大喜。费长房守约，收张角为徒弟也。

水余先生曰：阉竖者，皇帝家奴，素无教养，凡外出，多好扯大旗作虎皮。汉室有庸主而无暴君，多能恪守家法，阉竖外出，帝多未授大权，仅托办私事。然阉竖常在日月之下，易狐假虎威，借皇权为非作歹。地方官吏不知常侍深浅，以其皇帝近随，掌握己之升迁甚至生死，往往奴颜婢膝，极力讨欢，不敢有丝毫怠慢，唯恐不当其意。而阉竖在此情形，愈难伺候，言语咄咄逼人，又好假以皇命而滥用私刑，草菅人命，为祸地方。故阉竖外出所造之祸，地方官吏有半责也。凡阉竖外出，侍之以礼，抑之以法，不卑不亢，有妄求不应，但凡阉竖造作非常，便上奏弹劾，阉竖敢嚣张乎？然地方官僚难与皇帝亲接，今有其家奴外出，巴结之，攀附之，以求将来之利，安能与之斗争？唯独受害者，民人也！

张角既为费长房徒弟，殷勤伺候，不避寒暑，费长房遂毫无保留教张角。然张角无论如何学，方术皆不能过费长房也。后得知，费长房能如此，除口诀外，乃因有符，可因之驾驭鬼神。张角思毒计，暗盗费长房之符，费长房无法驾驭鬼神，遂为鬼神所杀。然张角虽有费长房之符，无用也。为何？符乃仙家宝贝，昔仙人为费长房量身订造，仅费长房用之方能发挥效用，他人皆不能。故张角方术远不及费长房。

费长房既死，郡守素信方术，于是尊信张角，然张角居太守府久，方术多不验，恐为郡守看破，反为己患，故欲往京师观政。太守得知，奉百金为资，助张角入京师也。张角昔为郡吏，曾赴太学公干，慕太学生活，知太学黄琼、皇甫规、陈蕃等为名师，欲至太学访之。其时，黄琼、陈蕃等已在朝廷为官，皇甫规尚在教授也。

　　顺帝早期，皇甫规已在太学，教授多年，门生故吏遍天下。后太傅陈蕃、太尉杨秉、长乐少府李膺、太守张奂皆规所教授，致显名于师。顺帝末，梁冀专权。顺帝初崩，梁太后称制，梁冀辅政，专权愈甚，皇甫规对策讥切之，梁冀忿其刺己，以规为下第，拜郎中。规薄其官，托疾免归，州郡承冀旨，几陷死者再三。梁冀被诛后，皇甫规方再至京师，为京师太学博士，掌教授，适逢张角至。

十七

张角傲出言张狂　儒贤良不通人事

　　时张角在太学，为人狡黠，上条陈曰："今羌族跋扈，屡犯边关，请易旗帜号盔皆为黄色，牌面皆作虎形，曰'黄为中央之土，以克北方之水，虎惊羌马之目，见必惧退'；然后逐北而杀之，必大获全胜也！"先是，巨鹿守与皇甫规善，曾致书皇甫规照顾张角，张角上此条陈，稍强四大天王，故皇甫规立即召见张角。

　　皇甫规曰："昔巨鹿守曾托我照料君，一向少慰问，莫怪，今幸遇君。"张角曰："皇甫先生事务繁忙，些许小事，毋庸挂怀。昔先生直言对讥梁冀，几遭不测，天下皆称先生直名也。"皇甫规曰："此鄙人报效朝廷，何足挂齿。"张角曰："皇甫先生文武全才，世所罕见。"皇甫规曰："岂敢！我本儒生，好经卷，之所以兼从戎，乃因羌变屡起，边疆不安，不得已从武，以儒生任将军。然鄙人内心，儒生为其本质也。"

　　张角问曰："先生治何经典？"皇甫规曰："不主一师，儒典皆略涉猎也。"张角问曰："先生以为当今圣贤有谁？"皇甫规曰："今台阁近臣，尚书令陈蕃，仆射胡广，尚书刘矩、尹勋等，皆国之贞士，朝之良佐。尚书郎张陵、杨乔、边韶等，文质彬彬，明达国典。内外之职，群才并列。"张角驳曰："此皆小修小补之才，为何群贤并列，政治日渐黑暗，民生更成困难？"皇甫规曰："此国运当如此，非人力也！"张角曰："昔高祖、光武

能定天下，非人力乎？"皇甫规语塞，曰："君以为如何？"张角曰："朝廷之众徒，皆非圣贤，故社稷危难，束手无策。"

皇甫规闻之，心中略不悦，问曰："先生以为今圣贤有谁？"张角曰："今几无圣贤，当求之于古，即使在古，圣贤亦不数出。伏羲以八卦穷天地之旨，一也。神农植百谷，济万民，二也。周公制礼作乐，百代常行，三也。孔子出类拔萃，为至圣先师，四也。当今罕见其匹也。"皇甫规问曰："按君之言，当今无圣贤也？"张角曰："非也！夫大道，尧以是传之舜，舜传之周公，周公传之夫子，夫子传之在座者也！"皇甫规以为言己，谦辞曰："鄙人不敢！"张角曰："非皇甫先生，乃鄙人也！"皇甫规闻，知张角为狂徒，大不悦，曰："君言大，鄙人不敢闻！"张角曰："虽不敢闻，皇甫先生已闻之！"皇甫规问曰："君有何本领，敢与古之圣贤并列？"张角曰："我今虽无闻，然凭胸中才华，将来之功德远在古圣贤上，并列又何足道乎？"

皇甫规怒问曰："汝有何经天纬地之才，敢居古圣贤之上？"张角曰："古之圣贤，或政或教，如伏羲、孔子，乃事教也，周公、神农，乃从政也。我之本领，兼具政教，乃政教合一。况早年我曾习道，可以神道设教，今于太学习儒，可以儒治事，政教合一，无往而不胜也！"皇甫规遂知张角有异志，然以其言虽大，却颇具义理，和颜悦色曰："君大才，今朝局虽非清明，然亦非乱世，今上能诛杀权戚梁冀，亦可知朝廷有错必究也。"张角曰："皇甫先生不知，梁冀虽持权专擅，虐流天下，今以罪行诛，犹召家臣扼杀之耳。然阉竖专权因此起，官位错乱，小人谄进，财货公行，政化日损，恐疾患更深也！古谚所谓：'除去狐狸引进狼，一伙更比一伙强。'"

皇甫规不觉点头，问曰："局势沦落如此，该如何？"张角曰："汉廷必不可救，唯有以摧枯拉朽之力毁坏之，除旧布新，社稷另属圣人，方可解万民之倒悬也！"皇甫规曰："汉廷虽如此，然你我皆汉民，世受厚恩，安能不思回报！"张角曰："帝王者，倘来之运，何必拘泥于一家！且乎，天下者，天下人之天下，非某姓之天下也，天命无常，唯有德者居之。今刘氏无德，害及万民，能全身而退，已为大幸，安可再握权柄，执掌天下乎？"皇甫规曰："君之言狂悖，我不愿驳，然君务必破坏之，我却务必保全之。今日之言，乃你我分水岭，我与君素未谋面，自此后，请永久辞，不复见面矣！"张角亦不顾而去。

水余先生曰：天下者，天下人之天下，非一姓之私也。天位无常，有德者居之，无德者居天位，可鸣鼓攻之也。虽如此，在古中国，天位某时期归某姓，虽有暴虐之君，然天命未改也。何哉？首先，民智未开，不知天位归有德者；其次，天位更替必将动荡，社会成本太大；最后，儒教纲常束缚，难有异心，偶有桀骜者，附从者少也。故此，私天下之局稳固，二千多年以来未尝破也。

规有文武略，时太山贼叔孙无忌侵乱郡县，中郎将宗资讨之未服。与张角会面不久，公车特征规，拜太山太守，以讨伐贼寇，规遂离太学也。张角在太学，为将来进取虑。时天下地图两份，一份存朝廷，一份留太学。张角有异志，于太学无他事，日习地图，私下绘之，数年，天下厄塞，户口多少，强弱之处，皆了然在心中也。

皇甫规离太学前，与侍中杨赐言："今有狂生张角，方术虽不济，却善以方术唬人，亦曾习儒，经典熟于心中，暗有对抗朝廷之志，用之朝廷，可为能臣，朝廷若清明，许能驾驭。今朝廷昏暗，将来必为天下大患，我年老，不及见。君家积德余庆，累世公卿，君又能传家，亦能为公卿，须时时注意张角也。"皇甫规素有令德，从不妄言，杨赐颔之。

杨赐者何人也？杨赐字伯献。父杨秉，祖杨震。少传家学，笃志博闻。常退居隐约，教授门徒，不答州郡礼命。后辟大将军梁冀府，非其好也。出除陈仓令，因病不行。公车征不至，连辞三公之命。后以司空高第，再迁侍中、越骑校尉。

规又见其侄皇甫嵩。皇甫嵩者何人？嵩字义真，安定朝那人，规之兄子也。父节，雁门太守。嵩少有文武志介，好《诗》《书》，习弓马，以叔父规在太学故，随规太学学习。规临离太学，曰："汝侍我数年，我家素文武双全，汝既习儒典，又习弓马，必能继我家业。须谨记，我家世受汉恩，宁可死，不可背。"嵩曰："小子不敢！然当今宦官专权，朝廷黑暗，该如何？"规曰："宦官虽专权，然为皇室家奴，必不肯亡汉，汝可规制权阉。然今有异徒张角，颇具才学，观其相貌，有反动之气，汝须重点关注。切记我言！"皇甫嵩曰："牢记在心，日日自我提醒！"

顺帝末，朝廷大兴太学，敕令上至大将军，下至六百石，皆遣子入学，匈奴等蛮夷亦遣子入学。彼时名师云集，黄琼、皇甫规、李固、杜乔、胡广等皆为名师，虽在朝廷为官，亦在太学兼相教授。群公卿教授太学，颇好典籍，故建言朝廷下诏采购异书，凡献书者，所得赏赐不菲也。上有所好，下必甚之，故天下人承风，皆好异书，纷采择之，以献朝廷，谋求厚赏。京师太学生多倚席不讲，见朝廷此诏令，多欲借之发财。昔钱毛好色，虽在京师，家素贫困，苦无嫖资，于是暂离京师，归乡处置家产，典屋卖地，得十余金，四处购异书以进京。

至中途，遇士人，为谁？刘陶是也。刘陶何许人？刘陶字子奇，颍川颍阴人，济北贞王勃之后。陶为人居简，不修上节。所与交友，必也同志，好尚或殊，富贵不求合；情趣苟同，贫贱不易意。

刘陶与张凤善。张凤何许人？刘陶同乡也。张凤为人美姿仪，少为亭长，好古质直。县人张建为父报仇，杀仇敌而系狱，其母病死，建哭泣不食，凤怜之，听建归家，使得葬母，同事皆劝，凤曰："罪自归我，不及他人。"遂遣之，建殓母毕，果立还狱。陶以状言于县令，县令惜之，上闻，建得减死论。凤由是知名，后游学太学。

先不言张凤，续言刘陶。刘陶偶遇钱毛肩挑异书，取书目阅之，爱其书而贫不能得，家有数古铜器，欲以之换书。钱毛知孙江好古铜器，必能卖之高价，一见喜甚，曰："毋庸货也，我与君估其价值而两易之。"于是尽以随行之书换刘陶家之数铜器，立返家。钱毛之妻方悦夫之回疾，视其行李，但见二三布袋，磊块铿铿有声，非钱财，不悦，问曰："此何物？"

钱毛曰："此我用全部异书所换之青铜也！"妻怒骂曰："你换此物，几时卖得钱出，买得米下锅？"钱毛曰："彼所换之物，几时能换米？汝妇人不懂也。此数青铜，乃上古三代遗物，价值不菲，我之所以折返，乃取其二件，足够卖千金，只此，我家必富。余留之，待价而沽也。"妻曰："君言可信？"钱毛曰："我在太学多同学，挚友孙江为侯览养子，家产数千万，见此数异物，必出数千金买之，我家便因此富矣。此二青铜器我先携至京师，余者，汝善为保管，不可示人而惹觊觎！"妻从之。

于是钱毛赴京，将二青铜器示之孙江，孙江果爱不释手，出重金购之。故钱毛家立富，将万钱寄回妻子，妻子大喜。

而刘陶得异书，大悦，集合亲朋，宣示曰："我得异宝，前途可期。"亲知皆相贺曰："今贫甚，异宝乃大财，非仅脱冻馁之厄，甚至可致富也。"刘陶闻此，喜见眉梢，曰："得此，我不忧贫也。"众人请示之，既开囊，乃古籍数十册，曰："此异宝也。"众人大惊曰："仅书籍耳，何可称之宝？"刘陶曰："此古籍，世所罕有，读之，学问飞腾，可敌宿儒，不曰宝乎！"众人大笑而去，纷曰："书呆子！大言不惭也！"刘陶处之不疑，私勤习诵，学问大成。

刘陶得异书时，与夫人已婚数年，仅知勤攻异书，学问虽高，不通世情，不知与妻交合。刘陶父母年高，思欲抱孙子，屡屡催逼，刘陶不得要领，又不愿违逆父母意，以为己夫妻不孕不育，与夫人同看医生，医生验刘夫人仍处子也。于是开方曰："君夫妻本无疾，为何不孕？乃不通人事，人事通，则疾消！"刘陶骂曰："我学问纵横，不通人事？庸医也！"刘妻害羞，拉扯刘陶而回。刘妻本淑女，不欲言明此事，欲借医生口言之，然医生亦未肯直言，刘陶仍旧糊涂如故。

水余先生曰：好色，人之常也，人未有不好色。故难控人之好色，唯求有节制且守礼法也。有节制，则不伤身；守礼法，则淫风不起。然后汉世，名士既不通世事，于人性亦少了解，如刘陶者，品德高，学问好，居然不懂男女事，与妻结婚数年却不行房，不知儿女从何产生，实乃至迂至

腐太学生也。

　　刘妻劝刘陶曰："今学问大成，然处乡里，如衣锦夜行，谁人得知？不如游京师太学，凭君才华，必当谋得官职，光宗耀祖，不负所学。"刘陶以为阉竖专权，朝政黑暗，民人受苦，然今太学横议，朝廷莫不畏太学议论，故此欲论国政，影响朝局，济世利民，从而须奔赴京师，然官职可有可无也。其与妻想法虽异，然欲赴京师则同也。

　　刘陶书多，家贫，己与妻背书，又唤某脚夫以罗担挑书随往。挑夫先行，刘陶与妻后随。挑夫中途疲甚，身坐担上。适刘陶至，见挑夫坐《史记》上，周围之人因此纷纷。因怒责挑夫曰："罗担中物，皆名贵之书，汝为何坐其上，惹来众人议论！"挑夫谢曰："小人因不识字，一时坐在屎（史）上，请勿怪也！"刘陶闻，大笑，事遂已。刘陶入游京师，谈吐飞扬，士大夫莫不与之善。

十八

振大言卜士行骗　行刚直气死权阉

此卜士为谁？乃巨鹿张角也。张角在皇甫规处既发狂言，太学之众排挤之，故无生计。思前拜费长房为师，学得一二方术，又知世人多迷信，己之相貌奇特，能动两眼，使得两眼一高一低，一眼观天，一眼观地，人望而异之。张角吹己之眼可观天地之变，世人见此，往往信之。故张角可托方术谋生也。

张角在京师摆卦摊，三公胡广长子胡整夫人有妊，整年长无子，前有五女。整之奴才，恃胡家势，在集市横冲直撞，撞到张角卦摊，张角与之理论。恶奴不道歉，反将张角缚至府，恶奴先告状。胡整亲问曰："尔何业？"张角对曰："卖卜。"整问曰："灵验否？"张角答曰："无不灵验。"整曰："我年将知天命，尚无儿，今夫人孕，是男是女？"张角哪里识得？漫应曰："男也有，女也有。"整闻之大怒，杖之二十，乱棍将张角打出大门。不久，夫人产，生一男一女。整大悦，派某奴婢携重金至张角卦摊感谢。至此，张角名声始噪。

此奴婢既知张角卦灵，适逢丢失青衣，私问占于张角，得"剥床以肤"卦。张角安懂得卦？些许认识点字而已。张角昧文理，读"以肤"二字，忽然问："汝有姨夫乎？"奴婢曰："有，然有四位姨夫也。"张角再读"剥床"二字，以为"不常"，即"不常来往"，问："有不常来往之姨夫

121

否？"奴婢曰："三姨夫与我家交恶，不来往也。"张角曰："是也，试往其家索，可得也。"奴婢从其言，果获之。张角之名声愈噪。

奴婢将其占卜灵验事言于某儒生，某儒生为博士弟子。昔顺帝时，尚书左雄为朝廷选人定制："孝廉年不满四十，不得察举，皆先诣公府，诸生试家法，文吏课笺奏。"某儒生按制须试家法，因学问空疏之故，欲射幸，寻张角占卜。张角亦不懂，遂暗中以经书文七首对之，托言神授。某儒生得知，跪拜而受之，曰："神赐也，敢不敬重。"于是焚香沐浴而读，及赴公府考试，三公所命之题，皆如张角所示，竟顺利被举。至此，张角占卜之灵，名震京师。

张角遂得与朝廷权贵来往，以占卜之术交接，往往巧发奇中，权贵愈信。久之，张角颇自负，往往振大言，哪有几句实话？时人偏好信之。张角好自言曰："我忘己岁数也！然上古之事，多经历之，历历在目。"张角见中常侍单超曰："庆都十四月而生尧，其家请我作汤饼会，尧生来不食人乳，以我所作之汤食之，后遂爱汤，终身好喝也。"见徐璜曰："舜昔为农民，为父母所虐及兄弟迫害，号泣上天。我亲为其拭泪，敦勉之，教之孝悌道，遂与父母兄弟亲，故以孝悌闻天下，亦因孝悌为尧所知。"

见具瑗曰："大禹治水，三过家门而不入，然却经过我家门，我招之饮，欲劳之，大禹以事急，力辞饮，草草食饭而去。"见左悺曰："夏之孔甲，曾赠送我龙肉数斤，我食之，龙肉腥，至今口尚有腥臭。"见唐衡曰："成汤开一面之网以罗禽兽，上古多幼禽兽，纷纷落网，我怜之，亲自数落成汤，责其不能忘情于野味也。"见刘普曰："昔纣王酒池肉林，强我牛饮，我不从，纣王大怒，于是置我炮烙之刑，七昼夜而言笑自若，乃得释去。"见赵忠曰："穆天子见西王母，西王母办瑶池之宴，我为首席，位穆天子之上。后徐偃称兵，穆天子乘八骏马返朝，西王母留我终席，因饮仙酒，醉倒不起。西王母放我蓬莱仙洞休息，一向沉醉，新近几年方醒，方知今为大汉，一觉千年也。"

张角遂自称数千年人也。后单超病，桓帝遣使者前往拜他为车骑将军，位列三公。医者诊断曰："此病来得奇特，世间药物无法治疗，须服千年血，并以血敷全身，则能顿愈。"单超上奏桓帝，帝为之下令求千年血。张角曾广自称数千年人，故人皆言张角。单超大喜，言于桓帝，密使人执张角，将杀之取血治病。张角大惧，拜且泣曰："我好酒，故酒后常言辞过度，吹牛而忘乎所以，我父母方才五十几，我才三十出头，实不曾活千岁。我巨鹿人士，朝廷可调查我之年岁，我与京师众太学生善，亦可询问。且世间难得百岁人，况活千岁乎？"单超于是斥而遣之。张角内惭，然不思悔改，对外宣称己素来厌恶权阉，从不为权阉占卜，因此得权阉愤恨，故遭彼等排斥。

水余先生曰：子不语怪力乱神，又敬鬼神而远之。人命不可测，故世人当力修人事以听天命，若修尽人事，人生仍不如意，乃天意如此，无怨无悔，安可求之占卜？凡求占卜者，不肯修人事，却盼好运或大富贵，卜者见此，察言观色，套彼言语，因之而大言不惭。而求卜者因之生心，若卜者偶中，便曰卜者卦灵。卜者以卜为生，日日卜于市，求卜者众，安无偶中之言？若偶中，某言之，传于众，众神之，纷纷求卜。实无益也。

张角以占卜为业，好振大言，方术偶中，故名重京师。太学诸生见张角被权阉排斥，不明就里，以为张角有气节，不肯屈于权阉，多内惭，改前日排斥之心，反与张角亲善。刘陶游学京师，素有忧国之心，见张角得权阉排斥，悔己先前调戏张角，欲与张角开释。张角知刘陶名高，亦欲借刘陶之名以为己重，故不等刘陶上门，己主动拜访刘陶。双方互相致意，刘陶曰："先前触冒先生，乃不知先生之故，先生万勿见怪！"张角曰："你我彼此不知，皆正直士人，有何见怪？"刘陶曰："先生精通卦相，今灾异屡现，有何见教？"

张角曰："我等应先明灾异之意。天地有变者，小变谓之灾，大变谓之异。灾者，天之谴也；异者，天之威也。"刘陶问曰："灾异缘何而生？"张角曰："凡国君淫佚而不能统理群生，郡守妄为而残贼良民，朝廷废德教而任刑罚，刑罚不中，则生邪气；残贼良民，则生怨气；不能统理，则生沴气。邪气积于下，怨恶蓄于上，上下不和，则阴阳错乱而妖孽生矣。此灾异所缘而起也。"

刘陶曰："善！然灾异之意何在？"张角曰："灾异之意，非破坏社稷，乃上天警示也。"刘陶问曰："此言何意？"张角曰："国家之失乃始萌芽，而天出灾害以谴告之。谴告之而不知变，乃见怪异以惊骇之。惊骇之尚不知畏恐，其殃咎乃至，以此见天意之仁而不欲陷人也。"刘陶曰："君言是也。今上乃天子，上天之子，天父安有不爱子乎？正因上天眷顾大汉，故屡出灾异以警示。"

张角曰："现昏庸满朝，四处冥顽，虽上天屡警示，然文恬武嬉，皆不在意也。"刘陶曰："事在人为，人定胜天也。"时，阉竖专朝，桓帝无子，连岁荒饥，灾异数见。陶时游太学，乃上疏陈事曰：

> 伏念高祖之起，始自布衣，流福遗祚，至于陛下。陛下既不能增明烈考之轨，而忽高祖之勤，妄假利器，委授国柄，使群丑刑隶，芟刈小民，凋敝诸夏，虐流远近，故天降众异，以戒陛下。陛下不悟。
>
> 又今牧守长吏，上下交竞。封豕长蛇，蚕食天下。货殖者为穷冤之魂，贫馁者作饥寒之鬼。死者悲于窀穸，生者咸于朝野。且秦之将亡，正谏者诛，谀进者赏，嘉言结于忠舌，国命出于谗口，权去己而不知，戚离身而不顾。古今一揆，成败同势。愿陛下远览强秦之倾，近察哀、平之变，得失昭然，祸福可见。

书奏，朝廷震动，群阉大怒，以其新至京师，又为宗室，故未加大处分也。

刘陶因此直言极谏事，在京师声名鹊起，后又屡上书言事，朝廷虽不从，然识者贤之。时太学掌社会舆论，凡太学贬低者，世人所不齿，三公不敢征辟，其人仕途不顺。凡太学拔高者，三公好征辟，其仕途扶摇直上也。即使不为官，其人为世间所慕，亦因之成名士也。三公屡欲征辟刘陶，刘陶以学为先，不从。

刘陶虽仅为太学生，然学问极佳，因直谏得誉，名重天下，士大夫多慕。刘陶善画，世人纷欲求其画也。然刘陶行为乖僻，不悦者求，必辱而斥之，求者悻悻而去。时与役夫小民入市肆饮，人不知其名，或言此，刘陶曰："我之所从游，皆此类，我所好也。"刘陶于京师无房，寓居白马寺，性爱鹅，喜闻鹅鸣。三辅有孤姥养一鹅，刘陶求市未能得，遂携众太学生往观。孤姥知刘陶名士，闻将至，烹鹅以待之，刘陶至，见爱鹅被烹，哭甚哀，如丧考妣，不肯食，必埋之而后已。

孤姥曰："何必如此？我姊家有群鹅，此鹅来自彼，彼家此种鹅甚多也。"刘陶乃悦，命孤姥带路，至集市，孤姥指一卖六角竹扇老姥曰："此我姊也。"孤姥又曰："我与姊老死不相往来，前鹅乃偷自其家。"遂遁。刘陶至前，见老姥，曰："我欲市买老姥之群鹅也。"老姥见刘陶及众太学生，问曰："为何？"刘陶答曰："欲求群鹅，圈养之，听其鸣叫。"老姥鄙夷不屑，曰："我生计窘迫，乃靠鹅生蛋，汝等仅欲听其鸣叫，肤浅之至。"不顾而欲去。

刘陶曰："先不言市鹅事，老姥卖扇子，可否一观？"老姥以为刘陶等欲买扇，皆给刘陶看，刘陶急速在数扇子上作素描，老姥见，有愠色。刘陶谓之曰："但言刘子奇画，以求百钱。"老姥如其言，人竞买之。他日，老姥知刘陶在白马寺，持扇至白马寺寻刘陶，以求作画，刘陶笑而不答。老姥固求，刘陶曰："当以鹅换之。"老姥曰："怎换？"刘陶曰："一扇一画，换一鹅。"老姥同意，刘陶为画数十扇，遂得举群，笼鹅而归，放之白马寺养生池内，刘陶时时得观，甚以为乐。

世人多好刘陶画。中常侍刘普喜画，欲求刘陶作画，暗敕白马寺主持日给刘陶醇酒美食，待之甚厚。

刘陶在白马寺读书，边读边豪饮边评论，以一斗为率，每评论则出大声，主持往往偷观。刘陶读《汉书·张良传》，至良与客在博浪沙狙击秦始皇，不禁叹息曰："昏君命大，惜乎击之不中！"遂满饮一大杯。又读至"良曰：'始臣起下邳，与上会于留，此天以授陛下'"，抚案叫绝曰："君臣相遇，其难如此！有为之君，殆为天授！"复举一大白。主持人曰："先生如此喝法，奇特也！"刘陶曰："我以《汉书》下酒，何其快乐哉！如此下酒物，一斗不足多，破费主持酒食，心中有愧。"主持见时机成熟，启曰："此非寺院酒食，乃他人之赠。"刘陶大惊，主持乃以实告，且致中常侍刘普意，欲画长一丈宽一米长画，作为传家宝，传之后世。

刘陶不拒，欲戏耍刘普，令方丈备纸砚笔墨作画，方丈素存，立置刘陶前。刘陶见之，知方丈与刘普有素谋也，于是为画小童持线放风筝，引线数丈而满画。后刘普得画，以其侮己，怒与刘陶绝，思欲报复。贤宦吕强闻，唯恐刘陶因此取祸，遂置酒请刘陶及刘普，未明言与刘普和解事。吕强何人？其字汉盛，河南成皋人也。少以宦者为小黄门，再迁中常侍，资格较老，刘普敬之。为何吕强能请动刘陶？吕强虽宦者，然公清正直，于国政多所建言，于桓帝多有匡谏，为士大夫及太学生所喜。

吕强置酒，请刘普与其子参加。前文已述，顺帝时，许中人养子传后，然刘普之子为其亲子。为何言此？昔刘普为曹腾流氓集团小弟，曾结婚生子，后曹腾在禁内为权阉，刘普为谋富贵而自宫，巴结曹腾，得入大内，终为权宦。刘陶见刘普父子在座，怒，忽然举杯曰："刘普，此酒乃吕常侍请贤者，汝等安能作陪？"刘普不言，刘普子闻之大怒曰："我父为中常侍，位高权重，谁敢不敬？"刘陶讽曰："刀锯余人，依权阉而得入禁宫，谄媚陛下而得爵位，乃城狐社鼠；恃势而嚣，欺压良民，乃社稷败类也！位高者颠，权重者倾，谁肯敬之？今刘陶不敬刘普，明日众太学生闻，必群起而攻之，刘普则为过街老鼠也！"刘普父子见此，难驳吕强面，不悦而去。

刘普子素有气疾，酒局中因父受辱，气结，当夜便卒。刘普仅一子，悲愤儿夭，又恨刘陶，信次之间，又殒。刘普妻深痛夫死子亡，次日又亡。须臾间，刘普一家三口皆死也。刘普乃权阉，素为太学及士人所不喜，其家全死，众大悦，故京师传："刘陶一宴席，杀刘常侍全家。"自此后，刘陶与阉竖集团结下梁子。然，一方面，刘陶名高，太学生掌舆论，权阉不敢轻易开罪；另一方面，贤宦吕强时时主之在内，为刘陶暗地。综二因，刘陶暂时得以无患也。

刘陶气死权阉刘普全家，众太学生纷纷赴刘陶处庆贺也。钱毛亦在其中，钱毛以异书置换刘陶之青铜器，刘陶学问大成，钱毛因此得重财，生活沦落也。

水余先生曰：俗语云："朝中有人好做官。"权贵者，掌握资源及人之生死也。附佞之，则官运亨通，财源广进；抗违之，轻则品位不进，重则丢官罢职，甚至惹来杀身之祸。故世人多好阿谀权贵，安肯得罪之？刘陶立身高远，淡泊名利，藐视权贵，不肯稍为之礼，因此触怒权贵。权贵反不敢害之，仅能忍之，何哉？名士有刚节者，名满天下，世人敬仰，权贵害之，必惹来天下人非议，反为己害。名士者，以直道行之，安惧权贵乎？

十九

行淫计色徒受伤　　附风雅权阉游学

钱毛自从得刘陶铜器，终全部变卖于孙江，得数千金，遂于京师置办公馆，雇佣仆人，因好色故，所雇多女侍，个个皆漂亮。虽如此，常觉不足，又流连烟花柳巷，经年如此，终因好色而病发。钱毛得病，赵胡、李羽、孙江等太学生时常探望，钱毛挣扎而起，常令女侍扶掖见客。因好色病重之故，客出不能送，每令一婢传谢，故宾客访问者愈多，皆欲见漂亮女侍也。

某天，李羽探望钱毛，先在客厅等候。钱毛病笃。李羽入室观，见钱毛挺尸在床，以为钱毛已死，大哭而去。

李羽立即在太学四处诉说钱毛已死，不多时，京师太学讹传钱毛死。太学诸生竟争相往致奠，非欲表哀，乃为窥漂亮女侍，且钱毛既死，亦可相机夺其一二美侍。钱毛闻之，扶病而出，谢众人曰："酒肉管够，随便君等饮用，因家丁众多，开销甚大，故且留奠金，以作家用。异日我若真有不幸，勿烦再费也！"众人大笑而去。

昔钱毛与刘陶以书换青铜器，刘陶学问因此得大进，后得知钱毛在京师落户。钱毛之人，除好色外，为人尚且真诚，刘陶与之不即不离，今钱毛死，刘陶与夫人同行吊丧。刘夫人有闭月羞花之貌，钱毛曾见，心中念念不忘，欲侵犯，存此邪念，听闻刘夫人至，疾病突然大好，立能起坐待客。刘陶见钱毛无疾，问之，钱毛对曰："李羽呆鸟，前与李羽玩笑，李羽当真，故生此乌龙事件。"刘陶大笑而去。

钱毛日日思刘夫人，欲得之而无法，忽想起张角有方术，亲请张角，求对策。张角曰："不多求，若馈赠五金，为君作法，刘夫人必狂奔至君家与君合。"钱毛素知张角道法高深，问张角具体如何。张角说如此，君事必大成。钱毛大喜，立从之。私贿赂刘陶书童，书童入内，从主母索一丝发。主母素聪明，怪之，知有异谋，不肯点破，佯曰："身体发肤受之父母，不敢当众毁之，书童先外等，我须臾便取来！"

刘夫人于是急忙奔屋后，从马厩中摘取母马尾鬃一根，持予书童。书童喜，送之钱毛，钱毛大喜，立唤张角来。待至深夜，张角书符作法，须臾间，马厩中母马挣断缰绳，奔号至钱毛公馆卧房，直突钱毛。钱毛惶恐，跳上房梁，马亦奔腾上房梁，栋宇墙壁悉被踏坏。钱毛乃穿屋而下，疾走跳入枯井中，马体大，不能入，在枯井旁怒吼，不肯离，钱毛跳井中，折断两腿，哀嚎不已。群女侍见此大惊，皆不敢前，直至天明，马方离去。众女侍托人救起，钱毛已疼昏，不能起，救治将近一载，勉强扶杖能走也。传之外，听者称快也。

钱毛因此大怒，召张角，怒斥之，张角曰："法术无误，恐书童未真得刘夫人鬃发也！"钱毛方悟，曰："今君得我五金，我却未得张夫人，又受如此重伤，三霉相叠，心中何其恨也！且此丑事传遍太学，甚达京师，我沦为笑柄，何其可恶也！"张角曰："可否再施法，招刘夫人？"钱毛曰："罢了，罢了，小命差点丢掉！"张角曰："凡解事有多途，可求他策间解之。"钱毛问曰："如何为？"张角出谋曰："我有策，让太学生及百官大乱，恐彼等家中事繁，无暇笑君也。"张角出何奇策，缘由何在？

时桓帝在位，内宠猥盛，宫女至五六千，帝尤恐不足，恒忧之，众阉为帝谋："今朝廷百僚女甚多，多习礼容，知书达理，漂亮贤惠，陛下下诏广采百僚女，以充后宫，既可慰帝饥渴，又可广为后嗣计，更可与百僚结亲而笼络其心。"桓帝从之，下诏："令百官有女十六以上未婚者，皆待朕采择，令下十天后始，时间一个月。"令下，百僚鼎沸，窃窃私议。先是，不久前，桓帝邓后与帝所幸郭贵人争权，更相谮诉。帝偏向郭贵人，邓后被废，送暴室，以忧死。邓后兄河南尹邓万世、弟虎贲中郎将邓会皆下狱诛。故百僚女皆不愿入后宫，知深宫内，与世隔绝，如地狱般，且后宫争斗，血雨腥风，波及家族，甚至引来族灭之祸。百官闻旨意，皆不愿结亲帝室，纷欲立嫁女，以避帝采择也。

适逢此大背景，张角为钱毛谋："现百僚皆不愿结婚帝室，此时太学生未婚者甚众，可暗中倡导百僚与太学生结婚。百僚素慕太学生，必逼迫与己结亲，以避帝命，百僚方与太学生角力，安有闲暇嘲笑君乎！"钱毛从之，厚赠张角，使之倡导。张角遂造谣："百僚多贤女，知书习礼容；后庭深似海，进入如地狱；太学贤子多，姻缘为首选。"须臾传遍京师，百僚本好太学生，且太学弟子仕途广阔，太学生又控制舆论，百僚纷纷欲与太学生结亲也。

水余先生曰：文王二十四妃而得百子，桓帝后宫五六千而无一子，何哉？好色故也。帝王凡好色，因色伤身。即便偶有嫔妃产子，后宫众多，彼此因争宠而倾轧，害及子嗣。前汉成帝本有子，因后宫争斗，所产子多被害，故极难有子嗣也。又因好色故，沉湎享乐，于国政多不用心，故群小趁机弄权，政事焉能不坏也？

时势如此，百僚疯抢太学生，号称"裔婿"，太学生多有势迫而非所愿者。刘陶美风姿，学问超然，素为百官所慕，虽有美妻在室，太学生广知此，百僚却多懵懂不知也。三公胡广有女，欲配刘陶，命群仆涌至其第，强拉刘陶，陶欣然而行，略无逊避。既至胡广家，观者如堵，众僚属掾多在，见刘陶，啧啧称赞。胡广为公，衣紫，出曰："某有女颇良，愿配君子。"刘陶鞠躬而言："寒微学生得托胡公高门，幸甚！然此事非我能单独做主，待归家与贤妻商量如何？"胡广大惭，众人皆笑，刘陶得归。虽如此，不少太学生得与百官结亲，彼此政治力量加强也。胡广女与刘陶结亲之事不成，然其女颇有德色，为孙江所慕。孙江言于养父侯览，欲娶之，侯览为权宦，亲向胡广提亲，胡广安敢不从？于是胡广女配侯览养子也。说到侯览，虽为权阉，权倾朝野，却好附庸风雅，众惧其权势，不肯与较，反迎逢之。故侯览自信学问满满，大与太学师生来往。

宦官侯览，于桓帝中后期为宦官之长，居官最暴，除桓帝外，其他人皆蔑如也。为人慷慨仗义，好交朋友，然朋友稍拂意，便大怒，命人鸩杀之，左右应命，必私告朋友，朋友便伪中毒倒地，身体抽搐，口吐白沫。侯览见，必大悦，尽诉胸中之怒，良久，命人抬出。次日，此朋友复来，侯览大骇，问所以不死状，朋友佯曰："送出后，家中请名医，急救得解。"侯览内心愧疚，赠与大量财物以作补偿，即与之欢好如初，亦不复追诘。故虽至厚之交及亲戚，一岁之内，必三四次受鸩焉。然亲朋知侯览如此，多愿配合，因之得不少钱财也。

侯览少因贫而失学，后虽为众阉之首，权牟皇帝，亦受当时环境影响。那时太学掌天下舆论，察举征辟以舆论为重要依据，三公九卿无不惧太学舆论。侯览惧慕太学，于太学师生多尊敬，上述虐行，仅针对亲朋，未曾及太学师生。侯览素无学，因胡广为太学先辈，年长侯览二十余岁，为侯览父辈，侯览与胡广结为"忘年交"，因之介入太学。

胡广亲授侯览经典，侯览间或习之，故于诸经典，多一知半解。因权势熏天，群下附会，览遂以为己学问超宿儒，大为自负，好与太学师生来往唱和，以显摆己之学问。侯览喜在太学讲学，好大言，譬如："我好梦与先圣会，如尧、舜、禹、汤，皆在梦中与会，似历历在目也。""我亦梦孔子，与我如朋友，非有师徒。孔子常劝我读《易》，曰：'此良书也。'我从之，读《易》不倦，若有疑惑，便睡，梦中向孔子请教，故此，我于《易》之见解高于名儒也。西狩获麟，我语孔子曰：'此非善祥。'孔子稽应谦谢不敢。"

或问："常侍常梦孔子，是否梦孟子？"侯览大言曰："我当然梦孟子，然多挞伐之，孟子常谢不敏！"或问："梦中如何挞伐孟子？"侯览曰："孟子曰：'同姓之卿，君有大过则谏，反覆之而不听，则易位。'我批之曰：

'此乱臣贼子之论，放之当今则诛及九族也！'孟子唯唯。我在梦中，又曾作诗当面批孟子。"或问曰："何诗？"侯览大言曰："我在梦中批曰：'乞丐何曾有二妻？邻家焉得许多鸡？当时尚有周天子，何必纷纷说魏齐？'孟子啼哭谢，不敢置一语也！"

多数师生心中虽不满，以其权宦，不敢开罪，强颜附和，久之，侯览遂以为己之学问远超太学师生，直逼圣人也。然太学尚有少数正直师生，不肯予侯览面，或明或暗，或驳斥或暗讽，促使侯览内怒也。

刘陶乃最著名之太学生，名震天下。侯览曾游白马寺，知刘陶寓居此，顺道拜会刘陶，既可表明重贤，又可显摆己之学问。见刘陶曰："我好读书，每读书至得意时，见庆云一朵，隐隐头上，人不能睹。"刘陶笑曰："昔高祖隐于芒砀山泽岩石之间，所居上常有云气，吕后与人俱求，常得之。不意常侍之学问，有鬼神之化也！"本戏笑之，侯览却以为赞美己。

侯览左右听出刘陶讥讽之音，无不切齿，然侯览茫然不知，欣欣然自得也。侯览又曰："一日，我读《诗经》注，有不安之处，思易之，忽梦尼父拱立于前，呼我曰：'毛亨、毛苌误矣，汝说是也！'"刘陶闻此，心中怒，然不肯直言其误，戏谑曰："足下非禀受素弱乎？"侯览曰："为何言此？"刘陶曰："我见足下眼目眊眩，又梦寐颠倒耳！"侯览赧不复言，心中大怒也。

水余先生曰：凡权奸者，非仅好弄权，既居高位，世人瞩目，恐世人妄议己无学，故好显摆学问，附庸风雅。然权奸弄权之害，颇与世风关联。风清气正之世，士大夫多有气节，不肯伏事权奸，或面折之，或造谣讽刺之，权奸慑于世间舆论，气焰不敢太涨，弄权之祸亦不太大也。阿谀奉承之世，士大夫有气节者极少，报国念淡而保身意强，趋炎附势尚且不暇，安敢与之斗？反俯首帖耳事权奸也。或为之抬轿，或为之吹嘘，或为之粉饰，或为之著书而署权奸名。权奸本无学之辈，安能著书？日日弄权，扰乱政事，又安有著书之暇？群佞环绕，长期造势，权奸反以为其能力超群，学问博大，弄权愈甚，国事愈坏，民人愈艰也。

侯览养子孙江素与刘陶善，时在旁，知父内怒，又素知父性情，私解释之曰："刘陶以直谏立名，今与父攀谈，其言稍直，证明其以真诚待父，我父若报之宽容，则父重贤之名扬于天下也。"三言两语，侯览大悦，不咎刘陶也。

孙江为何与刘陶善？刘陶素有直声，学问博大，名重海内，钱、赵、李、孙皆欲交接之，四人学问虽空疏，然为人尚且不坏，且颇能嬉戏。刘陶亦好嬉戏，虽素鄙四大天王无文，往往戏谑之，以此为乐，故多有来往。孙江自信与刘陶善，适侯览大怒，故孙江立为善地。

刘陶如何戏谑四大天王？凡钱、赵、李、孙办宴会，虽邀请刘陶，刘陶偏不至。然若不邀请，刘陶往往忽至，所为不凡，别出心裁，惊人耳目，致四大天王大悦。

一日，钱、赵、李、孙等游湖，携一妓随，背刘往。四人解船缆，喜曰："今日刘陶不知我等游玩，我等偷着乐！"刘突然从船中跃出曰："我早在船中，等四位久矣！"刘陶早知此四人欲背己游湖，故贿赂舟子藏以待之。众人惊笑，延刘即席，且饮且进船。

刘陶出谜题曰："天不知地知，尔不知我知！"孙江不解，甘愿受罚。问之众人，众人皆不解，终只能请刘陶揭底。刘陶举一足置案上，曰："我鞋底有腐孔也！走路时，地知有孔，而天不知，我不说，你等不知，故尔不知我知也！"众人皆曰："妙！"孙江急忙曰："我愿浮一大白，不肯受仆佣责也！"速端杯大喝，众人大笑。仆佣韩佳方知世间人外有人。刘陶再曰："我再出一谜，以考众人，任何人能答上，我浮一大白，不能答，众人喝一口，随深浅喝。"众人曰："善！"

刘陶曰："天知地知，你知我知！猜国朝典故！"众人皆曰："不知！"各喝一口酒，等刘陶揭底。刘陶曰："昔太尉杨震为东莱太守，所举茂才王密黑夜拜会，以十金贿赂杨震，杨震不收。王密曰：'黑夜无人知也！'杨震答曰：'天知地知，你知我知，何谓无知！'王密遂愧而出也。故谜底为：'王密行贿杨震，天知地知你知我知！'"众人叹服，韩佳更为惊叹。

二十

方士伪屡遭戏辱　儒生呆家产骗空

昔张角之方术碰巧显灵，京师神之，纷纷传言，言愈传愈神；他又曾"排斥"权阉，于是名声愈高。张角既振大言于诸常侍，内惧患，暗中与诸常侍往来，以方术交接，故诸常侍未尝排斥张角。后京师大旱，颗粒无收，民人嗷嗷。诸常侍荐张角于京兆尹，言其道术高妙，若委托祈雨，必能得，可解民之倒悬。

京兆尹为阉党，立从之，遣使者携重币厚礼聘张角。张角至，傲甚，谓己道法深，雨可立致。于是造土龙一具，结高坛，已日日高坛作法，日取蛇燕焚之，令京兆尹召集城中巫觋，舞于台下。半月，了无应验，京兆尹以为言，张角曰："长官未曾忧民，故雨不下！"京兆尹于是亲至高坛下，以身杂入巫觋，共舞于龙所。观者见此，皆大嗤笑。虽如此，弥月不雨。京兆尹再以为言，张角无言以对，偷遁也。

太学生知悉，大恶，戏称张角为"张仙师"，为之谣言："蜗牛头上修仙师，毫无方术好饰词；招摇撞骗上下窜，如此恶棍几时死？"以讥讽之。张角闻，不以为耻，反以为荣。刘陶信奉孔子教导，不语怪力乱神，知张角方术骗人，与权阉相斗之事更是瞎编，欲戏耍张角，逼其离京。

刘陶素来放浪形骸，常以宇宙万物为心，不妄交游。初不以家产有无介意，常贫困，安之若素。后得侯览两百金，家遂富，闲暇之余，常乘牛车，携一壶酒，使人荷锸而随之，谓曰："死便埋我。"其恣意如此，太学生闻，纷纷欲效仿也。尝渴甚，求酒于其妻，妻捐酒毁器，涕泣谏曰："君饮酒太过，非摄生之道，必宜断之。"陶曰："善！我不能自禁，惟当祝鬼神自誓耳。便可具酒肉。"妻从之。陶跪而祝曰："天生刘陶，以酒为名，妇人之言，慎不可听。"仍饮酒御肉，隗然复醉。张角适多挫折，内心困苦，与求解脱。见刘陶恋酒洒脱，于是携酒器，常随刘陶牛车后，与刘陶共醉酒昏酣。久之，张角以刘陶为挚友。

某日，刘陶含青李于腮，诒家人疮肿痛甚，不食而卧者竟日。刘妻忧甚，知刘陶与张角善，张角方术颇灵，招张角治之。张角至，诳言，谓刘陶所患乃疔疮，因刘陶素不敬神，故神不予救，此病凶险，有不测之忧也。家人罗拜恳祈，张角方许治疗。刘陶听，心中窃喜，故作呻吟状甚急，大呼："我得罪神灵，必得神师入视救我方可，张仙师已至，汝等何其怠慢，速迎进我屋也！"

张角入，见刘陶脸部肿胀，大笑曰："获罪鬼神，终有此疾，知有今天，何必当初？"刘陶曰："小子无知，冒犯鬼神，先前又触怒张仙师，故有此劫，今知其罪也。"张角曰："既然知罪，须具三牲，礼敬鬼神，方可治疗！"刘陶曰："我家素贫，三顿不饱，安有三牲？可否简化，叩头表意，仅致意鬼神？"张角曰："如此慢待，病何能好？君疾日甚，将有不测，安不备礼，以敬鬼神？三牲与性命之间，孰轻孰重，君必知之。"

刘陶曰："子不语怪力乱神，我如此，已惭愧夫子教导也！"张角曰："夫子之言，安可全信？不语鬼神，不代表无之，昔孔子梦坐奠于两楹之间，须臾毙。可见鬼神有之。若信孔子言，君为何有今日之疾也？"刘陶曰："先不论鬼神之事，小子致意张君，若不备三牲，则我之疾必不可治也？"张角信誓旦旦曰："君之疾，非寻常疾，乃犯鬼神之死疾，不出七天，君必死也。若备三牲祭祀后，须臾间，我以鬼神不测之术而疗君，君能立愈也！"刘陶大笑，从容吐青李示之，曰："我之疾乃如此，张君之方术灵矣！"张角脸涨红，不辞而去，愧见刘陶，离开太学，然此时尚未有

离开京师之志。刘陶等见其离开太学，就此作罢也。

水余先生曰：张角者，异志之徒，既有才学，更懂神道设教也。太学生之徒，恃才傲物，排挤张角，惹其怨怒，触其生反叛之志。若太学生稍有计谋，见识稍广，虽恨张角，知其有才学，以宽待之，则张角将长处京师，乐其繁华，又好与大官唱和，久之，必从征辟，为朝廷官僚。穷人为官，乐有权势富贵，亦且安于现状，安有后之反事？

张角离开太学，仍在京师，欲观朝廷之政。时阉竖专权，政治愈坏，国家处多事之秋，直臣拼力维持也。时延熹五年，皇甫规为中郎将，持节。先是安定太守孙俊取受狼藉，属国都尉李翕、督军御史张禀多杀降羌，凉州刺史郭闳、汉阳太守赵熹并老弱不任职，而皆倚恃权贵，不遵法度。规到，悉条奏其罪，或免或诛。羌人闻之，翕然反善，沈氏大豪滇昌、饥恬等十余万口复诣规降。消息传入京师，群士莫不多皇甫规之文武略，且欣赏其敢冒犯权阉之直节。

须臾间，因皇甫规举奏过多，又恶绝宦官，不与交通，于是宦官与党羽并怨，遂共诬规货赂群羌，帝玺书诮让相属。幸得皇甫规自辩，虽不加罪，乃被征还，拜议郎。论功当封，而中常侍徐璜、左悺欲从求货，数遣宾客就问功状，规终不答。璜等忿怒，陷以前事，下之吏。官属欲赋敛请谢，规誓而不听，遂以余寇不绝，坐系廷尉，论输左校。诸公及太学生张凤等三百余人诣阙讼之，会赦，归家。

尚书朱穆疾宦官恣横，上疏曰："按汉故事，中常侍参选士人，建武以后，乃悉用宦者。自延平以来，浸益贵盛，假貂珰之饰，处常伯之任，天朝政事，一更其手。权倾海内，宠贵无极，子弟亲戚，并荷荣任。放滥骄溢，莫能禁御，穷破天下，空竭小民。愚臣以为可悉罢省，遵复往初，更选海内清淳之士明达国体者，以补其处，即兆庶黎萌，蒙被圣化矣！"帝不纳。

后穆因进见，复口陈曰："臣闻汉家旧典，置侍中、中常侍各一人，省尚书事；黄门侍郎一人，传发书奏；皆用姓族。自和熹太后以女主称制，不接公卿，乃以阉人为常侍，小黄门通命两宫。自此以来，权倾人主，穷困天下，宜皆罢遣，博选耆儒宿德，与参政事。"帝怒，不应。穆伏不肯起，左右传："出！"良久，乃趋而去。自此中官数因事称诏诋毁之。穆素刚，不得意，居无几，愤懑发疽卒。

水余先生曰：先前皇甫规恶绝宦官，又多弹劾宦官之党，终被诬陷而论输左校，众太学生上书论之，会赦得免。后朱穆因阉竖赵忠葬父僭越事，帝闻之大怒，亦因太学生呈请得免。从中窥知，桓帝虽昏庸，非受控阉竖，乃与阉竖长处，情感相近耳。朱穆外臣，曾受梁冀征辟，宦官指为"外戚之党"，欲以疏间亲，安能有效？然因除宦官不成，愤懑发疽卒，直臣之忠骨，可嘉可叹也。

时同郡赵康叔盛者，隐于武当山，清静不仕，以经传教授。穆时年五十，乃奉书称弟子。及康殁，丧之如师。其尊德重道，为当时所服。

永兴元年，河溢，危害人庶数十万户，百姓荒馑，流移道路。冀州盗贼尤多，故擢穆为冀州刺史。州人有宦者三人为中常侍，并以檄谒穆。穆疾之，辞不相见。冀部令长闻穆济河，解印绶去者四十余人。及到，奏劾诸郡，至有自杀者。以威略权宜，尽诛贼渠帅。举劾权贵，或乃死狱中。有宦者赵忠丧父，归葬安平，僭为玙璠、玉匣、偶人。穆闻之，下郡案验。吏畏其严明，遂发墓剖棺，陈尸出之，而收其家属。帝闻大怒，征穆诣廷尉，太学书生刘陶等数千人诣阙上书，帝览其奏，乃赦之。

穆居家数年，在朝诸公多有相推荐者，于是征拜尚书。穆既深疾宦官，及在台阁，旦夕共事，志欲除之，桓帝不听，阉竖毁谤，穆素刚，愤懑发疽卒也。

延熹六年冬，桓帝校猎广成，遂幸函谷关、上林苑。光禄勋陈蕃上疏谏曰："安平之时，游畋宜有节，况今有三空之厄哉！田野空，朝廷空，仓库空。加之兵戎未戢，四方离散，是陛下焦心毁颜，坐以待旦之时也，岂宜扬旗耀武，骋心舆马之观乎！"书奏，不纳。

张角周游京师数载，知京师政乱，今既为太学生所斥，名声大坏，故

京师无法立足。张角知汉廷德微，民心渐离，欲窥神器且复仇，故先周游天下，察民风政治，观士人心志。因周游非经商，故须钱财，然钱财产安能凭空产生？须谋之也。

张角知钱毛家产数千金，欲骗之，故意突然离开京师数月后归。回京后，假造金器，实则以金镀铜；盛舆从，实则租用乞丐；复典美伎为妾，日日饮于钱毛好出没之酒楼。钱毛知张角中人之产，今突然富裕，随从甚众，所用皆金器，又有美伎伴随，心中大慕，欲窥探究竟，前作揖而问："张先生数月不见，何术而富若此？"张角大曰："前我贫困，众所周知，此数月，我入深山访友，迷路，得遇神仙，授予炼金之术也。"钱毛问："怎么炼金？"张角曰："投入母金，以术炼之，一两可得十两，十两可得百两，以此类推，直至无穷也。"钱毛曰："可信否？"张角曰："君看我之身，我在京师未巴结权势，又未营生，今用度如此，钱从何来？皆从炼金之术而来。我母金仅有十两，若有百两母金，我今日之财富不亚于侯览也！"

钱毛乃肤浅太学生，不历世事，素贪，见此，贪欲盖过理性，不得不信之也。遂延张角并妾至家，出二千金为母，使张角炼之。钱毛曰："此全部家当，奉给先生炼金，成数万金后，当重谢！"张角曰："你我交厚，何须谢，此我报君也！"钱毛颔之。张角令钱毛备大炉，从己包袱中出炼金药，炼十余日，密约一长须中年男突至，长须曰："君家母病急，有不测之忧，速急回也！"张角大哭，曰："长须乃家兄，今母病重，事出无奈，我当立回治母病，烦主君同我妾守炉。我有异方，必能救家母之病，不日将复来也！"张角乘钱毛不备，私窃金而去。

张角得此重金，立离开京师，赴外地周游也。

水余先生曰：张角之骗术非高超，稍有常识便可知其诈也。钱毛何以识别不出？钱毛本太学生之徒，更不历世事，至为肤浅也。张角既曰炼金一生十，十生百，百生千，直至无穷，如此，张角财富无限，安需钱毛母金？种种推理，可知张角之诈，而钱毛肤浅至极，又因贪欲蒙蔽思考，故上此大当也。

二一

追骗子横遭再骗　归乡隐名德愈彰

　　后钱毛拜会李羽，言及张角，李羽曰："张角乃大骗子，我已受骗，盼君未上当也！"钱毛惊曰："张角如何行骗？"李羽曰："前数月，张角突来访，我因张角昔与我等善，遂延其进屋，设酒食待之。后酒酣，门者报：'张先生郎君从庄上来，欲参见主人！'张角闻之大怒曰：'无须见！'"钱毛问曰："张角与我等年岁相仿，从未见其有什么郎君！"李羽曰："是也！我亦怪之，欲究探，于是与张角曰：'贤郎远来，何妨一见？'张角不肯，思忖久，乃曰：'但令入来。'俄见一老叟，须发如银，昏耄伛偻，趋前而拜。拜毕，张角斥退，老叟唯唯，不敢多言。张角徐谓我曰：'小儿愚戆，不肯服食丹药，以至此，都未及百岁，枯槁如斯。'我见此，大骇，以为张角乃百岁人，因食丹药故，却有少壮之容。"

　　钱毛问曰："后君如何？"李羽曰："我见此，欲得其丹而致长寿，且永葆青春。张角不肯。好说歹说，赠与百金，倾家荡产，方得一粒。"钱毛问："什么丹药？"李羽曰："张角曰：'此名长寿丹，食之，百病全消，即使百岁，如同少年！'"钱毛曰："实效如何？"李羽曰："有何效果？数月以来，疾苦如故也。"钱毛曰："丹药作用之发挥，须有渐进过程，无须汲汲也！"李羽曰："后数月，张角不见，听闻入深山学道，老叟流落街头乞讨也！"钱毛曰："张角忒狠心，不顾老迈之子！"李羽怒曰："什么老迈之

子！老者乃其伯父，饥饿讨饭，自言于我，我遂知张角骗我也！"

钱毛闻，与李羽言炼金情形，李羽大惊曰："君亦被骗也！"钱毛大怒，日夜愤恨，又因纵欲故，衰老极快，三十青年，状如花甲老人。因家产皆被张角骗走，钱毛欲广游以冀一遇，以讨还家资。

外出访历数月，于太丘遇张角。张角见事急，不等钱毛启齿，便邀其进酒肆，殷勤谢过。钱毛见此，反而发怒不出。张角主动启告曰："今阉竖专权，朝廷失政，民人嗷嗷，乞丐纵横。我所得君之金，随手费去，多济贫民，君可查我行李，仅有数金而已，君若要，如数奉上。然该县有一大姓，与中常侍有重亲，家产数万金，业有成约以邀我炼金。君若肯扮作我师，取偿于彼，易如反掌，所得可值万金，五千金奉送君，如何？"

钱毛知张角骗术高超，急于得金，且所得远多于所失，遂许之。于是剪头发为方术士样，张角事之如师礼。钱毛本为太学生，谈吐飞扬，多言京师故事，大姓接其谈锋，深好之，极端佩服，日日款接，而以丹药委其徒辈，且以为师在，无所忧虑也。一日，张角复窃母金千两去，大姓大怒，执其师，讼之官。官为谁？太丘长陈寔也。陈寔为太学老前辈，钱毛号泣自明，仅得释放，及归，告诉亲知，众人皆笑之也。

陈寔复为太丘长。太丘男子韩伟与母行市，道遇醉客侮辱其母，言语乖张，韩伟大怒，立杀之而后逃亡。客与权宦中常侍侯览兄参素善，今被杀，参言于侯览，侯览遂令颍川郡追亡而后正法。

颍川郡下记于太丘长陈寔曰："今太丘男子韩伟杀客而亡，客与侯览家善，务必三月内缉拿归案！"陈寔素以德化太丘，不欲大声张，于是私呼韩伟父曰："儿之母被辱，人情所不堪，若无所为，必为周围所耻，亦有乖于孝道。然孝子发怒须虑后果，不应牵累亲属。今君儿逞怒杀人，赦之非义，加之刑罚于心又不忍，我将何如？且君儿所杀，乃侯览家客，侯览权势熏天，违触者皆无善终。君其思之。本官非欲恐吓，实乃君儿所犯，恐成君家门之祸，不得不言之在先耳！"

韩伟父遂令韩伟自系，自首县衙。韩伟曰："国家之法，本囚犯之，老父母虽哀矜，欲施恩惠，本囚不敢奢望矣！"陈寔问曰："有妻、儿乎？"答曰："新婚未久，尚未有儿！"陈寔曰："君所犯虽死罪，然君为孝子，不应绝后。"于是速韩伟妻入监，使同宿狱中，近一月，妻遂怀孕。

至冬尽行刑，韩伟父、母于刑场探问，韩伟泣谓父母曰："子杀人，不能养老送终，愧疚父母。然陈君以德待我家，恩比天高，我何以报之？"乃啮指而吞之，含血痛哭而言："妻若生子，名之'陈生'，临死吞指向天为誓，望我儿将来报陈君之恩。"因投缳而死。

后太丘县吏刘建盗窃县里公物，陈寔一一屏人问状，和颜悦色，建不忍欺，叩头服罪。陈寔以其坦白，且有悔过之意，不忍加刑，遣其归家，令长休，待过几时，再行召回。后建父颇闻其事，为建置酒曰："我闻无道之官以刀杀人，有道之官则以意行诛。汝盗窃，虽蒙长官赦佑，然安能辜负？"建曰："儿之罪行轻，又向长官坦白，故长官为我善地！"建父曰："如此宽仁长官，我等安能负之？汝犯罪，乃命也！为家族羞，为父母辱，安能偷生于世？唯死可免汝之罪孽，还家族清白，报陈令大恩！"遂令建进药而死，建初拒绝，建父责曰："汝盗窃公物，辜负陈令，不忠；父斥汝担责，君不从，不孝。不忠不孝之徒，有何面目偷生于人世？"建闻此，立服药而自杀。建父愧之，私葬之也。

水余先生曰：后汉去古未远，又兼儒学昌盛，官方崇学，更不禁私学，官学私学相得益彰，故民风淳朴，世人多知荣辱，羞愧心重。若民人有犯，多可不施刑罚，以德感召，其人不但改过，偶有反思过甚，为之自杀者，此之谓"诛心"也。故上刑诛心，中刑禁行，下刑方杀其身也。

后陈寔颇闻其事，招建父而责之曰："建所犯微，君为何责令其自杀？"建父对曰："有令长如君，民人之庆，民安敢欺！建犯虽微，然犯仁人之治，为宗族蒙羞，仁人治心，诛心也！我为其父，行其家法，诛其体也！君之教行于上，民之家法行于下，不亦善乎？"陈寔曰："君言善！然君之子既死，君孝养有缺，我特令县衙免君家税赋，时节朔望赐君酒肉，君万不能辞也！"建父曰："仁君如此，小民安敢辞，从命也！"

后有陈佳，其父与人争斗而不慎死亡，陈佳大怒，为父报仇，杀仇敌而被系狱。后其母亦病死，佳闻之，哭泣不食。牢卒言于陈寔，陈寔哀怜之，欲听佳归家奔丧，安葬其母。掾属皆争曰："陈佳死罪，今缘母丧放归，若因此逃亡，恐为县衙之累也。"陈寔曰："罪犯乃我意放之，若逃跑，独我坐，与诸君无涉也。"遂遣送之。佳感陈寔恩，归葬母毕，便立还狱。陈寔密向郡守以状闻，陈佳竟得减死论。

陈寔治太丘，修德清静，百姓以安。昔太丘有富人熊毅，大富，名闻京师，性俭吝。陈寔为官，好节俭，私访民间以察民隐，宿客舍，求下等房，不肯出多钱，店主曰："君惜钱如此，欲作熊毅耶？"陈寔故此知熊毅之富。昔梁冀征其家产十万金，熊毅家产实际五万金，不能足，下狱。熊毅枉坐重辟，数年来相沿，历任太丘长以其富，不敢为之白。后寔知，即日破械而出之，然后闻于沛相。沛相驳回，曰："此人富有声。"陈寔上曰："但当闻其枉不枉，不当问其富不富。果不枉，则无生理；果枉，则有死法也。"沛相无以为言，以陈寔名高，且其辞正，不得不从。然心中自是恨寔，欲以事中之。

时羌乱屡起，朝廷责郡，郡敕令县，以迫征收粮食、军器，沛相以之为由敛财，故辖下各县赋税负担甚重。沛相报复陈寔，于太丘之赋敛尤重，陈寔忧民，以沛相赋敛违法，解印绶去，吏人追思之。须臾，朝廷知陈寔去职，辟之司空掾，不就也。归乡隐居教授，闻名从之学者数百人，多人后为名士或名臣。

寔在乡间，平心率物。时政治黑暗，官吏多贪浊，百姓其有争讼，不肯赴官府，辄求寔判正，寔晓譬曲直，胜败皆服，退无怨者。久之，当地服其化，感其德，至乃叹曰："宁为刑罚所加，不为陈君所短。"时郡县赋敛多，又遇灾害，岁荒民俭，有盗夜入其室，止于梁上。寔阴见，乃起自整拂，呼命子孙毕集，正色训之曰："夫人不可不自勉。不善之人未必本恶，习以性成，遂至于此。梁上君子者是矣。"盗大惊，自投于地，稽颡归罪。寔徐譬之曰："视君状貌，不似恶人，宜深克己反善。君为此，乃贫困所致。"令遗绢二匹。盗感寔教化，不肯受，赧然离去。自是一县以盗窃为奇耻，县治无复盗窃。

陈寔有子纪、谌，孙群，曾孙泰。寔德冠当时，纪、谌并名重于世。纪历位平原相、侍中、大鸿胪，著书数十篇，世谓之《陈子》。陈群为魏三公，曾受遗诏辅政。故太丘长陈寔、寔子鸿胪纪、纪子司空群、群子泰四世，于汉、魏二朝并有重名，而其德渐渐小减。时人为之语曰："公惭卿，卿惭长。"

水余先生曰：贤者，居家孝悌，对外谦恭，为官则清慎多能。陈寔者，大贤也，先前固守君臣之义，刑罚惨毒之下，不变颜色。母送食物，则涕泪不已，众人皆异怪之。其何异之有？孝于父母则忠于君也。其为政，不以官爵为意，虽仅为太丘长，却为政以德，无声润万物，民人戴之，不肯欺，不肯背，地方服其德化，风俗淳朴，礼乐大兴，终大治也。且陈寔治家有方，子孙多贤良，为魏晋名臣者众，皆寔之余庆也。

二二

机缘巧偷得异书　行诈骗布道风起

　　贤者善以身率物，与世无竞，感化周边，教勒子孙，为顺民，统治者虽荒淫，亦知敬之。不肖者见统治者治行有亏，群小乱政，便有觊觎社稷之意，张角则为典型代表也。前张角骗得重金，以下详述张角如何传教布道，耸动听闻，及发动愚民。

　　张角窃金，已得罪太丘大姓，大姓言于中常侍，中常侍为之请于桓帝，帝令刊章逮捕，张角遂逃亡，亡至张衡处。张衡何许人？乃天师道鼻祖也。衡少博学，隐居不仕，有大名于天下，精修至道，不与世接。时皇帝闻其有道，欲征为黄门侍郎，辞而不就。后居阳平山以经箓教授弟子，克彰正一之道，言约理明，闻者有感。

　　张衡女张玉兰，幼而洁素，不与男子交往，亦不食荤腥。年十七时，梦奇光入口，因而有孕。父母怪之，问其与何人交而孕，玉兰始终不肯言明真相，唯侍婢知其未曾与男子交。

　　据传，某日，玉兰突感大限将至，谓侍婢曰："我之清节，众所周知，今突然有孕，世人非议，父母责怪。我当死，死后当剖腹以明我心。"言罢，其夕便殁。侍婢言于父母，父母不违其言，于是剖其腹，得一朵大莲花，取出，莲花大开，其中有白素金书，乃《太平经》也。玉兰死时，张角适在张衡家，亲历此事，知此书不凡，欲得之。

先是，张角欲以千金予张衡，以购求此书。张衡以此书乃亡女遗存之物，视之无价宝，不肯。后张角欲以万金购之，张衡始终不许。张角知此书夺天地造化，张衡必视为传家宝，欲以千金赠张衡，仅求一观，张衡仍不许。张角思计，后某天大风雨，潜入张衡之室，遂盗之，于风雨中逃窜。

《太平经》者，内有道术，亦有心经。道术者，乃治病之术；心经者，乃安天下之道也。张角日夜习之，得之真谛以布道也。

太平之道，最高神名上清金阙后圣九玄帝君，亦称大太平君（实则老子），又有一师四辅，即太师彭君，上相方诸宫青童君，上保太丹宫南极元君，上傅白山宫太素真君，上宰西城宫总真王君。其余公卿有司仙真圣品大夫官等三百六十一人；从属三万六千人，部领三十六万，人民则十百千万亿等。

太平之道，天人一体，天道有恒，以人道为则。人治有缺，天必降以灾祸，小则损伤疾病，大则灭国亡家。故凡圣明天子在位，必万物欣欣；昏君在朝，则灾祸屡起。然上天爱民，虽有灾劫，终为诞明君而生治世。故天命无恒，唯有德者居之。

太平之道，人皆劳作。然物有不齐，人亦有差，世生贫富差别，故富者应周济贫穷；又生强弱之别，强不凌弱也。太平之道，人应自守，斋戒、首过、祈禳、叩拜皆为日修，内修已，方能外克济。世间多苦，唯有自修天师道，方可摆脱也。

时昏君在朝，阉竖专权，群小环绕，正人远隐，故天变屡起，灾异屡现，瘟疫盛行。桓、灵时，郡国屡有瘟疫，朝廷虽赈灾，却多流于形式，贪官污吏甚至借灾异大肆贪污，故百姓贫病疾疫致死者甚众。张角既得《太平经》，亦多救瘟疫之方，张角施之，偶能全济受疫之民。治疫同时布道，故徒众渐聚，先后得八大得力弟子：张曼成、波才、孙夏、郭太、马相、张牛角、褚燕、李大目，后皆为黄巾起义大将，各掌一方，皆控数万众也。

水余先生曰：物必自腐而后虫生。汉廷祖宗德泽深厚，圣君屡作，而人心向汉，天下欣欣。汉末期，昏君屡出，外戚宦官迭相专权。统治者失德，群小乱政，社会戾气渐重，民人之不满渐涨，故妖人起，宗教行，民人聚，社稷危也。

张角以所敛之财建一道观，塑大太平君塑像，镀金，高二丈，中心且空。某日，张角对外曰："大太平君能语。"徒众称赞，闻于郡县，众人云集。张角令先为隧道，至塑像底，塑像中空，张角令徒张曼成钻入塑像中，为语言。张角自得太平经后，善方术，配神水，人以之洗目，则精神恍惚。凡众人欲拜见大太平君，则令其洗目，以表诚意。众人洗目后，但见庆云升起，塑像闪闪发光，张曼成为之言语，众以为大太平君显圣。屡屡如此，张角之教远闻也。

张角常曰："布道者，看破世俗，以道为命，舍之无他，可随时殉道也。"张角布道所在郡县受旱已久，郡守不作为。张角之教在民间传播已久，然官场尚未大信奉。张角投书郡守曰："今郡守为一方长官，天旱如此，为何无策？我欲自焚以求雨也。"郡守见张角书信傲慢，漫应曰："君若得雨下，下官带头入太平教也。"张角闻之大喜，知为极佳传教机会也。

于是令积柴，令忠徒暗挖隧道，已用方术制避火衣。张角令众徒广为传播己欲自焚求雨事，故郡治属县皆知，观者数万。张角端坐积柴上，大声诵曰："我从天上来，欲济人间事，柴火见真性，又能奈我何！"

诵毕，张角令举火，众徒投火，火大兴，数里之外可见，因之而来观者又数万也。浓烟大起，张角暗入隧道。须臾，雨下，尽将柴火淋湿，火立灭也。众人皆感叹张角，纷纷至柴火堆寻张角余骨，然不见也。须臾，张角从后出，众以为张角神人，纷纷下跪，张角曰："神仙者不死。我乃真神，众皆见我自焚，适才借火遁上天，见大太平君，大太平君授我符，管人间鬼神，我先会龙王求雨，故雨下也。"众人亲见其事，皆以为张角乃仙人也。张角为何知有雨，敢自焚求雨？昔张角因风流事入狱，刑罚惨毒，故有背疾。天晴，则背舒爽；若遇阴雨，则背闷痛。以此窥知气候。

张角为证其神，令弟子为诸多鬼神事，以耸动听闻，引愚民入教。笔者略举几例。

张角令众弟子在闾里间数放火，托曰火魔下凡，为害民间。居民闻之，颇为惶恐。张角因之兴妖言曰："某所复当火。"皆如其言。故民向张角求救，张角令祈大太平君，故为施法，实则暗令弟子此处勿放火，故火皆止。民争相祈大太平君，以张角为神人也。

张角又令众弟子蒙黑羊皮，着铁爪于手，黑夜四处出没，人见之，毛身利爪，大骇，往往弃其财物而走。张角暗令弟子传播消息，乃羊妖作祟，仅张角有法处置。于是民请张角，张角作法，暗令弟子某处不出没，并将财物拿出，众得己财物，神之。久之，大家知张角有仙术，能治羊妖。

张角又令弟子使用油浸干木，放之水面，点燃之，故水面起火，且起火不定。张角派人哄传此乃鬼兵至，欲收世间人，百姓闻之，大骇。愚民鸣金往逐之，张角暗令弟子将愚民家米麦全部盗去，愚民以为鬼摄去。张角暗令弟子传播应找张角方得解，愚民请张角，张角暗令某地放火弟子无为，则鬼火熄矣；又暗置米麦于某处，令愚民取，愚民皆以张角为神也。

后张角在魏郡布道。魏郡守新至，下车前夕曾拜访陈寔，问治郡之策。寔答曰："君素有直名，今掌大郡，魏郡先前为阉党把持，贪污之风大兴。君若出振风纪，但尽分内事，勿毁淫祠、禁僧道也。"郡守曰："此正我辈事，公何出此言？"寔曰："君见得真确则可为，若见之不真，一时慕名为之，他日妻妾子女有疾，不得不祈祠，一祈祠则传笑四方矣。"郡守不信，曰："子不语怪力乱神，我安能为此。"不用寔言。张角窥知，暗派弟子在郡守府邸之井下毒，府邸家人及下人皆疾，郡守遍访神医皆不能愈。

后得知张角神奇，郡守好面，不肯求，妻妾以死请，郡守不得不允。妻妾至张角所在道观祈请，张角亲自接待，曰："若诚心向天师道，则疾必愈也。"妻妾皆拜伏甚恭。张角曰："须入道，方能痊愈。"妻妾不敢不从。

后张角暗派人置解药于井中，府邸之疾病全消，府中上下皆向太平道。至此，郡守为四方所笑。之后，张角恣意布道，郡守不敢有丝毫制约也。

水余先生曰：以神道设教而集结民人反叛者，张角开其先河也。其道法大兴，影响甚巨，八州之民响应，非民人向欲反叛，乃后汉统治者失德乱政所致，张角顺势而为，非有开天辟地之本领也。凡统治者失德，上获罪于天，故灾异屡现，水旱迭起，饥馑相连；下则害民，赋敛严重，官吏诛求，百姓嗷嗷。因之疾疫大起，统治者以享乐为先，文恬武嬉，不恤民疾。而以神道起事者，先以方术治病，偶有痊愈，愚民信之；后以神道治心，日久天长，民心渐归。故民归神道者如流水。民间激流涌动，而统治者昏庸如故，布道者知上层已烂，民心已离，便以为天命已改，且在己，故而大起，民人影从，天下未尝不大乱也。故曰："自古有乱政而无乱民也。"

二三

名士穷因猫行骗　大儒疾群贤毕至

张角布道，风生水起，太学生活，依旧如故。刘陶小疾，挚友张凤探望，刘陶与言曾戏耍张角，且揭张角伪术。张凤大笑，叹刘陶耍张角，乃纯为戏，仅讽喻张角也。昔张角骗钱毛数千金，此事传遍太学，钱毛沦为笑柄，张凤亦知之，己正好缺钱，知孙江人傻钱多，且性格颇为宽厚，欲戏耍并骗其钱财。与其妻言如此如此，张妻大喜。

张凤与妻同居太学宿舍，忽一日，得异猫，每出宿舍，必戒其妻曰："善为照管猫儿，都城并无此种，莫使外人闻见，若或被窃，则我命休矣！我与汝未有儿，此猫如同我子！"日日申言不已，邻舍生数闻其语，心窃异之，觅一见而不能得。一日，其妻忽然故意放出此猫，张凤急，即斥责其妻未看好此猫，妻立奔出，急抓抱回。太学见者皆骇，只见猫身赤红，尾足毛须尽然，无不叹羡。至此后三天，诸生皆闻张凤打骂妻子之声，更觉此猫不凡也。

消息传入孙江耳中，适权阉侯览大寿将至，孙江不知以何为礼，恰知此猫异常，欲以之作为寿礼，献给养父侯览。知此猫难得，张凤惜之重，恐不易舍，于是立登门造访张凤，欲以百金购之，张凤峻拒曰："平生唯此一宝，胜过己命，万难割舍。"然故意在屋里放出，须臾又关入也。孙江窥见其猫，的确不凡，故后半月内，反复登门造访求购。

张凤方徐曰："此猫胜似我儿，本不欲卖，怎奈君以诚相求，屡造寒舍，不得不割舍。然事先声明，此乃变色猫，毛色能变，买之若变毛色，无悔且莫怪也！"孙江曰："不怪！不怪！不悔！不悔！"张凤曰："然此猫乃我之身家性命，不可贱卖，百金实在价低也！"遂讲价半日，以两百金购去，且写明契约："买卖系双方自愿，猫若变色，任何情形皆不退也。"孙江急于得猫，皆从之。

孙江得猫大喜，欲先加训练，后再送之养父。不及三天，色泽渐淡，才及半月，全成白猫。为何如此？盖张凤知孙江乃权阉养子，家素饶于财，又好新奇，用此计，骗孙江钱也。先用染料染猫，使之奇特，前日责骂妻及种种惜猫举止，亦为卖猫作铺垫也。张凤为何敢如此？因孙江素有厚道之名，必不因被骗事而启告其父，故张凤敢为之。孙江见猫如此，寻张凤责之，张凤出具契约曰："卖出之初，我已言明此乃变色猫，任何情形皆不退货，契约在此，君可观之。"孙江素来厚道，且与太学群体善，见契约，恐事为养父侯览所知，默不作声，张凤遂得大财也。

张凤得财，大喜也。然张凤之师黄琼年老病重，则为张凤之惧也。延熹二年，梁冀初被诛，黄琼为太尉，素有贤名，天下想望异政，琼亦以天下为己任，举奏贪污者十余人，或杀或徙或贬，海内皆称之。然五侯专权，倾动内外，琼自度不能制，称疾不起，桓帝以琼有师傅之恩，不肯免其职。后贼寇大起，五侯以为琼之罪过，固言于帝，罢其太尉职，此延熹四年事。

须臾，帝念师傅之恩，复起琼为司空，宦官皆不便之，秋，又因地震免官。桓帝本欲再起之，琼以宦官专权，奸邪满朝，不肯。遂再赴太学，为专职教授也。

延熹七年春正月，黄琼率子孙谒家庙，拜伏甚恭，楼匾忽堕，未伤及人。黄琼仅有一子黄阁，早死，留有孤孙，名黄琬。黄琬见此，立宽慰祖父曰："此楼匾年久失修，故堕也。"黄琼曰："非也！为何他时不堕，今拜谒之日而堕？此祖宗怒我也。"因沐浴食斋三天，并作"自责文"，后穿囚服长跪家庙谢过，前后七天。末了令以巨石压顶，涕泪读"自责文"，备述生平之事，责己学业不精，操守不足，政绩有亏，今朝廷黑暗，群小专权，无力正之，愧对祖先。读罢，令家奴杖己数十。

水余先生曰：黄琼者，可谓贤良也。昔梁冀专权，盈廷卑躬，琼不屈，然与之不即不离，冀虽不满，以其德高，姑且隐忍。后冀诛，胡广等三公坐免，朝廷百官贬逐者过半，朝廷几为之空，独琼无事，此其善于明哲保身，又不肯屈于权戚。须臾为太尉，行新政，天下想望太平，然五阉专权，桓帝与之亲，琼度力不能制，故请罢，此黄琼不恋权。不肯与群小并列于朝，虽不能制群小，然琼持退意，群小知天下公义尚在，不敢大为非也。后琼罢，祭祀家庙，楼匾坠，因之责己，反思己之人生，责己过严，因之生疾，此严于修身律己也。黄琼者，不愧为天下名士领袖也。

时黄琼年七十九，孙黄琬见祖父责己过严，恐其伤及身体，曰："祖父责己严，祖宗必知，然今天下黑暗，群奸乱政，乃气数当如此，非祖父之责也。"于是强掖之而起，为娱琼之心，为之插花披锦，以鼓乐导之而出，并曰："祖宗早已释祖父也！"黄琼见此，不得不顺之也。然黄琼年近八十，经此一惊，跪伏七天，以巨石压顶，又责令杖己数十，于是疾病大起，数十日，便处弥留之际。

水余先生曰：黄琼一生，皆与太学关联。任朝廷大僚时，兼职教授太学，罢职后，专心太学教授，故能桃李满天下也。

黄琼病后，名士纷纷探望，以下则为具体名士名单，后多涉党锢之祸，言之在先耳。

黄琼与江夏太守张成素善，张成早黄琼而卒。黄琼得重疾，张成之子张俭率先探望。

张俭，字元节，山阳高平人，赵王张耳后也。父张成，江夏太守。张俭曾拜访其父，与父短暂共居，适中使受命禁中，采择稀奇之物。中使在江夏久，张太守事之以礼，不卑不亢，中使无词，后欲归。张太守设宴，群客作陪以饯行，张俭亦在场也。有客献木瓜，乃江夏特有，中使未曾见，立尝，大悦，对郡守曰："此物禁中未曾有，宜进贡于上。"不等太守答话，便袖藏三木瓜，解舟径去也。

张成素谨慎，心惧，与众言："客献木瓜，中使立袖三而去，曰禁中未曾见，我恐有大患也！"众问曰："何大患？"张太守曰："中使在江夏久，我从未私面，只有公会，亦未曾厚赠，恐中使因此怒我，以木瓜献皇帝，谗曰：'江夏有好果，太守却隐瞒不报，未曾进贡。'今上好饮食，闻此恐大怒，我则有大患也！"不乐，欲撤饮。

群客见此，亦无言也。张俭起曰："父大人无忧也！众宾客可开怀畅饮也！"众人问："为何？"张俭曰："小子猜测，不出三日，中使必将木瓜扔入水中也！"众人问："为何？"张俭曰："木瓜芳脆，中使未曾见，虽欲献禁中，必先传给众人看，以作显摆，今盛夏，水果本易坏，加之众人传阅而碰撞，水果必烂，溃烂之水果，安能献之皇帝？"众人曰："善！"

后数日，送使者之舫公还，曰："中使之水果皆溃烂，扔之水中矣！"众人莫不多张俭之智。因此显名。

刘淑，字仲承，河间乐成人也。祖父称，司隶校尉。淑少学明《五经》，不乐仕进，遂隐居，立精舍讲授，诸生常数百人。州郡礼请，五府连辟，并不就。永兴二年，司徒种皓举淑贤良方正，辞以疾。桓帝闻淑高名，切责州郡，使舆病诣京师。淑不得已而赴洛阳，对策为天下第一，拜议郎。又陈时政得失，灾异之占，事皆效验。再迁尚书，纳忠建议，多所补益。又再迁侍中、虎贲中郎将。上疏以为宜罢宦官，辞甚切直，帝虽不能用，亦不罪焉。以淑宗室之贤，特加敬异，每有疑事，常密咨问之。

杜密，字周甫，颍川阳城人也。为人沉质，厉俗独行。为司徒胡广所辟，稍迁代郡太守，得罪大姓而免职，从名儒就学，后征，三迁太山太守、北海相。其宦官子弟为令长有奸恶者，辄捕案之。后去官还家，居数年，桓帝征拜尚书令，迁河南尹，转太仆。

刘祐，字伯祖，中山安国人也。安国后别属博陵。祐初察孝廉，补尚书侍郎，闲练故事，文札强辩，每有奏议，应对无滞，为僚类所归。除任城令，政绩卓著，兖州举为优异，迁扬州刺史。是时会稽太守梁旻，大将军冀之从弟，恃梁家势，所为多不法。祐举奏其罪，皆验，旻坐征。复迁祐河东太守。时属县令长率多中官子弟，百姓患之。祐到，黜其权强，平理冤结，政为三河表。再迁，延熹四年，拜尚书令，中官不便，又出为河南尹。后桓帝以中官跋扈，欲抑之，祐素有强名，转司隶校尉，阉党惧之。时权贵子弟罢州郡还入京师者，每至界首，辄改易舆服，隐匿财宝，唯恐祐知。祐威行朝廷。

魏朗，字少英，会稽上虞人也。少为县吏。兄为乡人所杀，朗白日操刃报仇于县中，遂亡命至陈国。后因大赦得免，从博士郤仲信学《春秋图纬》，又诣太学受《五经》，因此学问广博，京师长者李膺之徒争从之。

初辟司徒府，再迁彭城令。时中官子弟为国相，多行非法，朗与更相章奏，幸臣忿疾，欲中之。会九真贼起，乃共荐朗为九真都尉。到官，奖励吏兵，讨破群贼，斩首二千级。桓帝美其功，征拜议郎。顷之，迁尚书。屡陈便宜，有所补益。出为河内太守，政称三河表。尚书令陈蕃荐朗公忠亮直，宜在机密，复征为尚书。

夏馥，字子治，陈留圉人也。少为书生，言行质直。同县高氏、蔡氏并皆富殖，又依附阉党，郡人畏而事之，唯馥闭门不与交通，由是为豪姓所仇。桓帝初，举直言，不就。

宗慈，字孝初，南阳安众人也。举孝廉，九辟公府，有道征，皆不就。后因亲老，不择官而仕，勉为修武令。时太守出自权豪，多取货赂，赋敛百姓，慈不堪为伍，遂弃官去。

巴肃，字恭祖，勃海高城人也。初察孝廉，历慎令、贝丘长，皆以郡守非其人，辞病去。辟公府，稍迁拜议郎。

尹勋，字伯元，河南巩人也。家世衣冠。伯父睦为司徒，兄颂为太尉，宗族多居贵位者，而勋独持清操，不以势尚人，由此显名。州郡连辟，察孝廉，三迁邯郸令，政有异迹。后举高第，五迁尚书令，忧公如家，桓帝倚为心腹。及桓帝诛大将军梁冀，勋参建大谋，封都乡侯。迁汝南太守。

蔡衍，字孟喜，汝南项人也。少明经讲授，以礼让化乡里。乡里有争讼者，不肯求官府，辄诣衍决之，其所平处，两造皆服，皆曰无怨。举孝廉，稍迁冀州刺史。中常侍具瑗托其弟恭举茂才，衍不受，乃收赍书者案之。又劾奏河间相曹鼎藏罪千万。鼎者，中常侍腾之弟也。腾使大将军梁冀为书请之，衍不答，鼎竟坐输作左校。乃征衍拜议郎、符节令。梁冀闻衍贤，请欲相见，衍辞疾不往，冀恨之，以其名高，不敢害之。

羊陟，字嗣祖，太山梁父人也。家世冠族。陟少清直有学行，举孝廉，辟太尉李固府，举高第，拜侍御史。会固被诛，陟以故吏禁锢历年。大将军冀长史朱穆与之善，为之力请于冀，复举高第，再迁冀州刺史。

岑晊，字公孝，南阳棘阳人也。父豫，南郡太守，以贪叨诛死，恶名累子孙。晊年少未知名，往候同郡宗慈，慈方以有道见征，宾客满门，为之饯行，以晊非良家子，不肯见。晊留门下数日，宾客全散，仍不肯去，慈见其恭诚，晚乃引入。慈与语，大奇之，遂将俱至洛阳，因诣太学受业。晊有高才，郭林宗、朱公叔等皆为友，李膺、王畅称其有干国器，虽在闾里，慨然有董正天下之志。

陈翔，字子麟，汝南邵陵人也。祖父珍，司隶校尉。翔少知名，善交结。察孝廉，太尉周景辟举高第，拜侍御史。时正旦朝贺，大将军梁冀威仪不整，翔奏冀恃贵不敬，请收案罪，百僚震动，时人奇之。冀以其名士，不以为罪。后迁定襄太守，征拜议郎，迁扬州刺史。

孔昱，字元世，鲁国鲁人也。七世祖霸，成帝时历九卿，封褒成侯。自霸至昱，爵位相系，其卿相牧守五十三人，列侯七人。昱少习家学，为名儒硕德，大将军梁冀慕之，辟为掾，昱以政在外戚，不应。

苑康，字仲真，勃海重合人也。少受业太学，与郭林宗亲善。举孝廉，再迁颍阴令，有能名，迁太山太守。郡内豪姓多不法，康至，奋威怒，施严令，杜绝请托，莫有干犯者。先所请夺人田宅，皆遽还之。

刘儒，字叔林，东郡阳平人也。郭林宗常谓儒口讷心辩，有圭璋之质。察孝廉，举高第，三迁侍中。桓帝时，数有灾异，下策博求直言，儒上封事十条，极言得失，辞甚忠切。帝不能纳，出为任城相。

何颙，字伯求，南阳襄乡人也。少游学洛阳。颙虽后进，而郭林宗、贾伟节等与之相好，显名太学。友人虞伟高有父仇未报，而笃病将终，颙往候之，伟高泣而诉。颙感其义，为复仇，以仇人头醊其墓。

水余先生曰：名士者，非有定质，出身多途也。或出身公卿子孙，或出身书香门第，甚或出身穷苦贫寒之家，或出身贪官污吏之门，等等。出途虽异，然笃志好学，仗义敢为，硁硁有节，为国家及社会之栋梁也。桓、灵时处多事之秋及昏暗之世，正因有众多名士拼死维持，故粗能维持纲纪，社稷尚存，民心尚不大离也。

二四

大丧葬士人集会　各千秋群贤百态

以上名士，或在朝，或在野，有高名，闻黄琼病重，皆至卧榻前探问。昔桓帝即位初，曾受学于黄琼，以师礼待之，闻琼疾笃，遣使者存问，太官、太医相望于道。帝亲幸其家问起居，入街下车，抚琼垂涕，赐以床茵、帷帐、刀剑、衣被，良久乃去。自是诸侯、三公、将军、大夫问疾者，不敢复乘车到门，皆拜床下。

琼疾笃，上疏谢恩，让还爵土，并呈终言，言曰："陛下初从藩国，爰升帝位，天下拭目，谓见太平。而即位以来，未有胜政。诸梁秉权，竖宦充朝，重封累职，倾动朝廷，卿校牧守之选，皆出其门，羽毛齿革、明珠南金之宝，殷满其室，富拟王府，势回天地。言之者必族，附之者必荣。忠臣惧死而杜口，万夫怖祸而木舌，塞陛下耳目之明，更为聋瞽之主。故太尉李固、杜乔，忠以直言，德以辅政，遂见残灭。贤愚切痛，海内伤惧。又前白马令李云，指言宦官罪秽宜诛，弘农杜众，知云所言宜行，惧云以忠获罪，故上书陈理之，乞同日而死，所以感悟国家，庶云获免。而云既不幸，众又并坐，天下尤痛，益以怨结，故朝野之人，以忠为讳。臣至顽驽，世荷国恩，身轻位重，勤不补过，然惧于永殁，负衅益深。敢以垂绝之日，陈不讳之言，庶有万分，无恨三泉。"帝览奏，置之。琼以宦官专权，如城狐社鼠，帝与之亲，必不割舍，故临终未深言宦官专权之弊也。

须臾，琼卒。桓帝念师傅之恩，亲自变服，临丧送葬，除孙黄琬为郎，都讲生八人补二百石，其余门徒多至公卿，桃李满天下。

昔上公黄琼未显达前，曾教授于家，弟子四海而至，豫章南昌人徐稚慕名求教，相处甚欢，大得经义精髓。及黄琼受朝廷征辟，先为台阁官，后为公卿，素贵，徐稚绝之，不复与其交往。延熹七年春，黄琼卒。黄琼素有忠直名，又名儒硕德，门生故吏遍天下，将葬，四方远近名士会葬者六七千人。

徐稚为海内名士，朝廷钦慕，诸公多征辟之，然徐稚守志，皆婉绝之。徐稚虽不就诸公征辟，然感其征辟之恩，诸公若有死丧，闻信，于家中预炙鸡一只，以一两棉絮渍酒中而晒干，以棉絮裹鸡，千里赴吊，径至坟前。以水浸棉絮使其有酒气，以斗米饭、炙鸡置于坟前，祭奠毕，不见丧主，悄然归家，故丧主不得而知也。

上公黄琼丧，海内赴吊者甚多，坟前吊唁者如梭。徐稚感黄琼征辟恩，早年又曾向黄琼请益，故负笈徒步，辗转千里赴吊，斗酒只鸡置坟前。祭奠时，大哭，哀恸左右，祭奠毕，悄然而去，人莫知其谁。

诸人怪之，问丧宰："先时有一书生来，衣粗薄而哭之哀，不记姓字，其为谁也？"丧宰答曰："我不知也。"郭林宗曰："我知之，必徐孺子也！"众方大悟，于是选与徐稚交好者陈留茅容轻骑追之。徐稚步行，能走多远？故茅容于路途追及之。

茅容曰："孺子兄，今我与兄皆赴黄公之吊，虽于丧所未见面，然我快骑追君至此，不可不略作休息而详谈也。"徐稚从之。茅容于酒肆置宴款待，设酒肉，稚为饮食。茅容问国家之事曰："今宦官专权，昏主在上，公卿多阿谀，少廉明，黄公在，纲纪尚能勉强维持，黄公卒，国事该何如？"徐稚不答。茅容问："今后宫众多，皇嗣却无，国统悬旷，该如何？"徐稚不答。茅容再问曰："国内不稳，四夷交侵，又该何如？"徐稚亦不答。茅容更问稼穑之事，徐稚一一答之，言之甚详，如老农也。

后茅容还，诸人问："先前何人凭吊？"茅容答："果豫章南昌徐稚

也!"众人皆叹林宗先见也。诸人问:"君是否追及?所言何事?"茅容曰:"容问国家大事,稚不答,问稼穑之事,详答之。"或曰:"孔子云:'可与言而不与之言,失人。'然孺子其失人乎?"郭林宗曰:"不然。孺子为人,清洁高廉,一介不取于人,饥,不求食于人,寒,不求衣于人。而季伟设酒肉,孺子吊丧之人,本不应赴宴,更遑论饮酒食肉?与其素行不合也。然为季伟饮酒食肉,此为其知季伟之贤,故略礼法而不避讳,其安失人乎?"或问曰:"季伟问国事甚详,为何不答?"林宗答曰:"其不答国家之事,是智可及,愚不可及也。"

诸人皆服膺林宗之言,申屠蟠、贾彪尤为欣赏。申屠蟠、贾彪亦天下名士,少所推奖,皆独与林宗善,此次亦吊黄琼之丧。贾彪、申屠蟠何许人也?以下分述之。

申屠蟠,字子龙,陈留外黄人也。九岁丧父,哀毁过礼。庐于墓侧,旦夕常至墓所拜跪,攀柏悲号,涕泪着树,树为之枯。服除,不进酒肉数年,因此发育不良,体格矮小瘦弱。逢忌日,辄三日不食。父畏雷,每雷,辄到墓曰:"蟠在此,无须惧也!"

同郡缑氏女玉,父与夫有仇,夫暗中唆使他人杀玉父,玉大怒,为父报仇,杀夫及夫氏之党,吏执玉以告外黄令梁配,配欲以私复仇而论杀玉。蟠时年十五,为诸生,谏曰:"玉之节义,足以感化无耻之孙,激励忍辱之子,不遭明时,尚当表旌庐墓,况在清听,而不加哀矜乎!"配善其言,乃为谳,得减死论,远贬日南,玉因此知名,乡人称美。玉时年二十五,大申屠十岁,申屠慕之,欲求之为妇,不敢公然求,请于县令,改容服,称侍卒,随车护送。

出发前,申屠祭祀先人,酹觞祝曰:"为人子者,传后为大,妇有贤者,气节高旷,乡党著名,因复仇违法而远贬日南,小子欲以此妇为妻,传宗接代,后嗣必有贤者,光耀祖宗,故小子当诣日南。日南多瘴气,恐或不还,便当长辞坟茔。"慷慨悲泣,再拜而去,观者莫不叹息。

申屠全路悉心照料缑氏女玉,玉知申屠之意,以己年长十岁,先嫁有夫，又犯杀夫及夫党命案，难之。申屠固请，屡言之，玉感申屠诚意，遂与申屠私定为夫妻，死生不易。未至日南，于道得赦，遂同归家拜母，共集乡里，见证夫妻连理，彼此相敬如宾，孝敬寡母，世人皆慕，比之梁鸿与孟光，其气节更过之也。

申屠家贫，佣为漆工，做事规矩，不失尺寸，且取低价，郭林宗见而奇之，与之语。林宗曰："既为漆工，必懂建筑，我家有一树，欲伐之，不知可否？"申屠问曰："为何？"林宗曰："为宅之法，正如方口。'口'中有'木'，'困'字不祥。"申屠曰："如君之意，为宅之法，正如方口。'口'中有人，'囚'字又何解？"林宗无以难，劝之游学，申屠以母老家贫为辞，林宗不强，言同郡蔡邕，嘱蔡邕照顾。

蔡邕字伯喈，陈留圉人也。性笃孝，母常滞病三年，邕自非寒暑节变，未尝解襟带，不寝寐者七旬。母卒，庐于冢侧，动静以礼。有菟驯扰其室傍，又木生连理，远近奇之，多往观焉。与叔父从弟同居，三世不分财，乡党高其义。少博学，师事太傅胡广。好辞章、数术、天文，妙操音律。桓帝时，中常侍徐璜、左悺等五侯擅恣，闻邕善鼓琴，遂白天子，敕陈留太守督促发遣。邕不得已，行到偃师，称疾而归。

蔡邕深重蟠，及被州辟，欲申屠先达，乃辞让之曰："申屠蟠禀气玄妙，性敏心通，丧亲尽礼，几于毁灭。至行美义，人所鲜能。安贫乐潜，味道守真，不为燥湿轻重，不为穷达易节。方之于邕，以齿则长，以德则贤。"刺史两贤之，皆下辟命，蔡邕从征，申屠不从，世人因此知两人高下。

后郡召为主簿，又不行。适母老寿终，遂隐居精学，三年守丧满，游学京师，拜名儒为师，数年精研，博贯《五经》，兼明图纬，为一代名儒。始与济阴王子居同在太学，子居临殁，以身托蟠，蟠乃躬推辇车，送丧归乡里。遇司隶从事于河、巩之间，从事义之，为封传护送，蟠不肯受，投传于地而去。子居名士，丧归乡，当地名士莫不毕集以临其丧，皆知申屠义事，莫不重其行，申屠由是知名。

太尉黄琼辟，不就。及琼卒，归葬江夏，四方名豪会帐下者六七千人，发辞慷慨，谈论彼此，语及时事及学问，多能侃侃而谈，然谈吐莫有及蟠者。唯蔡邕与相酬对，既别，执蟠手曰："君非聘则征，如是相见于上京矣。"蟠勃然作色曰："始我以子为可与言也，何意乃相拘爵禄邪？君热衷富贵，又好直行，恐非保身之道也。"因振手而去，不复与言。后再举有道，不就，与妻耕于野，学子多慕其名，不远万里赴学者甚众，然申屠不轻授，若学子许不从政，不议政，方肯授之。若学者当时许之，后若违其言，申屠必断师徒关系，永不相见，亦不许门徒与之来往。

申屠为天下名士，不肯仕，亦不论国政，归乡教授，桃李天下，所谓"小隐隐于野"，故未罹党锢之祸。而贾彪亦隐者，却入仕，所谓"大隐隐于朝"，虽爵禄不高，仅为县令，却能左右朝局，党锢之祸虽作，却由贾彪主导平息，党人终得释放。

水余先生曰：子曰："邦有道则仕，邦无道则隐。"又曰："危邦不入，乱邦不居。"此为官为人之道也。政治清明，君明臣直，朝野欣欣，故士人方可出仕，既可贡献己力，心身亦舒畅也。昏暗之世，士大夫必不可出仕。何哉？昏主奸佞在朝，难有为也，若欲有为，必与群小争斗，而群小有日月之光，昏君护持之便，故士大夫多败，身家为之破灭，政局愈为黑暗也。若士大夫坚不出仕，以示抵抗，让朝廷群小略有畏惧，知世间公论未泯，略为内戢，不敢大为非也。

二五

官彪微德重天下　众疾恶阉竖专权

贾彪何许人也？贾彪，字伟节，颍川定陵人也。少娶妻黄氏，黄氏有贤德，贾彪之学问成就，多得于夫人教诲也。昔贾彪尝行路，得遗金一饼，彪家素贫，彪大喜，还以与妻，以为生活资本。妻子曰："妾闻志士不饮盗泉之水，廉者不受嗟来之食，君行素洁，却拾遗求利，侮辱君行，君心何安？"贾彪大惭，乃捐金于野，而远赴京师寻师学，欲求学问大成。

一年便归，黄氏大异，跪问其故。贾彪曰："久行怀思，思妻与子，想见，无它异也。"妻乃引刀趋织布机而言曰："譬以织布而类言，此织生自蚕茧，成于机杼，一丝而累，以至于寸，累寸不已，遂成丈匹。今若不累织，断续为之，则捐失成功，稽废时日。君求学之道，亦是如此，当日知其所亡，积累学功，以就懿德。若中道而归，何异断斯织乎？"彪感其言，复还京师终业，遂七年不返，与妻黄氏绝不通问。黄氏常躬勤孝养及抚育幼子，又远馈贾彪，彪得以无虑，专心向学，前后八年，遂成大儒。

贾彪志节慷慨，与同郡荀爽齐名。昔彪欲游京师，家贫，无资以交京师群贤，于是买枣，赴京师途中，呼群儿，与枣，教之曰："学问谁高？颍川贾彪。"颍川至京师，群儿传之，故民谣载道，贾彪尚未至京师，京师已闻其大名。故贾彪在京师，得以结交群贤，以德才为长，终为名士领袖也。初仕州郡，举孝廉，补新息长。时宦官专权，皇帝昏庸，赋敛严重，民多有欠官府赋税。前任新息长为权宦鹰犬，为得赋税，凡欠税者，一律下狱，故系狱者甚众。因此得阉竖欣赏，迁为美官，贾彪则补其阙。

适有富人出钱百万愿葺佛殿，请于贾彪。贾彪曰："汝辈所以施钱，何也？"富人曰："愿得福也。"贾彪曰："佛殿虽旧，未甚坏，佛像又无露坐者，孰若以钱为狱囚偿官，使数百人释枷锁之苦，其获福岂不多乎？"富人迟疑，贾彪曰："昔佛陀普度众生，割肉喂鹰，汝捐百万家产，亦如佛陀割肉之功德，为何不为？且汝信奉浮屠之教，欲得善果，必先行善因，若捐钱济穷众，佛陀亦将保护汝也。"富人不得已，许之，即日以百万家产输官，囹圄遂空，民呼万岁也。

水余先生曰：佛者，欲普度万物也，为之至如"我不入地狱谁入地狱？"佛之宗旨如此，故严敕佛徒修心，一心向善，诸善皆为，诸恶莫作也。佛教之宗旨如此，世俗之人偏走偏也。建庙塑佛金身，广结善缘，以之为敛财工具，供众僧饱暖淫欲。俗人不知，布施厚重而以为敬佛，实乃敬恶僧淫僧也。故贾彪反得佛之真谛，令富人捐佛款以赎囹圄百姓，既得佛之宗旨以普济万民，己又因之有政绩而著名也。故仁人者，所行之善有多重利好也。

汉廷之赋敛包括人头税，头会箕敛，小民因之而贫，多不养子女。贾彪严为其制，不养子女者与杀人同罪。时同突发命案，城南有盗劫害人者，城北有妇人杀子者，彪欲赴案发地案验，掾吏欲引贾彪向南。贾彪怒曰："贼寇害人，此则常理，母子相残，逆天违道。"遂驱车北行，案验其罪。城南贼闻之，亦面缚自首。贾彪巡行，遇妇人分娩，必下车慰问，劳问妇人及公婆，车中布匹，随手发放。民众闻之，数年间，人养子者千数，皆曰："贾父所长。"生男名之"贾子"，生女名之"贾女"。

贾彪政绩卓著，为天下令长最，朝廷遣使征之，欲授美官，以为奖赏。使者至，百姓老弱相携号哭，遮使者车，或当道而卧，皆曰："新息自有生民以来，未有长官如贾君者，愿乞贾君复留期年，以养小民等。"使者不听，曰："今天子亲下诏征贾君，谁敢违！"民人大哭，乃戒乳妇勿得举子，以为贾君当去，必不能活，贾彪亦意留，以牧养新息之民。使者见此，虑贾君若就征，新息必乱，不敢授贾彪玺书，具以状闻。天子从之，故贾彪再为新息长，稍增其秩禄也。

黄琼之丧，天下名士云集，无异名士代表大会，名士多好以天下为己任。此时，阉竖专权，政治日趋黑暗，名士既然相聚，对国政有所议论，必及阉竖专权害政之事也。

水余先生曰：后汉及唐、明三朝，宦官之祸最烈，然彼此有所不同。唐、明时，阉寺先害国后及于民，后汉则先害民后及于国也。然民人遭难，社稷为虚，朝廷破亡，则一也。

黄琼之丧，诸贤皆聚，时宦官专权愈甚，皇帝几同虚设，诸贤语及时事，莫不叹恨阉竖也。陈蕃首曰："今黄琼先生之丧已毕，诸贤皆会，我等可语时事，畅所欲言！"

郭泰率先曰："宦官本给使，皇帝家奴，西京尚有士大夫与其间，然国朝以来，宦官皆阉人。"陈蕃曰："是也！前汉时，阉人多有士大夫因受宫刑者，如太史公，受宫刑而为中书令，公忠体国，实乃真士大夫也。"郭泰曰："前汉宦官有士大夫与其间，多修气节，忧心国事；今阉人多不良之徒或投机之徒，朝廷用此辈，欲求治，可乎？"陈蕃曰："此为政之变局也。"郭泰曰："国朝早期，明君屡作，故宦官专权之祸不显。然顺帝之立，皆由宦官，感其恩，故许中人结婚立后，宦官借此，争立子嗣，继体传爵。"陈蕃曰："此为今权宦普遍现象矣！"

郭泰曰："然权宦阳根已无，安能生育？或从疏属，或从亲朋中乞子，甚至买儿道路。"陈蕃曰："确乎如此。"郭泰曰："不孝有三，无后为大，宦官求子，本无可厚非，然宦官仗其权势，广聚妻室，增筑第舍。"陈蕃曰："妻何来？第舍怎建？"郭泰曰："权宦见民有美妻妾者，或有美田宅者，直接强夺也。"陈蕃曰："今两极分化，富者奢侈，权宦夺富人之妻妾财物，乃以毒攻毒之效，伤不及平民也。"郭泰曰："此误也。权宦有妻子儿女及随从宾客，用度甚广，钱从何来？必以苛捐杂税赋敛百姓。百姓本

贫苦，生计尚成问题，安能承担如此繁重赋税？今羌乱屡起，朝廷派重兵平叛，将领打仗，多败少胜，贫困之民，卖首级于将士，以得钱供中官赋敛。或父兄之间，互相伤残，以免劳役；或夫妻分离，将妻子献给中官，以求奖赏。如此等等，酿造无穷人间悲剧也。"陈蕃及众人闻之叹息也。

贾彪曰："郭泰之言是也。阉竖本无阳根，好色不亚常人，喜良家妇女。我所在之郡，中官多威夺良家妇女闭之，平民多白首而无配偶。"陈蕃曰："可叹，可叹也！"贾彪曰："内积怨女，外有旷夫，民怨累积，必有天变。今地震月食累起，水旱为灾，皆因此事干天和也。"陈蕃曰："是也，人事不修，天变必至也。贾先生才大，鄙人将向朝廷举荐，征辟将下，望先生无辞就征也。"贾彪曰："京师政乱，权威满朝，鄙人不愿处也。甘为小县长，与民亲接，为点滴之善，稍能利民而已，非有为朝廷大僚之志，且时方乱，贤者难处也。"陈蕃曰："此鄙人之暗，贾先生乃真有为士大夫也。"

范滂曰："今上初立，梁冀专权，单超、左悺、具瑗、徐璜、唐衡五阉竖，以诛梁冀功，皆封侯。先是单超死，不及富贵。其他四常侍专权害政，民间谣言曰：'左回天，具独坐，徐卧虎，唐两堕。'皆竞起第宅，穷极壮丽，金银齎眝，施于犬马，仆从皆乘牛车，从以列骑。"陈蕃曰："然此等阉竖之徒，受封初，好物质享受，尚未害及国政。"范滂曰："太尉言是，然不久，便干选举也。"陈蕃曰："我在京师，不晓地方情形。"范滂曰："宦官权势大盛，州郡牧守多顺其风旨，辟召选举，多取阉竖之党，释贤取愚。"郭泰曰："此皆因中常侍在日月之旁，形势震天下，虽外托谦默，假惺惺不干州郡，正直之徒，若辟贤者，必得重祸，而谄谀之辈，望风进举，必得升迁。选人如此，天下官僚乌烟瘴气也。"

李膺曰："昔我为河南尹时，前河南尹言：'今当举六孝廉，多贵戚书，命不得违，欲自用一名士以报国家。'乃以种暠应诏，六孝廉仅用一真才，已为美谈，则入仕者，皆阉党可知也。"陈蕃曰："现政治愈发黑暗，皆拜中官害政所赐。"

范滂曰："确实如此，中官干涉选举用人，致宦官子弟亲戚，并荷荣任，为中央地方大僚。凶狡无行之徒，媚以求官，恃势怙宠之辈，鱼肉百姓。中官及党羽布天下，国将不国也。"郭泰曰："范先生所言不虚也，夫天下仕宦，多宦官之兄弟姻戚，穷暴极毒，莫敢谁何。"范滂曰："虽如此，士大夫当以天下为己任，能为几分算几分，以纾民困也。"陈蕃曰："是也！我等应遵尼父教导，明知不可为而为之也。"范滂曰："善！"郭泰曰："今大木将颠，非一绳所维，我素无仕宦之志，今见京师局势如此，归隐田园，不问世事，居家教授，为国抡才，由君等正国纲纪也。"范滂本欲劝，陈蕃曰："大丈夫各行其志，无怨无悔也。"范滂遂不再强求也。

李膺曰："我为河南尹，时宛陵大姓羊元群罢北海郡，臧罪狼藉，郡舍溷轩有奇巧，乃载之以归，大肆贪污公物。我表欲按其罪，元群行赂宦竖，我反坐输左校。"陈蕃曰："君忠心为国，却反遭阉竖暗算，阉竖制控皇帝，权牟人主。"李膺曰："虽如此，我之初心不变，誓与宦官斗争到底也。"林宗曰："李先生为我等前辈，宦官多小人，李先生为君子，须防为宦官所害。"李膺曰："今既许身为国，以直道而行，个人安危非所计较也。"林宗欲劝，陈蕃曰："仍是我之言，大丈夫各行其志，无怨无悔也。"

故诸贤各行其志也！

二六

司隶刚群阉耸惧　代报仇病夫气绝

黄琼之丧，名士大集，论及国政之乱，皆剑指阉竖专权。名士多欲矫国失，必然多与宦官及党羽作斗争矣。故黄琼丧之名士论政，乃党锢之祸萌芽也。此后，名士与宦官争斗不断，事态慢慢衍化，终酿党锢之祸也。

名士怎么与宦官斗争？笔者一一道来。黄琼临终，遗表荐李膺，表曰："夫忠贤武将，国之心膂。窃见河南尹李膺等，执法不挠，诛举邪臣，肆之以法，众庶称宜。今膺等投身强御，毕力致罪，陛下既不听察，而猥受谮诉，遂令忠臣同愆元恶。自春迄冬，不蒙降恕，遐迩观听，为之叹息。夫立政之要，记功忘失，膺著威幽并，遗爱度辽。今三垂蠢动，王旅未振。《易》称：'雷雨作解，君子以赦过宥罪。'乞原膺等，以备不虞。且李膺素正直，名动天下，若以李膺为司隶校尉，必能肃清朝纲，清明政治。古曰'人之将死其言也善'，望陛下远小人，亲贤臣，则天下治。臣将终，不能长侍陛下，抱憾入黄泉也。"桓帝览奏，心不能无动。久之，竟以李膺为司隶校尉。

时张让弟朔为野王令，贪残无道，与宾客狼狈为奸，祸乱地方，为野王巨患。瞽者朱化居当地，善卜，就卜者如市，家道浸康，资产累万金。张朔知，思欲劫之，素奸贼，思考数日，终得妙计。召集家丁甲、乙，授予妙计，许诺事成后，每人赏赐百金。二丁大喜，立施行之。

一日黄昏，朱化正卖卜，忽然甲、乙欲延朱化至家中问卜，言主人乃县令也。朱化辞以明晨，甲乙不可，曰："县令性急躁，且所占之事不得缓也。"固请同行。朱化不肯，甲乙强行掖之而去。步良久，至一舟，似偏僻处，而人甚众。坐定，众人饮食之，谓朱化曰："我等乃盗贼，此非县令家，今寻汝，实非求卜，今深夜拟抢夺一大姓，借汝一用而已。"

朱化大悲曰："盲人何所用？即使有之，亦恐身难安也！"二丁曰："保无他，汝但安坐堂中，以木拍案，高声叫曰：'快取宝来！'得财当分惠汝，如若不从，现砍汝数断，投入波中，无人能知！"

朱惧而从之，夜半出发，甲乙掖之而行。至某家，坐朱堂中，群贼突入其家，该家妻儿皆惧不敢出。朱如贼所诫，且拍且叫，群盗将万金全部掠走，朱犹拍呼不已。某家妻听有人呼叫，初疑贼尚在，未敢出，久之，窃视，止一人，而其声颇似常闻者，因率家人缚之，举火照，乃其夫，群贼所劫乃朱化家之财物也！家人闻其故，乃颇知群贼之巧。

朱化与妻遂诉冤于野王令，曰："小民朱化乃瞽者，以占卜为生，颇为灵验，因之致富。新近群贼，假借县令占卜之名，骗小民至湖，以杀害相惧，后又挟持小民至小民之家，抢劫小民万金。万金乃小民平生积苦所累，今一旦被群盗掠夺，毕生心血东流，何其痛也！故诉之老爷，望老爷作主。"野王令曰："小小卜士，家产万金，从何而来？即使有之，必当以卖卜欺骗，还不从实招来！"朱化曰："我占卜甚精，故卜者如市，辛苦积攒十数年，方得此万金！"野王令曰："占卜甚精，为何算不到家财被劫？"朱化语塞，不能答。

朱化之妻适孕，朱化瞽者，故扶掖之而来。朱妻素刚，见县令如此，怒曰："张县令分掌一方，今治下有盗出没而抢劫良民，县令不为民作主，反处处威难良民，是何道理？"县令大怒曰："今县治太平，安有盗贼？汝等泼妇，竟敢出言不逊，冒犯县爷也！"朱妻曰："今盗贼纵横，欺负瞽者，窃夺万金，哪来太平？诉冤县令，不闻作主，公道何在？"野王令大

怒曰："刁妇不知我是谁，我兄乃中常侍张让也！张常侍权倾朝野，权与帝牟，我入京师，三公敬我，九卿惧我，怎容汝等如此放刁？"遂喝令众衙役，执下刁妇，杖打五十，朱妻怀孕，受此杖打，奄奄一息，归家数日便亡，一尸两命也。

朱化又怒又悲，遂率家人诣阙讼冤，至京师登闻鼓，章下至司隶校尉。时李膺为司隶，得章之后，立暗派吏四出调查，具得朔违法事，证据确凿，李膺欲立派吏征朔至京师下狱。司隶属掾有与张让善者，暗中递消息予朔。朔得知甚惧，畏李膺历威严，惧罪逃还京师，因匿兄让府邸，藏于合柱中。李膺窃知，率将吏卒破柱取朔，付洛阳狱，严刑拷问。朔惧刑罚，俱招，受辞毕，李膺即令杖杀之。

张让唯有一弟，情感甚笃，闻李膺杖杀，又惊又怒，诉冤于桓帝。帝素亲让，立诏膺入殿，御亲临轩，诘以不先请便加诛辟之意。膺对曰："昔晋文公执卫成公归京师，《春秋》是焉。《礼》云：'公族有罪，虽王曰宥之，有司执宪不从，王亦无可奈何。'昔仲尼为鲁司寇，少正卯学奸，七日而诛之，未闻上请也。"帝问曰："朔有何罪？"膺对曰："诈骗钱财，私杀孕妇，扰乱地方，民怨沸腾，京师登闻。"帝闻，无复言，顾谓让曰："此汝弟之罪该死，司隶何愆？"乃遣出之。自此诸黄门、常侍皆鞠躬屏气，休沐不敢复出宫省。帝怪问其故，并叩头泣曰："畏李校尉。"

李膺持正，群阉切齿，以李膺名高，尚未有加害之意。然李膺为司隶校尉，掌监察大权，欲正朝纲，不肯与群阉妥协。群阉贪残害政，专权自恣，不便，于是欲游说皇帝，谋调膺离司隶之位。

适此时张俭杀侯览亲属，侯览私令人上章至司隶，逮捕张俭，司隶李膺不听，驳回。故侯览以此之膺罪过，进谗言曰李司隶草菅人命，故朝廷撤李膺司隶之职。一言以蔽之，因张俭与侯览私人过节，致李膺免职也。何事呢？

昔张俭与友人谢子飞素善。先是，子飞父旺饶于财，为人轻财好施。时宦官势力方盛，任人及子弟为官，布满天下，竞为贪淫，朝野嗟怨。侯览弟参为刺史，其客盛甲、盛乙知谢旺有雄财，盛乙为小黄门，甲乙皆有宠于侯参。甲乙兄弟思欲谋谢家之财，适谢旺友高胜触犯侯览，侯参暗承侯览意，将高胜打入大牢，思解之京师，任侯览发落，以媚之。

谢旺素与高胜善，锐力救之，即便舍去全部家产亦不在乎。谢旺妻谏曰："安须如此？妻子用度，父母赡养，皆须钱财，若全舍去，奈何全家生计？"谢旺怒曰："汝妇人，安知男子事！钱财自我得之，自我用之，虽尽，复何恨也？且早年我家贫寒，生存无忧，有无钱财又有何虑乎？"为甲乙所知，两兄弟遂与侯参谋，言如此，侯参大悦，从之。

盛甲主动找谢旺曰："今高胜触犯侯览，事急难解，我兄弟为侯家客，欲为君指明道以救高胜，不知可否？"谢旺急问曰："怎么救？"盛甲曰："先不说救高胜事，我兄弟能安排君私下见重犯高胜。"遂领谢旺入州狱，简直如入无人之地，群狱卒见盛甲，皆磕头参拜也！谢旺故知盛甲不凡，问曰："君为侯家客，何以为信？"盛甲曰："我亦可领君近侯刺史府，君躲在远处观望，便知分晓。"

谢旺遂与盛甲至州治，快至侯参刺史府，谢旺躲在一旁，但见盛甲至府门，刺史属吏及家丁皆跪拜迎接，礼甚恭，盛甲不之视，径直入也。故谢旺知盛甲为侯参重客，托之可救高胜也。后二人再会，谢旺曰："我已知君之能，亦知君为侯家重客，君所知，我之挚友高胜因触犯侯常侍入狱，今欲救之，不知有何良策？万望赐教！"盛甲曰："简单也。"

谢旺问曰："此生死大事，怎曰简单？"盛甲曰："侯常侍素好一玉杯，价值千金，求之不得，君若能购下，以之为侯常侍寿礼，侯常侍将大悦，事必得释也！"谢旺问曰："千金能救人命，我又何惜？然玉杯何在？"盛甲曰："待之，数日内必有消息！"不三日，盛甲与小黄门盛乙持玉杯来，盛乙云："此出自中官家，为我所购，价值千金，然感君为救助朋友之义，特仅求五百金！"谢旺大为感动，立付五百金，千恩万谢，盛乙方去。谢旺遂持玉杯，送至侯参府，托之转交侯览，高胜遂得释放。

高胜见谢旺，手持相泣，问明缘由，遂觉此事已解，无内忧也。后半月，忽两中黄门束缚两人鼓噪而来谢旺家，情势甚急。谢旺视之，被缚者乃盛甲与小黄门盛乙也。盛甲忧愁曰："前玉杯本大内物，被中官窃出，卖与盛乙，现已被发觉，事情不能讳，唯有速速归还原物，彼此可保无害也！"谢旺知杯已送至侯览，大窘，无可还，遂问计于盛甲。盛甲有难色，良久乃为之料理纳贿："某中官费若干，某衙门若干，等等，庶万一可以弥缝！"谢旺不得已，从之，费几尽万金，家产耗尽也。

盛甲见谢旺家产耗尽，便暗通刺史侯参，以谢旺购买大内禁物，下之州狱，以高胜知情不报，一并下狱。解高胜于侯览，侯览射杀之。后谢旺在狱中，知高胜已死，因家产尽被骗，人又陷囹圄，气恨交加，须臾死，临死留血书予子谢子飞曰："我被盛甲兄弟害死，怨气冲天，汝不为我报仇，生为不孝子，死为不孝鬼，将来地下不好相见！"

谢子飞遂怀复仇之志，日夜结群客，以报盛甲、盛乙兄弟。然盛兄弟为侯家重客，平民安容易复仇？遂累年不得报。长年蓄愤，子飞亦得重病也。及子飞见终，张俭往候之，子飞垂死，视俭，唏嘘不能言。张俭曰："我知君不悲痛天命，而恐亲仇未报也。君在世，我忧君仇未报，无须己动手；君亡，我将为君报父仇而无所顾虑也。"谢旺病重不能言，但目颔之矣。

张俭立起，率领众客，私劫杀盛兄弟，取盛兄弟人头，以示谢子飞，谢子飞见之而气绝。俭因此诣县，以状自首，县令知其为朋友报仇事，义之，不欲张俭自首，更不肯强俭以法，故应之迟缓。张俭曰："为友报仇，我之私行也；然奉公执法，君之责也。君若不履责，非为臣之道也。"令曰："我慕君之义，不愿执法。"张俭不听，遂急出县衙，立赴监狱。令跣而追之，不及，令遂自至狱，拔刀向己以邀张俭曰："君若不出狱，敢自杀以死明心！"张俭不得已，辞出也。此后，张俭与侯览结下梁子也。

水余先生曰：后汉禁复私仇，为之与杀人同罪。然后汉时民风淳朴，更重孝道，父母之仇不共天地日月，受害者若不复仇，世人贬低，乡里不屑，几乎不能立足也。故时人好犯严禁复私仇，其过程往往艰苦卓绝，可歌可泣也。地方长官好慕其节，往往曲法徇情而私下放纵，复仇者因之亡命天涯，虽有官府追捕，却无人举报。汉廷多赦，待至天下大赦，复仇者可出，因之成名。察举征辟多采名声，其名可供选举之用，故因之踏入仕途。若不愿为官，以其名亦可踏入名士行列也。

二七

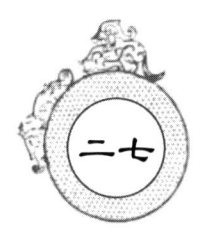

太学议讥谣漫天　权贵怒祸端又起

侯览乃群阉之首，时正蒙圣眷，虽如此，然常侍多，彼此为争宠而倾轧，专心欲谋固帝宠，无暇逞外事，故张俭尚得无恙。侯览如何固谋帝宠，笔者仅举一事，便可窥之也。

昔侯览与桓帝宴，桓帝酒酣，望侯览曰："君状貌异常，形体丰伟，何方老妪，生此灵物？我欲见之！"侯览为皇室家奴，皇帝有所请，安敢拒绝？

侯览本为山阳防东人。昔防东有一娼，从业多年，色且衰，求嫁不遂，心中戚戚，遂决之术士。术士观其相貌，曰："年至六十，当享富贵之养。"娼思："昔为娼多年，未曾富贵，今欲嫁人，无人愿娶，富贵从何而来？术士以好言欲多得资也。"心中不以为然也。

侯览早年本防东布衣，世代务农，因机敏故，得结交桓帝父刘翼。然侯览母为乡野村姑，形貌丑陋，粗笨肥大，乡土口音，气质全无，侯览羞之。适桓帝欲见侯览母，侯览遣人迎母至京师，私馆于外第，不敢让人知，侯览已十数年未见其母也。次日，侯览见其母，欲拜，见貌鄙陋，更甚于前，耻之，不拜而去，私语左右曰："此非我母，当更求，老人既来，虽遣归乡，亦应善待也！"

左右窥其意，遂私送侯览母归乡，为之大置奴婢、田地、豪宅而去。

桓帝既要见侯览母，侯览虑生母如此陋鄙，恐惹帝及群阉笑话，回奏皇帝，说母疾，不堪入见，待疾愈，立朝拜天子也。侯览本欲从京师找寻某老太应之，恐口音不符，风俗不通，且易走漏消息，坐实欺君之罪，为政敌所用。遂于防东当地求美仪观者，乃得老娼归，至侯览家，侯览见之，故意情动，曰："此真我母也！"遂相向恸哭。

后侯览领老娼觐见桓帝。觐见前，老娼善自涂泽，风貌卓绝。桓帝见之，大异，问其年龄，已经花甲，桓帝曰："此老太果天上人品，六十之年，容貌如少女，正因如此老母，方生如此宁馨儿也！"大悦，设私宴待之，宴毕，赏赐巨万也。侯览感其功，奉侍如母，日隆奉养。至十来年，老娼思故里，方送回防东，对外皆称侯览母也。而真母隐姓埋名，侯览讳之深，极少人知。

水余先生曰：人命安可测？小富由作，大富由命也！昔朱买臣四十余，犹穷书生，好学不倦，歌咏不停，不以生计为意，其妻羞愧，舍之而去。后买臣与上计吏善，随之至京师，大与人主投缘，得以起家会稽太守。前妇恨不识真富贵，惭怒之下，自缢而死。笔者读初中，所在之中学，管理混乱，老师不负责，学生放纵，流氓纵横。那时谁入此中学，世人皆知仅为待初中毕业也，故笔者入此中学，周围亦以将无出息目之。然笔者初二时，上级派遣一得力校长，全面整顿，教学质量蒸蒸日上，笔者得以中考后入临川二中重点班，己之命运亦改变也。故人命虽不可测，不可坐等好运，须时刻奋斗，机会方才垂青也。

然世间无不透风之墙，此事为太学生窥知，为之谣言曰："侯览母卑老农妇，皇帝欲见难入目，常侍欺君娼换母，真娘归乡仍受苦。"后朝廷采谣言，此谣传之禁内，桓帝窥知侯览欺己，大怒，召侯览怒斥曰："前我欲见常侍母，常侍以亲母鄙陋，竟以老娼糊弄朕，常侍欺君之罪必不可赦。"侯览毁服深谢曰："小臣以忠心侍陛下，安能为此事？小臣侍候陛下久，奸人多嫉妒臣之宠，故为此谣言，广为传播，此乃离间陛下与诸常侍也。"其他常侍皆齐叩头，力证侯览无此欺君事，侯览跪伏久，声泪俱下。桓帝

仁，与诸常侍素亲接，见此不忍。侯览欺君事遂得已也。

前侯览欲附庸风雅，于太学师生诸多隐忍，现太学编排歌谣讽刺己，己险陷大祸，藏内怒，必欲整肃太学师生。故党锢之祸始发也。后汉时，天下崇儒，士人多好学，或学于官学，或习于私学，官学与私学互为补充，相得益彰。世人以学问为贵，亦因学问得尊重也。

在此世风下，曹节等亦好附庸风雅，屡在太学讲授，以显摆己之学问。一日讲至《子虚赋》，不禁叹息曰："司马相如日拥文君，好不快乐也！"王甫曰："宫刑时却自苦也。"曹节曰："司马相如有如此之才，更有美妇文君，虽受宫刑，不能享用美色，却能写出诸赋，为赋圣，实乃我辈之佼佼者。"范滂适在太学教授，窃闻之，私与太学生笑曰："太史公将吃一大吓也！"众太学生大笑，因此事传出谣言："史公无祸事，相如受宫刑；权阉好颠倒，自负我最行。"谣言广传，二阉闻之，大怒。

桓帝欲大兴宫室，以京师物料不足，又恐世人议己，私派常侍赵忠赴扬州采择奇石大木。赵忠至而扰民，民多抗拒，地方官以无诏旨，亦不肯配合，故征索不遂。临行大怒，为诗曰："朝廷差我到扬州，州郡官员不理咱；刁民彪悍多抗拒，一草一木皆未得；有朝一日朝京去，人生何处不相逢；若会必在死囚牢，看汝慢我祸如何？"题之于扬州刺史府墙，被州学所睹，于是传出谣言："无人理常侍，常侍怒题诗；诗如狗放屁，常侍放屁狗。"赵忠闻之，大怒。

昔桓帝将幸长安祭祖，派中常侍夏恽前往安排，然夏恽所至暴横。凡州郡县官拜见，多遭叱辱。夏恽见地方官，必问："汝之乌纱帽何来？"若答以"我为某常侍宾客或亲属，因之举荐而来"，夏恽必厚待之；若答以"我乃太学子弟为官，或某名士举荐"，夏恽必破口大骂。后夏恽问某令："汝官何来？"令揣摩，既不愿被厚待，亦不愿被骂，急中生智曰："我乌纱帽乃十年前在清河王府花一百钱而购得。"夏恽闻之大笑。某令得平安出，众人问为何如此答。某令曰："今名士与宦官冲突日甚，我不可站队，两边皆有患，然中官性阴，一笑便不能作威作福也。"众叹服。然因此传出谣言："阉人爱阉党，非类便抓狂；买卖官爵者，反得常侍善。"夏恽闻，大怒。

太学生、名士掌议论，于国政多所批评，于权阉多有讥讽，长此以往，必生冲突。权阉处日月之下，口含天宪，握镇压机器，太学生、名士手无寸铁，而好讥讽权阉，权阉因世风影响，虽姑且容忍，然心中藏大怒，祸端之苗长矣。

太学诸生三万余人，郭泰及颍川贾彪为其冠，与李膺、陈蕃、王畅更相褒重，互相推奖。语曰："天下模楷，李元礼；不畏强御，陈仲举；天下俊秀，王叔茂。"太学生、名士对同志之推崇，耸动天下听闻；对奸佞之讥讽，往往升级，甚至及皇帝也。

初，帝为蠡吾侯，受学甘陵周福。周福字仲进。及即位，感师恩，擢福为尚书，而福实无政事才，因师恩而得位也。时同郡河南尹房植，字伯武，政绩卓著，有名当朝。民间为之谣曰："天下规矩，房伯武；因师获印，周仲进。"二人虽为官，早年皆从事民间教育，门徒甚众。谣言传出后，二家宾客，互相讥揣，遂各树朋徒，渐成尤隙。由是甘陵有南北部，党人之议自此始矣。

桓帝延熹九年四月，鲜卑闻张奂去，招结南匈奴及乌桓同叛，数道入塞，寇掠缘边九郡，边郡大震。秋七月，鲜卑复入塞，诱引东羌与共盟诅。于是上郡沈氏、安定先零诸种共寇武威、张掖，缘边大被其毒。烽火连天，京师紧急，帝甚忧之。

须臾，民间以朝廷退敌无策，遂有谣言曰帝敕令拣采童男女以授鲜卑、乌桓、匈奴、东羌等族为奴婢，且将逼迫父母护送交割，以和亲策退敌。谣言广传，于是中原及江南，男女十二三以上者，父母便立即安排婚嫁。天下扰扰半月方息，半天下之十二三之男女皆成婚配也。京师遂有某太学生赋诗以讥讽其事："一封丹诏未为真，三杯淡酒便成亲；夜来明月楼头望，唯有嫦娥不嫁人。"须臾，讽刺诗传遍全国。

适桓帝欲选民间女子入后宫，派遣数百宦官赴民间采择，皆未有所得

也。帝惊问为何。宦官与太学生素来抵触，进谗言曰："今太平盛世，民间美女子甚多。太学生因戎狄入侵，编造民谣讽刺，民间遂不安，纷纷嫁女娶妇。数日间，民间美女皆配人，故奴才等无所获。"接着将诗谣叙之于帝，帝含怒未发也。

四夷交侵，帝未措置边事，反派群阉赴民间采办女子，众太学生闻之大怒。时群阉秉权，虽恨太学生清议，然生活当下，不得不受其影响也。太学生恨帝，群阉亦思斗太学生矣。时帝选民间女子未得，耿耿于怀。帝好色，张让承其意而言曰："江南非边境之地，虽前有大规模婚配，今尚留存不少钟灵女子。"帝悦其言，私派信任之小黄门李天赴浙江直选宫女也。民间闻此，又大惊，时言论开放，朝廷及皇帝之谣言广传，多为茶余饭后谈资，故天下人多知宫廷黑幕，以为女子入宫无异陷龙潭虎穴。故一时惊婚者众，纷纷将未嫁女嫁出。不出三日，浙江年轻女子多出嫁也。

某太学生闻，以前之讥讽诗为基础而戏改之，改后之诗谣曰："小阉选妃虽为真，何必三杯便作亲？夜来明夜楼头望，吓得嫦娥要嫁人！"群阉将其采择，传之宫内，帝闻之大怒。严令李天务必选秀女子入宫，否则无须回也。李天惧，四处再寻访。时浙江寡妇好做媒，故李天问及寡妇，民间遂讹言皇帝好寡妇，欲选寡妇送入后宫。某太学生因此为谣诗曰："大男小女不须愁，富贵贫穷错对头，可笑一班贞洁妇，也随飞诏去风流。"传之京师，入桓帝耳，帝震怒也。

宦官时时在桓帝身边，言太学生坏话，桓帝不能无感。适逢桓帝失政甚多，太学生憎恨朝廷，某太学生曾畜小鸟，作笼子为禁宫样式，上列卤簿，榜其名曰"德阳殿"。人问为何如此。某答曰："鸟皇帝住在德阳殿。"桓帝居德阳殿，现某太学生如此讥讽，为宦官窃知，奏之帝，帝极其震怒也。故党锢之祸，必将发矣。

水余先生曰：古之天子听政，皆重开放言论以广视听。凡天子听政，使公卿至于列士献诗，瞽献曲，史献书，师箴，瞍赋，矇诵，百工谏，庶人传语，近臣尽规，亲戚补察，瞽、史教诲，耆艾修之，而后王斟酌焉。

是以事行而不悖。故言论为政治晴雨表，言论通则国治，言论塞则国衰，杀谏者，国必亡也。桓帝时，政治黑暗，君主昏庸，群小乱政，因言论尚且通畅，故弊政能上闻，朝廷尚能局部纠错，又因世间舆论力量大，群小不敢大为非，故局势未至崩绝，社稷勉强能存。因主昏阉坏之故，世间谣言遍起，群小不堪，教唆桓帝兴党锢之祸。既害正臣，又塞言论，自此后，正人远遁，正言不闻，唯昏主与群小在朝嬉乐，社稷安能不坏？

二八

豺狼嚣志士死抗　老庸狡八面玲珑

　　水余先生曰：党锢祸作，其因有三。首先，名士、太学生掌舆论，好清议，对昏主奸阉多有讥讽，长此以往，彼等必不能堪。其次，直臣好以天下为己任，与群小作你死我活之争斗，惹来其报复之端。最后，名士、太学生、直臣彼此好往来，尤其好党同伐异，耸动听闻。故群小切齿，欲兴天罗地网，以一网而全收之，故党锢祸必作，且祸端巨大也。

　　宦官所作所为为天下人不耻，且害政。时正直官员尚多，敢与宦官斗争，太学生忧国忧民，时时与正直官员通消息及来往也。

　　徐璜兄子宣为下邳令，恃叔权阉璜之势力，暴虐尤甚。先是求故汝南太守下邳李皓女不得，乃亲将吏卒至皓家，强行载其女归，戏射杀之，埋之寺内。李皓大怒，上告，时下邳县属东海，汝南黄浮为东海相，浮闻告，乃收宣家属，无少长悉考之。掾史以下惧祸，固争曰："徐宣乃徐常侍亲侄，常侍权倾朝野，正法宣之家属，恐惹来大祸。"浮曰："徐宣国贼，仗权阉势，为非作歹，今日杀之，明日坐死，足以瞑目矣！"即案宣罪弃市，暴其尸。于是徐璜诉冤于帝，帝大怒，浮并坐髡钳，输作左校。

　　昔岑晊有高才，郭林宗、朱穆等皆为友，李膺、王畅称其国士无双，有政事之能。岑晊虽在闾里为布衣，然鉴宦官专权，党羽布天下，贪残害政，正人嗷嗷，慨然有董正天下之志。太守弘农成瑨下车伊始，欲振威严，闻晊高名，请为功曹，又以张牧为中贼曹吏。璆委心晊、牧，褒善惩恶，肃清治下。

汝南太守宗资以范滂为功曹，南阳太守成瑨以岑晊为功曹，皆委心听任，使之褒善纠违，肃清朝府，皆不内制。滂尤刚劲，疾恶如仇。滂甥李颂，素无行，滂素蔑之，然李颂善钻营，得攀结中常侍唐衡，衡以属资，资欲用为吏，滂寝而不召。资迁怒，搒书佐朱零，零仰曰："范滂清裁，天下闻名，今日宁受笞而死，滂不可违。"资素重滂，乃止。郡中中人以下，皆欲从宦官势力干进，滂一切绝之，莫不皆怨范滂也。于是二郡为谣曰："汝南太守范孟博，南阳宗资主画诺；南阳太守岑公孝，弘农成瑨但坐啸。"喻指汝南、南阳太守皆无权，实权皆在功曹之手也。

宛有富贾张泛者，桓帝美人外戚，善巧雕镂玩好之物，颇以赂遗中官，以此得显位，恃其权阉靠山，又有宫闱内应，用执纵横，与宾客祸害当地。晊与牧劝瑨收捕泛等，皆下郡邸狱，得其死罪，不日将诛杀之。然张泛有后台，私使门客言于权阉及后宫。彼等请于桓帝，以为："张泛等所犯不轻，按汉法，皆死罪，郡守及属掾正直，若私下请托，未必从，朝廷亦难奈何。若行大赦，则郡守必不能杀张泛等。"桓帝从之，为之大赦天下。

岑晊闻之大怒，言于郡守成瑨曰："张泛国贼，居然私通权阉后宫，唆使朝廷大赦天下，从而得赦己。若不诛，张泛将继续为祸地方，为民人重患，且将来众宦官及其党羽违法，便欲朝廷曲行大赦。如此，天下必乱矣。不如就张泛及其宾客皆诛杀之，以明用法之严，且让彼等知大赦不能救己，如此，宦官及党羽方有所收敛也。"成瑨从之，并收其宗族宾客，杀二百余人，后乃奏闻。于是中常侍侯览使泛妻上书讼其冤，曰南阳太守及其属掾赦后杀张泛及其众宾客，不道。帝震怒，征瑨，下狱。晊与牧亡匿齐鲁之间，不及狱。

小黄门晋阳赵津，自恃为中官，与朝中权阉善，母死，归乡守丧，不守礼法，反贪横放恣，为一县巨患。王允时年十九，为郡吏。王允何人？字子师，太原祁县人也。世仕州郡为冠盖。同郡郭林宗尝见允而奇之，曰：

"王生一日千里，王佐才也。"遂与定交。因林宗题品，王允遂为世知，后太原守平原刘瓆辟其郡吏。王允劝太守讨捕赵津，下之狱，刘瓆从之。

适逢朝廷大赦令下，刘瓆忧之，王允曰："前张泛为宛大患，南阳太守成瑨恨之，于赦后杀张泛及宾客两百余人，为何我郡不能杀赵津一独夫耶？"刘瓆曰："如此公然违帝命，我不有后患乎？"王允曰："士大夫当以天下为己任，不应顾及私身也。今宦官专权，若不与之斗，奈社稷何？奈民人何？君天下名士，素有直声，南阳太守成瑨为之在先，虽如此为，已远远落后矣。"刘瓆遂从。于是王允亲临杀之，并题其尸曰："阉竖之党，国家之贼。"津之兄弟谄事宦官，上冤状于权阉，权阉为之潜诉桓帝。桓帝大怒，征太守刘瓆下狱。有司承旨，奏瑨、瓆罪当弃市。

山阳人张俭，山阳太守翟超委之，时为郡东部督邮。前张俭与侯览因友人事结下梁子，又有名士、太学生、直臣与权阉斗争大势，故彼此报复乃蓄势待发也。侯览本山阳人，夺山阳民田三百余顷，第舍十六区，皆起高楼，连阁洞殿，驰道周旋，类似宫省，以为母作居。又豫作寿冢石椁，双阙高十余丈，以准陵庙。侯览虽为宦官，却好色，掠夺人妻女，数百人，皆托官法没收也。张俭屡上书言之，则为侯览所遮截，卒不得上。张俭大怒，思欲处之。

后张俭巡视至平陵，逢侯览母乘轩，随从甚众，充斥街衢。俭以体制攸关，派官属呵斥，请避让督邮。然览母恃侯览势，以督邮小官，蔑视之，不肯避路。官属回报，张俭大怒曰："何等老妪，敢干督邮？此非贼邪？"遂使吏收览母，立杀之。又怨侯览祸害地方及遮己上告之章，于是追擒览家属、宾客，死者百余人，皆陈尸道路。俭尚不解恨，后又伐其园宅，井堙木刊，鸡犬器物，悉无余类。

览闻之，又戚又怒，称冤于桓帝曰："母及亲属宾客皆无罪，为张俭残害，此皆大将军窦武、前太尉掾范滂暗讽为之，请陛下为小臣伸张正义也。"桓帝以俭为郡吏，不先请奏，擅杀无辜，于是征俭下廷尉。览又泣请于帝曰："张俭之党布天下，若明诏，则天下人尽知，纷欲窝藏之，恐不得至廷尉也。愿帝私下诏郡县，刊章讨捕。"帝从之，于是下天罗地网，以抓张俭也。郡守超并坐髡钳，输作左校。

水余先生曰：人臣捐身以事主，苟有利于社稷，虽舍生忘死亦无可辞也。然若处昏暗之世，主暗臣庸，谗臣交构，虽死无益于社稷，而捐身以犯难，虽应如此，而实际亦有策略矣。太上者，直纠君心之非而矫之使正；其次，视大权之所倒持，巨奸之为祸本，而不与之俱生，犹忠臣之效也。虽如此，君心不格，一奸去而另奸兴，击之莫能胜也。若夫琐屑之小人，凭权奸而作恶者，不胜诛，不足诛也。君志移，权奸去，小人者屏息潜伏而窜匿，何须多杀以干和气？然党锢诸贤之无所择而怒，无所恤而过用其刑杀，与此曹争胜，不亦细乎？无怪乎党锢之祸愈作愈烈也。

李膺、杜密，天子大臣，匡君之邪而不屈其节也。膺尝输作左校，非以击大奸，所击者一羊元群而已。至此，本应反思，悔先前攻末而忘本，然所杀者，一野王令张朔而已。不但如此，众贤与群小斗，所杀者，富贾张泛耳，小黄门赵津、下邳令徐宣耳，妄人张成耳，是何关涉社稷安危人物乎？侯览也，张让也，盘踞桓帝之肘腋，而无能一言相及也。与小奸斗时往往刑罚过酷，杀小奸死，而诛及全家；国家之大辟有时，而随即案杀；帝颁赦令，而杀人赦后；若此为，倒授巨奸反噬之名，朝廷党锢起，而卒莫能以片言自辩于帝廷也。终击奸之力弱，而一鼓之气易衰，名士直臣虽众，却不敌群阉而身与国俱灭也。一言以蔽之，无他，舍本攻末而误事也。

名士与宦官斗得水深火热。中庸之司徒胡广却既与群阉交好，以尊诣卑，低头事之；又与名士应和，以诚待彼，多征辟之，博得名士好感。终两边讨好，故得超然物外，亦得避患也。昔桓帝诛杀梁冀，胡广坐阿附梁冀免，因行中庸至道，后又得为三公。

胡广性宽厚，虽为三公，权宦视之蔑如也。胡广亦知宦官当权，制控皇帝，虽宦官欺负己，不计较，往往唾面自干也。权宦知此，好戏弄之，以为快乐。某日，徐璜、具瑗、左悺、唐衡等宦者以胡广性宽厚而共赌约戏。

徐璜曰："胡广在厅事，我能在胡广前挤眉弄眼，作揖戏耍，不施礼，唱喏而出。"众皆曰："诚如是，我等甘输酒食一席。"徐璜为之，胡广正在厅事理事，视之如不见。明日，具瑗曰："徐常侍所为全易，我能在胡广厅事前墨涂己面，着绿衣衫，作神舞一曲，慢慢趋出。"群宦曰："恐不可，诚敢如此，我辈当敛钱五千为所输之费。"具瑗便为之，胡广亦如不见。

后日，左悺曰："尔等所为绝易，我能在厅事前作女人梳妆，学新嫁女拜公公婆婆而四拜于前，如何？"众曰："敢为之，我辈愿出俸钱十万充所输之费！"左悺遂施粉黛，装饰满头，着女子衣，向厅事四拜，胡广又不以为怪。大后日，唐衡曰："君等所为，乃活人喜乐事，故人不以为怪，我敢为死人事，以戏耍胡广，众以为如何？"群阉问曰："何等死人事？"唐衡曰："我抬棺材入胡广厅事，效孝子哭父母，大哭一场，然后缓缓将棺材抬出厅事，以戏耍胡广，何如？"众曰："若如此，我等不但输君十万，且大宴三天也！"唐衡遂为之。胡广心中虽大不悦，亦装作不见，理事如故也。

司徒掾大怒曰："师为三公，上应星宿，五朝元老，朝野推服，皇帝敬重，今被群阉如此戏耍，耳目所不堪，为天下笑具，师内心无感乎？"胡广微笑，缓缓曰："众常侍为此，非我为也，常侍为天下笑具，与我何干也！"

群阉以胡广为笑具而戏耍之，胡广若概不理会，群阉必不悦。为讨好之，广时时为嬉笑以取悦群阉，群阉喜胡广，有胡广在，笑声不断也。胡广有二儿，因与群阉善之故，群阉纷言于桓帝："胡公五朝元老，德重天下，朝野钦慕，今其两子早已冠，愿任二子为郎，以慰胡公之心。"桓帝素信群阉，凡群阉有所请，靡有不从。于是任胡广二子为郎，长子胡整赴外为任。

胡广谦逊，以计屈于群阉，然与名士交往，亦出于赤诚，故名士不恶之。昔陈蕃与郭泰及众太学生曾拜访胡广，适胡广读《史记》至"汉武帝云'文成食马肝而死'"，陈蕃见曰："可见马肝有大毒，能杀人。"胡广闻，辩曰："陈君诳语耳！肝在马腹中，马何以不死？"郭泰戏曰："马无百年之寿，以有肝故。"胡广大悟，曰："此言大有理，然言之不如实践之。"胡广家有数马，便牵出一头，令仆人捆绑，广亲刳其肝，马立毙。胡广掷刀叹息曰："信哉！马肝有剧毒也，去之尚不可活，况留肝乎？"众客以胡广无心机，大笑，胡广曰："今日众客至，无佳肴以食，请众分食马肉也。"众人皆饱食马肉。

食毕，众客曰："胡先生广闻博识，今不可不至太学为我等开讲也。"胡广曰："诺！"胡广此时，年近花甲，本欲骑马至太学，然所骑之马适因挖肝毙，胡广不便骑他马。郭泰请缨，请与胡广同骑一马，胡广从之。时突大雨，胡广无雨衣，借他人雨衣以出。胡广与郭泰同骑马，因道泞马蹶，胡广摔下，跌伤一臂，衣亦少污。众客见此，纷纷下马，掖胡广起，为之摩痛甚力。胡广止之曰："众君速取水来涤我衣，臂坏无与众君事。"众大惊，问："身之不恤，而念一衣乎？"胡广曰："臂是我家物，何人向我追讨？此衣乃从他人所借，若有闪失，其主不得追究我乎？"众皆大笑也。故众人皆知胡广为人谦顺，多亲近之。

胡广生活贫俭，久雨屋漏，一夜数徙床，卒无干处，妻儿皆骂胡广。胡广急呼工匠修葺，雨中施工，劳费良苦。工毕，天忽大晴，日明月朗，胡广仰屋叹息曰："我乃命劣之人，才修葺屋便无雨，岂不白折腾乎！"适众太学生来访胡广，听胡广如此言，郭泰笑曰："此屋与公相冲，为何不舍弃而另盖新屋？"胡广曰："君言大合理，旧屋不去，新房不来。"众太学生大笑。胡广曰："我已有想法，有一吉地，将构屋在此，构毕，君等应来贺也。"众人曰："诺！"

于是胡广构屋于京师北门外，临大山，前后坟茔累累，独有一新屋在其间。胡广邀群太学生参观，太学生至此坟地，皆悚然。郭泰曰："目中见此辈，定不乐。"胡广笑曰："不然，正因见此辈，知人生苦短，不敢不乐。"众人皆赞胡广言，大晏乐而去。

胡广以真诚待太学、名士，以权谋处群阉，故得中庸之名，在累次激烈权斗中立于不败之地也。

水余先生曰：子曰："邦有道，危言危行；邦无道，危行言逊。"此处

列国纷争之际，诸国皆以招贤为急务，故士人出途多选，道不同，便可离本邦而赴他国，昔孔子周游列国，道不同便离也。大一统时代，普天皆王土，率滨皆王臣，道不同，能离乎？唯独不建言，不献策，不入朝廷，甘于田亩也。若不幸在朝为官，欲求无患，须操弄平衡。不可附和群小而为其党羽，群小乱政，终须有报，自古有得善终之奸佞乎？虽权极一时，终被诛灭也。又不可与士大夫过于亲近，若如此，群小切齿，则患立至，纵终平反，然身与家皆先殄灭，后汉多次党锢祸则为其验也。故在此衰乱世，欲求无患，应如胡广，用中庸大法，逊言逊行，两边皆不得罪，故能立于昏庸之朝，因资历深，人际广，且礼任极优，终得善终也。

二九

党锢发群贤入狱　朝野谏祸端得解

胡广安稳，然凡与权阉作斗争之正直官员，却血雨腥风也。笔者接叙众郡正直官下狱之后续事。太原守刘瓆、南阳守成瑨、山阳守翟超、东海相董浮等下狱，太尉陈蕃忧之，约三公齐进谏，司徒胡广辞。太尉陈蕃、司空刘茂共谏，请瑨、瓆、超、浮等罪，愿帝赦免之。帝素亲中官，闻大臣谏，不悦，暗使有司劾奏，茂不敢复言。

蕃乃独上疏曰："陛下超从列侯，继承天位，小家畜产百万之资，子孙尚耻愧失先业，况乃产兼天下，受之先帝，而欲懈怠以自轻忽乎！诚不爱己，不当念先帝得之勤苦邪！小黄门赵津、大猾张泛等，肆行贪虐，奸媚左右。前太原太守刘瓆、南阳太守成瑨纠而戮之，虽言赦后不当诛杀，原其诚心，在乎去恶，为朝廷尽忠，至于陛下，有何悁悁！又，前山阳太守翟超、东海相黄浮，奉公不挠，疾恶如仇，抄没侯览财物，浮诛徐宣之罪，并蒙刑坐，不逢赦恕。陛下深宜割塞近习豫政之源，引纳尚书朝省之士，简练清高，斥黜佞邪。如是天和于上，地洽于下，休祯符瑞，岂远乎哉！"帝不纳。宦官由此疾蕃弥甚，凡蕃之选举奏议，辄以中诏谴却，长史以下多至抵罪，犹以蕃名臣，不敢加害。

平原襄楷诣阙上疏谏曰："臣闻皇天不言，以文象设教。臣窃见太微、天廷五帝之坐，而金、火罚星扬光其中，于占，天子凶，不出二年，天子

当之。又俱入房、心，法无继嗣。天象警示陛下如此，陛下安能不动心也。昔太原太守刘瓆，南阳太守成瑨，志除奸邪，其所诛剪，皆合人望。而陛下受阉竖之谮，乃远加考逮。三公上书乞哀瓆等，不见采察而严被谴让，忧国之任，将遂杜口矣。臣闻杀无罪，诛贤者，祸及三世。自陛下即位以来，频行诛罚，汉兴以来，未有拒谏诛贤、用刑太深如今者也。陛下所为违人道，以致得天谴，天之警示陛下如此，陛下不更张，则必有灾祸也。"书奏，不省。

符节令汝南蔡衍、议郎刘瑜表救成瑨、刘瓆，言甚切厉，亦坐免官。瑨、瓆竟死狱中。瑨、瓆素刚直，有经术，知名当时，故天下惜之。岑晊、张牧逃窜获免。

水余先生曰：两汉末虽皆衰，但有庸主，而无暴君，何哉？汉室祖宗德泽深厚，家风、家教较后世为优。故虽昏君屡出，却无大暴政，多能守祖宗成法。桓、灵时，政治黑暗，主昏于上，外戚宦官迭相专权，然言论通畅，直臣极谏于前，处士横议于外，皆多敢直斥外戚宦官专权之非，虽偶惹来群小报复，然此种论列未尝少衰。朝野言论通畅，直指人君之非，昏君虽难纳谏，多置不省，非报复言者或杀谏，此家法家教之良也！

诸名士与直臣，坚决与权阉及其子弟、支党作斗争，权阉恨诸名士与直臣，思以策对之，欲布天罗地网，一举而全收之，此则为第一次党锢祸之内因由也。宦官狡诈，善因势利导以害正人也。

河内张成，道术士也，善风角，精卜卦，推占不久当赦，教子杀人。司隶李膺督促收捕其子，既而逢宥获免，膺素恨张成与权阉交通，于是赦后案杀之。成以方术得交通宦官，宦官介之帝，帝亦颇好其占，闻李膺赦后杀其子，大怒。于是侯览教成弟子牢顺上书曰："司隶李膺、汝南范滂、颍川杜密、南阳岑晊等相结为党，养太学游士，造诸歌谣，诽谤政治，疑乱风俗，高己党，贬低朝廷，故天下人以陛下为昏君，朝廷政令不出洛阳也！"

先前帝已藏内怒，闻此，震怒，班诏书下郡国，逮捕党人，布告天下，使同忿疾。案经三府，太尉陈蕃却之曰："今所案者，皆海内名士，及忧国忠公之臣，此等犹将十世宥也，岂有罪名不章而致收掠者乎！"不肯连署。群阉言于帝曰："党人好言，妄评时政，讥讽陛下，扰乱风俗，世人皆知。帝令逮捕，乃正本清源之举。陈蕃与陛下不同心，欲却陛下之案，以收心党人，其意不可测也！"

帝愈怒，遂下膺等于黄门北寺狱，其辞所连及，太仆颍川杜密及范滂之徒二百余人。或逃遁不获，皆悬金购募，使者四出相望。陈寔曰："我不就狱，众无所恃。"乃自往请囚。范滂至狱，狱吏谓曰："凡坐系者，皆祭皋陶而求赦。"滂曰："皋陶，古之直臣，知滂无罪，将理之天帝，如滂有罪，祭之何益！"众人闻，皆不祭。陈蕃复上书极谏，帝不从。蕃遂面见帝，劝谏再三，涕泪极言，帝讳其言切，托以蕃辟召非其人，策免之。

时党人狱所染逮者，皆天下名贤。度辽将军皇甫规，自以西州豪杰，耻不得与，乃自上言："臣前荐故大司农张奂，是附党也。又，臣昔论输左校时，太学生张凤等上书讼臣，是为党人所附也，臣宜坐之。"朝廷以四夷交侵，边疆不稳，倚皇甫规守边，故知而不问。

昔南阳太守成瑨杀张泛，得其财数万金，充府库。岑晊、张牧逃窜获免。晊、牧之亡也，亲友竞匿之，后逃窜至颍川陈寔家，遂将数万金交陈寔，陈寔有难色，岑晊、张牧曰："我等逃窜，安能持此重金？党锢祸作，众贤多入狱，有钱能使鬼推磨，此钱，则为君解救党人之费，非赠君也。"陈寔遂收金，欲以此金，贿赂宦官及党羽。此外，张让父死时，颍川名士无一赴吊者，陈寔独吊，张让感激，闻陈寔入狱，必有不忍之心。

入狱前，寔与子陈纪及宾客挈重金至京师，纵陈纪等贿赂宦官及党羽，已不内制。安排毕，亲身入狱也。前陈寔独吊张让父，名士间颇有微词，以其名高，且为老前辈，未显言。今寔主动入狱，与群士共进退，众名士方大惭也。

太尉陈蕃挺身为党人言，遭受免职，几陷不测，后朝臣震栗，莫敢复为党人言者。贾彪曰："我不亲自入京，大祸不解。"乃入洛阳，说城门校

尉窦武、尚书魏郡霍谞等，皆使上谏皇帝讼之。

窦武字游平，扶风平陵人，安丰戴侯融之玄孙也。父奉，定襄太守。武少以经行著称，常教授于大泽中，不交时事，名显关西。延熹八年，长女选入掖庭，桓帝以为贵人，拜武郎中。其冬，贵人立为皇后，武迁越骑校尉，封槐里侯，五千户。明年冬，拜城门校尉。

武上疏曰："陛下即位以来，未闻善政，常侍、黄门，竞行谲诈，妄爵非人。伏寻西京，佞臣执政，终丧天下。今不虑前事之失，复循覆车之轨。臣恐二世之难，必将复及，赵高之变，不朝则夕。近者奸臣牢修造设党议，遂收前司隶校尉李膺等逮考，连及数百人。旷年拘录，事无效验。臣惟膺等建忠抗节，志经王室，此诚陛下稷、伊、吕之佐，而虚为奸臣贼子之所诬枉，天下寒心，海内失望。正人者，人之表也，陛下诛及正人，恐天下不安！"书奏，因以病上还城门校尉、槐里侯印绶。窦武为桓帝岳父，帝素重之，见窦武之表，帝心稍动。

霍谞亦为表请曰："今中官权势熏天，为天下巨患，陛下不识之，却委任近习，专树饕餮，外典州郡，内干心膂。宜以次贬黜中官，案罪纠罚；信任忠良，平决臧否，使邪正毁誉，各得其所，宝爱天官，唯善是授。陛下所作所为，不合天地民心，故灾异累现。现党锢之祸，更累及正人，臣闻'害及正人者，必将害其自身也'，陛下不思变更，必有身祸也。"帝意稍解。为何尚书霍谞敢如此直言？昔桓帝之父刘翼曾从学霍谞，刘翼临死之前，对刘志暨桓帝有交托之语，故桓帝即位，霍谞得为尚书。

桓帝意稍解，欲讯明党人后，再行处置，故使中常侍王甫治党事。王甫令膺等皆三木囊头，伏于阶下。王甫问曰："汝等合党连群，必有盟誓，其所图谋，皆何等邪？悉以情对。"名士范滂直声震天下，越次而对曰："窃闻仲尼之言：'见善如不及，见不善如探汤。'欲使善善齐其清，恶恶同其污，谓王政之所愿闻，不悟反以为党。"王甫问曰："汝等好造谣言，妄议国政，讥讽大臣，是何缘由？"范滂曰："天下治乱，士大夫任其责，今政治纷扰，是非颠倒，我等此为，欲为黑暗中展现曙光也！且乎，天下尽乱，无有安家及身，我等为此，亦为护持纲纪，欲维天下不倒也。"王甫问曰："卿辈皆相拔举，迭为唇齿，其不合者则众排摈之，非党而何？"滂乃仰天曰："我等结合，乃忠于皇室，欲造福万民，非为私利。古之修善，自求多福。今之修善，乃陷大戮。死之日，愿赐一畚，薄埋滂于首阳山侧，上不负于皇天，下不愧于伯夷、叔齐。"甫为之改容，奏明皇帝，众人得解桎梏，去囊头。

李膺等又多引宦官及其子弟违法事。如曹节弟破石为越骑校尉，营中五伯妻美，破石求之，五伯不敢拒，妻不肯行，遂自杀。侯览前后夺人宅三百八十一所，田一百一十八顷。起立第宅十六区，皆有高楼池苑，制度宏深，僭类宫省。预作寿冢，石椁双阙，高广百尺。破人居室，发掘坟墓。虏夺良人妻，略妇女。赵忠葬父，僭为璠玙玉匣偶人，玉匣者，帝王之葬具。其长安所修之宅，制度壮丽，仿禁宫也。诸如此类，不胜枚举。

宦官被党人持阴事，惧，又得陈纪重贿，请帝以天时宜赦。赦令下，党人二百余皆归田里，然书名三府，禁锢终身，不得为官。党人见朝廷如此，皆失望，多有田园之志。

党锢之祸得释，范滂往候霍谞而不谢。或让之，滂曰："昔叔向不见祁奚，我何谢焉！"滂归汝南，路过南阳，南阳士大夫迎之者，车数千辆，乡人殷陶、黄穆侍卫于旁，应对宾客。滂谓陶等曰："朝廷惧党人得人心，今子相随，是重我祸也！"遂遁还乡里。

初，诏书下令举钩党，郡国所奏相连及者，多至百数，唯平原相史弼独无所上。诏书前后迫切州郡，髡笞掾史，从事坐传舍责曰："诏书疾恶党人，旨意恳恻。青州六郡，其五有党，平原何治而得独无？"弼曰："先王疆理天下，画界分境，水土异齐，风俗不同。它郡自有，平原自无，胡可相比！若承望上司，诬陷良善，淫刑滥罚，以逞非理，则平原之人，户可为党。相有死而已，所不能也！"从事大怒，即收郡僚职送狱，遂举奏弼。会党禁中解，弼以俸赎罪。所脱者甚众。

水余先生曰：桓帝末，党锢祸作，小人兴灾，正人受难，集体入狱，

人数两百余人,皆天下名贤也。古时但凡诏狱起,物故者甚众。而党锢牵连入狱者甚众,虽刑罚楚毒,却无一人死于狱中,何哉?桓帝使中常侍王甫审党锢狱,权阉虽恨党人,然慕党人节义,未曾下死手,狱吏亦钦党人之名,未曾虐待彼等。朝廷虽昏庸,天下正气尚存,故群小专权,亦惧天下舆论。尤其党锢初起,陈蕃直言极谏,甚至涕泪而言,桓帝不以为忤。后窦武、霍谞等直谏,直陈君失,桓帝终能开悟,释放诸贤,故党锢祸得解,群贤皆平安也。

三十

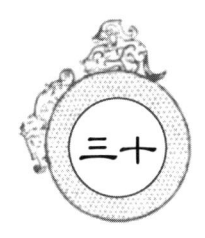

恋迷信昏主暴崩　未择贤庸主得立

　　党人多贤士，虽终被释，亦受诏狱之苦，披掠五肤，然未曾惧诛戮也。与权阉斗，非为私利，乃欲正天下纲纪，去朝廷群小，挽救社稷危亡。昏君不知，受小人之谗，兴党锢之祸，打击士大夫之气。此后，贤士污秽朝廷，蔑视皇权，甚至嘲骂桓帝。古语曰："千夫所指，不病则死。""害善人者，祸及三世。"桓帝所为如此，其命安能久乎！党锢祸不到半年，桓帝便崩，享年仅三十六岁耳，古曰五十不称夭，桓帝此寿，实乃夭折也。且桓帝无福，死后无嗣。

　　桓帝因何崩？先从桓帝好迷信说起。桓帝祖河间孝王开，顺帝时上书，愿分蠡吾县以封翼，帝许之。蠡吾侯翼则为桓帝父也。昔河间国有人于田中设绳网以捕獐而得者，其主未觉。某西域高僧适传佛法至河间，屡欲布道而未果，见此生心，欲以戏法布道。遂潜窃獐而去，偷以佛金像置网中。本主来，于绳网中得佛金像，怪之，以为神，不敢持归，言于乡啬夫。乡啬夫言于令长，令长遂言于河间王开，河间王开亲视，神之，因起屋立庙，置金身其间。河间王乃宗室，知明帝时佛教传入中华，虽耳闻，未有切身体会，适逢此，便浅事佛也。有病便祈祷，不求有利，但求无害，后病或偶有愈者，则谓佛显灵也。

　　桓帝幼时，得疾甚重，群医无策，河间王开祈祷于佛庙，甚诚，须臾间，桓帝疾愈。后刘翼曾梦佛授予执圭，佛曰："今授执圭，汝之子将为人尊，主人间。"刘翼暗言此梦于子刘志。刘志不之信。刘翼曰："昔汝大病，非佛陀保佑，安能痊愈？"刘志将信将疑。后质帝崩，大将军梁冀援立刘志，此则为桓帝。之后，桓帝深信浮屠也，即位初，宫中立浮屠庙，己亲自参拜，盛其祭祀也。

平原襄楷闻此，诣阙上疏曰："闻宫中立浮屠之祠，此道清虚，贵尚无为，好生恶杀，省欲去奢。今陛下嗜欲不去，杀罚过理，既乖其道，岂获其祚哉！浮屠不三宿桑下，不欲久生恩爱，精之至也。其守一如此，乃能成道。今陛下淫女艳妇，极天下之丽，甘肥饮美，殚天下之味，奈何其道乎！"帝不听，下襄楷司寇论刑。自永平以来，臣民虽有习浮屠术者，天子未之好；至帝，始笃好之，常躬自祷祠，由是其法侵盛，故楷言及之。

永康元年初，咸阳上言见白起，地方官随上奏曰："今冬羌变必大起，当地人见白起，白起显灵，曰为国家捍御边疆，故羌变虽厉，无患，国家且将大捷也。"帝素迷信，纪其事。后十月，先零羌大寇三辅，狼烟四起，帝忧之。张奂遣司马尹端、董卓拒之，大破之，斩其酋豪，上首级数万，俘虏万余人，三辅清定，百姓安堵。桓帝以为白起显圣而致此大胜，欲于京城立庙，赠起司徒。城门校尉窦武谏曰："臣闻'国将兴，听于人，国将衰，听于神'。今将帅立功，未得奖赏，而陛下先褒白起，臣恐边将解体矣！现陛下崇尚浮屠，巫风已盛，若再立白起庙于京师，盛为祈祝，流传四方，致京师巫风大起，惊人耳目，恐为国变矣。"帝不听。

永康元年夏，民就池浴，见池水浑浊，相戏曰："此中有黄龙。"因流行民间。当地太守知帝好迷信，以之为祥瑞，欲上奏朝廷，郡吏谏曰："今汉德衰，何来祥瑞？此走卒戏语也！"太守不听，卒上之，帝素迷信，得之甚喜，宣示百僚，群僚毕贺。平原襄楷私曰："瑞兴非时，则为妖孽，为言虽虚，此为龙孽也。"龙孽者，喻指帝将不久人世。襄楷虽论刑，然骡子不死，倔气不改，好直言，至死不悔。

帝迷信，好祈请浮屠，祈祷毕，以为事解，便大宴后宫。帝好饮，多醉酒，醒时治事者少，大臣罕得觐见，权宦见之亦少。窦后虽立，乃因陈蕃固争，折以礼制，帝不得不立，故无宠，御见甚希。采女田圣有宠，宠冠后宫，嫔妃皆畏之，窦后亦忍让。

水余先生曰：帝者，受命于天，天以民意为依托，故帝者，实民意代表也。民之所向，政之所趋，勤政爱民，轻徭薄赋，则民人安家乐业，故政治清明，灾异不生，妖妄不起，万物欣欣也，何须事鬼神？凡事鬼神者，必为鬼神误也。先前武帝巫蛊之祸，数万人喋血京师，皇后、太子等皆死，天下含悲，政局动荡也。鬼神之事本缥缈，皆人为之，好弄鬼神者，多奸佞小人也。彼等以鬼神耸动天子听闻，或以之谋富贵，或以之谋官爵，或以之弄权，终害政也。如帝者过分好迷信，社稷未尝不乱也！

永康元年冬，德阳殿大柱中忽穿二穴，常见走出两矮人，可二三寸许。小黄门怪之，奏之帝，帝更怪之，亲视，果有其事，于是问宫内众术士，何策得解？有头陀者言能禳之。帝从，择日延头陀诵经为厌胜法，两矮人复出听经，逐之，又无迹。帝命塞其穴，而旁更穿一穴，出入如故。帝大怒，令治弓矢，派小黄门伺之。既出，毙其一，另一走免。小黄门言之帝，视死物，乃雌黄鼠，却似人形也。

少顷，忽有矮人百余出，耸立帝前，索帝命以复仇。帝立命群奴驱赶，矮人哗噪而走。又少顷，复有七八矮人以白练蒙首，出堂屋恸哭，仍复逐之。只见群矮人哭骂曰："帝者，当德育天下，使万物各得其所。先前党锢诛及正人，上天已怒；现我等无害，帝无道，又害及鼠辈，大地怒。天地皆怒，帝安得生？必当立死也。"帝闻之大怒，命抓捕，必欲生得，交由己处分也。

群阉遂讨论如何抓，阉甲曰："鼠之天敌为猫，征集能猫，便能抓之。"众阉从之，从宫内外征集能猫数只，守在柱前。群矮人大言曰："我等鼠辈，知能猫在外，出必被逮，然此柱当中，储粮数百，我等能吃三年，汝昏君之命，不过半载而已，安能等如此之久乎？"喧腾于外，群阉患，不敢将此言闻奏皇帝，私下再想他策。

阉乙曰:"群鼠智若成人,须欺之以方,则可矣!"言如此,群阉大喜,遂将每只能猫挂数佛珠项间,派人私下念曰:"阿弥陀佛!善哉!善哉!"群矮人听之奇怪,洞口瞥视,见猫戴佛珠,又听仁慈之言。群鼠私相贺曰:"猫老官已持斋念佛,定然不吃我等!"群鼠遂欢悦于庭,纷纷而出。群猫见之,连逮数矮人。众矮人奔跑归洞,大骂曰:"我等以为它念佛心慈,原来是假意修行也。"某矮智人答曰:"汝等不知,如今世上修行念佛者,比寻常之人更狠十倍。"

阉人遂将数矮人逮至帝前,帝亲问之:"朕为无上九五,世人皆尊,汝等何人,竟敢诽谤人主?"群矮人不惧,曰:"今官位错乱,奸人日进,群小持权,宦官专政,财货公行,赋敛严重,政治日消,国将不国,帝将不帝!天下人皆骂昏君,又何止我辈?"帝闻之大怒,立将数矮人踩死,并命焚其柱,得死鼠数百,帝怒犹不息也。

群阉见帝怒,知帝好酒,遂布置酒局。帝与后宫宴,皇后托疾不出。伎乐尽侍,觚筹交错。帝宠幸田圣,时田圣年近三十,帝酒酣,戏之曰:"昔邓后虽有盛宠,但年老宠衰,朕废之,时年三十也!汝至三十,亦当废矣,朕意更属年少者!"田圣潜怒,晚,帝醉,寝于德阳前殿。田圣遍饮宦者酒,散遣之,帝周围无人。田圣使婢以被蒙帝面,弑之,并将所焚之死鼠数百,皆放至龙床上,托云:"帝杀众鼠,鼠通人性而复仇,故鼠孽盛行,帝因此感心疾,暴崩也!"

窦后素无宠,恨帝,盼帝早死而称制;帝兴党锢之祸,百僚恨帝,盼除旧布新。群阉乃墙头草,以势力所向而投趋,见窦后无推问意,亦不敢究问帝死因也。故桓帝死,居然无人主张推问死因,含糊而过,堂堂九五,就此草草了结人生也。窦后素忌忍,帝梓宫尚在前殿,立杀田圣以陪葬也。

帝崩于德阳前殿。群臣发丧,皆干嚎,无一人泣下。尊皇后曰皇太后。太后临朝。

国不可一日无君。窦后与其父城门校尉窦武议立嗣。窦武召侍御史河间刘儵，问以国中宗室贤者，儵称解渎亭侯刘宏。刘宏者，河间孝王之曾孙也，祖淑，父苌，世封解渎亭侯。武乃入白太后，定策禁中，以儵守光禄大夫，与中常侍曹节并持节将中黄门、虎贲、羽林千人，奉迎宏，时年十二。须臾登基，为灵帝也。

窦武以己私意立新君，非求之公议，此更为后汉衰亡之因也。清王夫之批曰：

> 桓帝淫于色，而继嗣不立，汉之大事，孰有切于此者！窦武任社稷之重，陈蕃以番番元老佐之，而不谋及此。桓帝崩，大位未定，乃就刘儵而问宗室之贤者，何其晚也！况天位之重，元后之德，岂区区一刘儵寡昧之识片言可决邪？持建置天子之大权，唯其意以为取舍，得则为霍光，失则为梁冀矣。武以光之不学、冀之不轨者为道，社稷几何而不危，欲自免于赤族之祸，讵将能乎哉！
>
> 武也，一城门校尉也，非受托孤之命如霍光之于武帝也。所凭借以唯意而立君者太后耳。宫闱外戚之祸，梁氏之覆车不远，宦官安得不挟以为名哉？夫武也，既不能及桓帝之时谏帝以立储之大义；抑不于帝崩之后，集廷臣于朝堂，辨昭穆，别亲疏，序长幼，审贤否，以与大臣公听上天之命。儵以为贤而贤之，武谓可立而立之，天子之尊，若其分田圃以授亚旅而使治。则立之唯己，废之唯己，朱瑀恶得不大呼曰："武将废帝为大逆。"而灵帝能弗信哉？汉之亡也，亡于置君，而置君者先族，武不早死，我不保其终也。获诛阉之名，以使天下冤之，犹武之幸也夫！

新政举欲诛群阉　反噬烈群小害贤

朝廷以城门校尉窦武为大将军，前太尉陈蕃为太傅，与武及司徒胡广参录尚书事。党锢祸后，正人放逐，失望朝廷，陈、窦辅政，正人欣欣，群奸姑且观望。

初，窦太后之立为皇后，陈蕃有大力焉，及临朝，政无大小，皆委于蕃。昔蕃为太学领袖，后入朝为官，同时在太学兼领教授，公忠体国，正直敢谏，众誉之高。窦武昔为城门校尉，亦在太学兼职，在位时，多辟名士，清廉守法，妻子衣食才足而已。此外，得皇帝、皇后赏赐，悉散与太学诸生及丐施平民，于是亦得高名。两贤在太学相交，志趣相同，彼此相善。

陈蕃与窦武同心勠力，翼奖王室，征天下名贤李膺、杜密、尹勋、刘瑜等，皆列于朝廷，与共参政事。于是天下之士，莫不延颈想望太平。然谈何容易？不但太平未至，党锢之祸愈演愈烈也。

水余先生曰：后汉末造，虽阉竖持权，然士大夫操舆论，掌题品，隐隐握官僚之进退。虽如此，士大夫亦内起党争也。汝南、甘陵太学之风波交织，几成大乱，非奸人陷之，实乃自致焉。后汉末之士大夫，同于我者为懿亲，异于我者为仇敌，党同伐异而已。然所争者，多意气，非有朝廷是非也。内部纷争既起，为奸人所趁，故党锢之祸愈烈矣。

帝乳母赵娆及诸女尚书，旦夕在太后侧，中常侍曹节、王甫等共相朋结，谄事太后。太后信之，数出诏命，有所封拜。昔桓帝时，群阉专权，国事大坏，今阉竖之权不减，且又生新贵，帝乳母及诸女尚书也。政治愈坏也。

蕃、武素疾宦官害政，尝共会朝堂，蕃私谓武曰："曹节、王甫等，自先帝时操弄国权，浊乱海内，今不诛之，后必难图。"武深然之。蕃大喜，以手椎席而起。

武于是引尚书令尹勋等共议计策。会有日食之变，蕃谓武曰："昔萧望之困一石显，况今石显数十辈乎！蕃以八十之年，欲为将军除害，今可因日食斥罢宦官，以塞天变。"武从之，乃白太后曰："汉故事，黄门、常侍但当给事省内典门户，主近署财物耳；今乃使与政事，任重权，子弟布列，充斥郡县，多处要津，专为贪暴。天下汹汹，政治黑暗，贤人远去，民人嗷嗷，正以此故，天象大变，日食则为其征，宜悉诛废以清朝廷。"太后曰："汉元以来故事，世有宦官，但当诛其有罪者，岂可尽废邪！"太后之言，不无道理，武难驳之。

时中常侍管霸，颇有才略，专制省内，武先白收霸及中常侍苏康等，令司隶审问，得其违法事，皆坐死。武复数白诛曹节等，太后犹豫未忍，故事久不发。蕃上疏太后曰："今京师嚣嚣，道路喧哗，言侯览、曹节、公乘昕、王甫、郑飒等，与赵夫人、诸尚书并乱天下，附从者升进，忤逆者中伤，一朝群臣如河中木耳，泛泛东西，不敢直谏，耽禄畏害。陛下今不急诛此曹，必生变乱，倾危社稷，其祸难量。愿出臣章宣示左右，并令天下诸奸知臣疾之。"太后不纳，然恐群小疾武，疏留中，未曾宣外。

是月，太白犯房之上将，入太微。侍中刘瑜素善天官，恶之，上书皇太后曰："案《占书》：宫门当闭，将相不利，奸人在主傍，立有大难，愿急防之。"又与武、蕃书，以星辰错谬，不利大臣，宜速断大计。于是武、蕃以朱寓为司隶校尉，刘祐为河南尹，虞祁为洛阳令。武奏免黄门令魏彪，以所亲小黄门山冰代之，许以曹节之位，冰大喜，甘为窦武驱驰。武

使冰奏收长乐尚书郑飒，送北寺狱。蕃谓武曰："此曹子便当收杀，何复考为！"武不从，曰："宦官伴太后久，太后信任之，于杀宦官甚为迟疑。昔太后有言：'当诛其有罪者。'若审问得其大罪，奏请太后诛之，太后则无辞也。"蕃无以言。

令冰与尹勋、侍御史祝瑨杂考飒，欲辞连及曹节、王甫。勋、冰即奏收节等，使刘瑜内奏。窦武奏曰："长乐尚书郑飒罪行累累，今臣令小黄门山冰及司隶收飒，飒俱承诸多违法事，且诸事皆牵连曹节、王甫，望陛下准二人下狱拷问，以正其罪。"太后览奏，迟疑不决。时窦太后称制，欲重臣居禁中，故武入宿卫。

须臾，武出宿归府。典中书者乃宦官，见此奏大惊，待窦武出，先以告长乐五官史朱瑀，瑀不信，曰："安有此理？"典中书者曰："言之无益，君自可核实！"瑀遂盗发武奏，览之大怒，骂曰："中官放纵者，自可诛耳，我曹何罪，而当尽见族灭！"因大呼曰："陈蕃、窦武奏白太后废帝，为大逆！"乃夜召素所亲壮健者长乐从官史共普、张亮等十七人，言："陈、窦欲族灭我等，此生死存亡之秋，我等应先发制人。"歃血共盟，谋诛陈、窦等。

朱瑀并遣使者告曹节、王甫曰："陈、窦欲诛我等，若不发，我曹族灭也。窦武已上奏，太后迟疑不决，然窦武乃太后亲父，又有众僚为外应，太后终不得不从。此间，我曹当有为也。"曹节、王甫于是白帝曰："外间切切，有废立谋，请出御德阳前殿。"帝迟疑，王甫又使人言于帝乳母赵娆曰："我等与乳母唇齿相依，陈、窦诛杀我等，唇亡必齿寒。"于是乳母力言于帝，帝方从之。

为何曹节、王甫得灵帝信任？昔窦武定策立灵帝，以其年方十二，未冠，且因己得立，于是不避嫌，凡事皆请之太后，未曾白灵帝。陈、窦辅政，选拔党人，布列要津，群贤拥太后，以帝年幼，每奏事，但取决太后，灵帝有言，或无对者。惟曹节、王甫等宦官奏事太后毕，必再禀灵帝；有宣谕，必告诸臣俯伏而听。故帝亲近之。

灵帝即位，窦武等以灵帝继桓帝后，当以窦太后为母，礼曰："为人之后者，不得顾私亲。"隔绝灵帝母董夫人。灵帝只身入京师袭帝位，仅有乳母赵娆伴随。陈、窦恨乳母赵娆专权，赵娆恨党人对帝不敬，故投入宦官集团，为其鹰犬也。

曹节令帝拔剑踊跃，王甫使乳母赵娆等拥卫左右，取檠信，闭诸禁门，召尚书官属，胁以白刃，使作诏板，拜王甫黄门令，持节至北寺狱，收尹勋、山冰。冰疑，曰："诏当从大将军出，汝何来？"不受诏，甫格杀之，并杀勋。出郑飒，还兵劫太后，夺玺绶。令中谒者守南宫，闭门绝复道，使郑飒等持节及侍御史谒者持伪诏捕收武等。

武不受诏，驰入步兵营，与兄子步兵校尉绍共射杀使者。召会北军五校士数千人屯都亭，下令军士曰："黄门、常侍反，囚禁太后，尽力者封侯重赏。"陈蕃闻难作，将官属诸生八十余人，并拔刃突入承明门，至尚书门，攘臂呼曰："大将军忠以卫国，黄门反逆，何云窦氏不道邪！"王甫时出与蕃相遇，适闻其言，而让蕃曰："先帝新弃天下，山陵未成，武有何功，兄弟父子并封三侯！又设乐饮宴，多取掖廷宫人，旬日之间，赀财巨万，大臣若此，为是道邪！公为宰辅，不肯正之，苟相阿党，复何求贼！"使剑士收蕃，蕃拔剑叱甫，辞色愈厉。遂执蕃，送北寺狱。黄门从官驺蹋蹴蕃曰："死老魅！复能损我曹员数、夺我曹禀假不！"即日，杀之。

时护匈奴中郎将张奂征还京师，曹节等以奂新至，不知本谋，矫制以少府周靖行车骑将军、加节，令与奂率五营士讨武。夜漏尽，王甫将虎贲、羽林等合千余人，出屯朱雀掖门，与奂等合，已而悉军阙下，与武对阵。有张奂援兵，甫兵渐盛。因宦官挟持天子，太后已被囚，营府兵素畏服中官，于是武军稍稍归甫，自旦至食时，兵降略尽。武、绍走，诸军追围之，皆自杀，枭首洛阳都亭，收捕窦武宗亲宾客姻属，悉诛之，及侍中刘瑜、屯骑校尉冯述，皆夷其族。

水余先生曰：陈蕃、窦武杀，后汉必亡矣。陈蕃垂垂老矣，而诛阉竖，安社稷，扶进君子之心，不为少衰，时号之"三君"，实至名归也。

惜者，大事托于窦武也。窦武者，亦可为贤者，与蕃同志，抑宦寺以奖皇室，且引李膺、杜密、尹勋、刘瑜等而登进之。然可惜者，外戚身份也。后汉之时，天子之废立，操于宫闱，外戚宦官，迭相争胜，孙、程等废而梁氏兴，梁冀诛而五侯起，汉安有天子耶？后桓帝崩而无后，窦武以后父越次辅政，仅以己之私意立灵帝。灵帝方十二岁，太后临朝，窦武秉政，此与梁冀辅政何异？故陈蕃欲兴汉室，所托者犹外戚。则授群阉梁冀复起之名，使天下疑外戚宦官之互相起灭而不知所适。故张奂为王甫、曹节等所惑，竟与窦武对垒，导致窦氏军败也。陈蕃大臣，有老成之识，而于大势昧而不察者，时运如此，舍之而无能，故汉室必亡矣。

宦官又谮虎贲中郎将河间刘淑、故尚书会稽魏朗，云与武等通谋，诏令下狱，魏朗自杀。迁皇太后于南宫，徙武家属于日南。自公卿以下尝为蕃、武所举者及门生故吏，皆免官禁锢。议郎渤海巴肃，始与武等同谋，曹节等不知，但坐禁锢，后乃知而收之。肃自载诣县，县令见肃，入阁，解印绶，欲与俱亡。肃曰："为人臣者，有谋不敢隐，有罪不逃刑，既不隐其谋矣，又敢逃其刑乎！"遂被诛。

刘淑乃宗室贤者，桓帝特加敬重，每有疑事，常密咨问，淑知无不答。以宦官害政，上疏以为宜罢宦官，辞甚切直，桓帝虽不能用，亦不罪焉。然疏奏为宦官窃知，宦官切齿，故谮与陈、窦合谋，欲图社稷。灵帝本仅欲罪之，宦官更矫诏赐淑死。诏使至刘淑家，刘淑方与客棋，诏使径至，向刘淑呈交诏书。刘淑看诏毕，不言。接着下棋，神色怡然，适逢棋局胶着，与对方争执，棋局结束，敛子纳奁毕，正衣冠，徐徐言："奉敕赐死。"方以诏书示客，客多恸哭，刘淑曰："何必哀？陈、窦在前，贤于我等，后之矣！"顾诏使曰："取鸩来！"因下鸩于酒，谓群客曰："此酒不堪相劝，我独饮，然诸君保重！"遂一饮而绝。

三二

祸愈烈党锢再起　国运衰儒宗仙逝

论讨陈、窦之功，曹节迁长乐卫尉，封育阳县侯，王甫迁中常侍，黄门令如故，朱瑀、共普、张亮等六人皆为列侯，十一人为关内侯。于是群小得志，士大夫丧气。陈蕃友人陈留朱震收葬蕃尸，匿其子逸，事觉，系狱，阖门桎梏。震受考掠，誓死不言，逸由是得免。武府掾桂阳胡腾殡殓武尸，行丧，坐以禁锢。武孙辅，年二岁，腾诈以为己子，与令史南阳张敞共匿之零陵界中，亦得免。

张奂迁大司农，以功封侯。奂深病为曹节等所卖，固辞不受。

不久，有青蛇见于御坐上。再后，大风，雨雹，霹雳，拔大木百余。诏公卿以下各上封事。郎中东郡谢弼上封事曰："故太傅陈蕃，勤身王室，而见陷群邪，一旦诛灭，其为酷滥，骇动天下；而门生故吏，并离徙锢。蕃身已往，人百何赎！宜还其家属，解除禁网，夫台宰重器，国命所系，今之四公，唯司空刘宠断断守善，余皆素餐致寇之人，必有折足覆𫗧之凶，可因灾异，并加罢黜，征故司空王畅、长乐少府李膺并居政事，庶灾变可消，国祚惟永。"左右恶其言，出为广陵府丞，去官，归家。曹节从子绍为东郡太守，以他罪收弼，掠死于狱。

刘宠字祖荣，东莱牟平人，齐悼惠王之后也。悼惠王子孝王将闾，将闾少子封牟平侯，子孙家焉。宠父丕，博学，号为通儒。宠少受父业，以

201

明经举孝廉，除东平陵令，以仁惠为吏民所爱。母疾，弃官去。百姓将送塞道，车不得进，乃轻服遁归。后四迁为豫章太守，又三迁拜会稽太守。山民愿朴，乃有白首不入市井者，颇为官吏所扰。宠简除烦苛，禁察非法，郡中大化。征为将作大匠。转为宗正、大鸿胪。延熹四年，代黄琼为司空，以阴雾愆阳免。顷之，拜将作大匠，得为宗正。建宁元年，代王畅为司空，后迁司徒。

帝以蛇妖问光禄勋杨赐，赐上封事曰："夫善不妄来，灾不空发。王者心有所想，虽未形颜色，而五星以之推移，阴阳为其变度。夫皇极不建，则有龙蛇之孽。《诗》云：'惟虺惟蛇，女子之祥。'惟陛下思乾刚之道，别内外之宜，抑皇甫之权，割艳妻之爱，则蛇变可消，祯祥立应。"赐，杨秉之子也。其所对较为隐晦，宦官素无学，未尝识出，故杨赐无患也。

水余先生曰：杨赐之封事，乃探本之论也。众人皆知荼毒生灵及祸害士人者，莫过于阉竖也。然宦官之于人主，亦何亲而过信之？宦官之声音笑貌之无可悦，世人皆恶之，而人主昵之，若乳子之依母也，何哉？皆因帝好艳女美妾也。帝居禁内，与群臣不接，然好色，唯独付诏令刑赏之权于宦官，而床第之欢始得，娱乐方可进行。宦官为固其宠，往往与后宫深结，故宦官之势力士大夫难敌也。所谓内宠盛而宦官兴也。故女谒远，阉权自失也。且杨赐论女谒，探本论，既不触怒宦官，又托经义而对，上善也。

大司农张奂上疏曰："昔周公葬不如礼，天乃动威。今窦武、陈蕃忠贞，未被明宥，妖眚之来，皆为此也。宜急为改葬，徙还家属，其从坐禁锢，一切蠲除。"上深嘉奂言，以问诸常侍，左右皆恶之，帝不得自从。奂又与尚书刘猛等共荐王畅、李膺可参三公之选，曹节等弥疾其言，遂下诏切责之。奂等皆自囚廷尉，数日，乃得出，并以三月俸赎罪。

张奂固辞宦官封赏，时董卓为张奂司马，于诛诸窦事出大力，朝廷本欲奖之，张奂痛抑之，董卓怒，辞张奂。言及董卓，不免再叙之。

昔董卓辞李膺，归乡耕田。适羌族豪帅拜访董卓，卓正在耕地，家贫，无资以供奉酒肉，立杀耕牛以供肉，然尚未有酒，随即典当房屋，市买好酒，与诸羌帅畅饮，大乐三天。诸羌帅方回。

董卓杀耕牛、典房屋以供羌帅酒资，又无他以为营生，不免田地荒芜、无家可归，故而堕入极贫，不得不为人佣作也。后诸羌帅颇闻，感董卓厚意，将董君豪情述之部落，诸羌性直好义，故相敛，得杂畜千余头以赠卓。卓皆以之换钱，故饶于财，得以结交汉廷地方官员。卓少习骑射，有才武，多力气，能在疾驰马背上左右骑射。后董卓思出仕，行百金予郡守，郡守召卓为吏，使监领盗贼。卓素残忍，得盗贼，皆肢解之，置于集市，见者大骇，盗贼闻董卓名大惧，皆逃窜入他郡，郡大治，郡守屡受玺书褒奖。

郡守以边患屡起，卓有将才，时乱不应拘雄才，荐之至段颎处。颎时任并州刺史，素爱董卓勇猛，更荐之三府。司徒袁隗辟为掾。董卓性慜且勇武，宿卫袁府尽责，人号"虎痴"，袁隗异之，荐之朝廷，故董卓得以为羽林郎。后以羽林郎从中郎将张奂征伐并州，因早年与诸羌帅厚善，羌族诸多犯死罪者，羌帅本欲杀之，董卓请之，并贿赂之，诸羌帅遂将死犯交董卓，董卓献朝廷，曰为己杀伐所获。张奂将其等解之京师，汉廷斩杀，因而褒奖董卓，故董卓得以从羽林郎为军司马。

昔张奂不知阉竖邪谋，与少府周靖共伐窦武，武与权阉对峙，双方僵持不下。董卓思此时不立功更待何时，故突大呼曰："窦武反，汝等皆禁兵，当宿卫宫省，何故随反者乎！先降有赏！"窦武所率之营府兵素畏服中官，加之张奂名将，于是武军先稍稍归甫，后兵降略尽。武、绍走，诸军追围之，为董卓部所及，皆自杀，枭首洛阳都亭。

后叙功，张奂迁大司农，以功封侯。奂深病为曹节等所出卖，固辞不受。董卓之功次于张奂，朝廷欲迁之，张奂强抑不予，董卓怒，辞张奂帐下，待诏都下。

陈、窦为名士首领，阉竖集团既杀之，朝臣尚有同情者，多为之言。阉党切齿，恐有后患，亦便己专权，诛罚必及于其同志也。

初，李膺等虽废锢，天下士大夫皆高尚其道而污秽朝廷，鄙朝廷爵禄而不屑为官，慕党人之节，希之者唯恐不及，海内更共相标榜，为之称号：以窦武、陈蕃、刘淑为三君，君者，言一世之所宗也；李膺、荀翌（昱）、杜密、王畅、刘祐、魏朗、赵典、朱宇为八俊，俊者，言人之英也；郭泰、范滂、尹勋、巴肃及南阳宗慈、陈留夏馥、汝南蔡衍、泰山羊陟为八顾，顾者，言能以德行引人者也；张俭、翟超、岑晊、苑康及山阳刘表、汝南陈翔、鲁国孔昱、山阳檀敷为八及，及者，言其能导人追宗者也；度尚及东平张邈、王考、东郡刘儒、泰山胡毋班、陈留秦周、鲁国蕃向、东莱王章为八厨，厨者，言能以财救人者也。

及陈、窦用事，欲行新政，复举拔膺等，陈、窦诛，膺等复废。宦官疾恶膺等，每下诏书，辄申党人之禁。侯览怨张俭尤甚，览乡人朱并素佞邪，为俭所弃，承览意指，上书告俭与同乡二十四人别相署号，共为部党，图危社稷，而俭为之魁。诏刊章捕俭等。阉竖素恨直臣及士大夫，大长秋曹节因此讽有司奏"诸钩党者故司空虞放及李膺、杜密、朱宇、荀翌、翟超、刘儒、范滂等，请下州郡考治。"是时帝年十四，问节等曰："何以为钩党？"对曰："钩党者，即党人也。"帝曰："党人何用为恶而欲诛之邪？"对曰："皆相举群辈，欲为不轨。"帝曰："不轨欲如何？"对曰："欲图社稷。"帝乃可其奏。

朝廷责令司隶校尉派吏四出，逮捕党人，李膺为首。昔李膺为司隶校尉，以直道而行，司隶属官不少慕李膺节，某司隶从事暗谓李膺曰："今朝廷欲逮捕君，可私逃去矣！"对曰："事不辞难，罪不逃刑，臣之节也。我年已六十，死生有命，去将安之！且我为诛首，若逃，受牵连者甚众，何须涉及无辜？今朝廷黑暗，阉竖专权，生有何意？我若就义，让世人知朝廷尚有忠臣，亦可略维持纲纪也。"乃诣诏狱，阉竖恨之，考掠致死，门生故吏并遭禁锢。侍御史蜀郡景毅子顾为膺门徒，未有录牒，不及于谴，毅慨然曰："本谓膺贤，遣子师之，岂可以漏脱名籍，苟安而已！"遂自表免归。

昔范滂正直，为清诏使，欲清天下，弹劾众官，多为权宦党羽、宾客。群小切齿，思欲报复，党锢事发，于是运动权宦，入滂党籍，刊名捕之。逮捕诏下至汝南郡，郡守派督邮吴导携诏书捕范滂。吴导受诏书之初，大惊，不愿为，请郡守委之他人。郡守大怒，必欲吴导亲捕范滂，否则坐以违制，罪在不赦。吴导不得已，遂行，至征羌，抱诏书闭传舍，伏床而泣，一县不知所为，亦不知督邮为何如此。范滂闻，曰："吴导因奉朝廷令逮捕我，因敬我故，不愿为之，而上命难违，进退维谷，故闭传舍伏床而泣。"即自诣狱。

县令郭揖闻，辞官而解印绶，立赴监狱，言于滂曰："天下大矣，何处不容身，君为何在此也？我慕君之节，今已辞官，抛妻弃子，愿追随君，为君侍从，不避艰险，与君俱亡，同甘共苦，与君周旋到底！"滂曰："今朝廷大诛党人，已入党籍，滂死则祸可熄，怎敢连累县公？我若逃亡，老母及家人必受牵连，轻则朝廷发配而流离失所，重则受诛而身首异处也！"滂遂拒绝县令，县令泣曰："君为邦表，直声震天下，朝廷昏暗，不容君，小子愿累筋骨为君周旋，必保君身及家之安全也！"滂曰："人谁无一死？我生于黑暗之世，未能为世人尽尺寸之益，今唯有死，以区区腐体醒悟世人也！县公慎无再言，若言之，我立死县公前。"县令遂不敢强。滂曰："我思见母及子，与之诀别，望君全其事。"

县令从之，立派吏请至。其母就狱中与滂诀别，滂跪白母曰："弟仲博孝敬，足以供养，母大人之孝养无忧也。滂从先父龙舒君归黄泉，侍奉其于地下，存亡各得其所。惟母大人割不可忍之恩，勿增感戚，儿入地当不安也！"母曰："昔李固、杜乔触犯大将军梁冀而死，直声震天下，天下人无不慕李、杜之节。今儿就义，将与李、杜齐名，我有何恨？生子如君，我心荣光哉，既有令名，复求寿考，可兼得乎？"滂跪受教，再拜而辞母。后滂方顾其子曰："我欲使汝为恶，恶不可为；使汝为善，则我不为恶。善恶之间，从善而已，我将就义，不及见君成人，为我遗憾矣！"

滂遂就逮捕，督邮吴导闻县令与滂之言，及滂与母及子临别之言，遂

押解滂至郡，途中无语，唯哭泣也。后郡守改派他人押解滂赴京师，滂立就义焉。临死，留诗一首，曰："生此昏暗世，阉竖专权时；唯有仁与义，不朽留青史。"

行路闻之，莫不流涕。凡党人死者百余人，妻子皆徙边，天下豪杰及儒学有行义者，宦官皆指为党人；有怨隙者，因相陷害，睚眦之忿，滥入党中。州郡承旨，或有未尝交关，亦陷祸毒，其死、徙、废、禁者又六七百人。

水余先生曰：后汉人重节义，轻官爵，凡节烈士，世人多慕，为之弃官爵也。范滂直声震天下，世人慕其节，其涉党锢，先是督邮吴导不肯任逮捕事，不得已，抱诏书伏泣传舍；后县令闻滂自入监狱，弃印绶，愿弃官与滂周游。此种情形，后汉比比皆是，而后世却几乎不见，非世风日下乎！

死者如此之众，党祸如此惨烈，幸存者为之悲戚，长此郁郁，有因之亡者，此为名士领袖郭林宗也。林宗虽不及党锢祸，却与党人几乎同时亡，令人悲叹。中庸之申屠蟠亦早避祸，与党人早离，不与世争，亦得存，且寿考也。

林宗为何早死？申屠如何避祸？

时朝政昏暗，阉党专权，国政日非。先是游士范滂等非评朝政，评点人物，自公卿以下皆折节下之。太学生争慕其风，纷应和，亦争相论朝政，以为文学将兴，处士复用。游士、太学生等掌舆论，后汉时舆论决定官吏晋升及口碑，故中外承风，竟以臧否相尚，自公卿以下，莫不畏其贬议，屣履造门。

申屠蟠独叹曰："昔战国之世，处士横议，纵扫诸国，舆论汹汹，列国之王，至为拥篲先驱。后海内一统，始皇好法，慕酷刑而憎直言，刚愎拒谏，卒有坑儒烧书之祸。今之谓矣，情形类似，祸将大也。"乃绝迹于梁、砀之间，因树为屋，自同佣人，周围不知其名士，朝廷亦知其无意政治，安于佣作，存之以为政治花瓶也。居二年，范滂等果罹党锢祸，群阉痛下杀手，党人或死或刑者数百人。申屠蟠却未入党籍，名虽高，群阉不疑。郭林宗亦因早退，归隐山林，不议国政，得免党锢之祸。此名士见微知著者也。

灵帝建宁元年，太傅陈蕃、大将军窦武鉴于宦官专权，欲合谋诛群阉，机事不密，反为阉党所害。阉党大怒，遂因之大兴党锢祸，害及众贤，其与林宗善者不计其数。林宗闻之，恸哭之野外，七日哭声不绝，继而叹曰："人之云亡，邦国殄瘁。善人者，国之纪也，党锢徒乃国之善人，纲常所在，今一切诛杀，恐国殆矣。"又叹曰："汉室四百年，今如此，气数将尽也。然瞻乌爰止，不知于谁之屋？社稷必归他姓，我为汉民，不愿见此也！"

申屠蟠略长郭林宗，感林宗知遇及教导之恩，师事之。林宗以申屠年长，不敢受，故彼此亦师亦友也。党锢祸后，申屠曾深夜赴林宗家探望，见其斋中设筵，周围无人，林宗独居主人位，默若对谈。申屠异，问其故，林宗答曰："今日宴党锢罹难死友陈蕃、窦武、李膺、范滂等人，人生得友如此，未有遗憾也。然诸君离我先行，我心戚戚，故时常念所至，则私设筵，与其等心语。"申屠郑重曰："君诚心相邀，谅在天诸君必争先趋赴也！"

林宗曰："君来，不可不多住几日，我感挚友罹党锢之祸，心难释怀，又感国事日非，不忍见天下乱，我年过不惑，幸不为夭，长期郁郁，恐大限将至。君为我友，此次相见，乃生前最后一回。"申屠劝曰："君名重天下，世方乱，非贤者无以济，善保其体也。"林宗指己心曰："我之命已许陈蕃、窦武、李膺、范滂等死友，安能与之久离乎？申屠兄，人各有命，我之限将至，兄此来，不能不事先有所为也！"申屠问曰："兄托我为何事？"

林宗曰："我必先君而殁，当烦君设祭。然及我尚在，在我家，先为我设活祭，如何？"申屠奇其意，双方约定卜日，申屠起草祭文，林宗家备几筵笾豆。后此日至，申屠先在屋外，正堂香烟缭绕，林宗正襟危坐于堂

中。申屠先入后房，家属接之，引入正室。家属哭，申屠朗诵祭文，动情处，林宗哭，众人皆哭也。后祭祀毕，林宗赠诗曰："祭是生前设，魂非死后招，阳间痛日短，阴曹聚会长！"

至此发疾，明年初正月，卒于家，享年四十二，远不及汉末大乱。林宗虽夭折，却全首领以没，乃大福气也。世人闻林宗死，或负笈荷担弥路，或柴车苇装塞途，自弘农函谷关以西，河内汤阴以北，二千里路吊丧者比比皆是。路上哭声震野，盖有万数来赴，规模超黄琼之丧也。

群名士商约刻石立碑，蔡邕为其文，颂林宗一生，邕谓大儒涿郡卢植曰："我为碑铭甚多，凡于死者，皆述其功德，隐过而不述，功德夸大其词，彼等安能配之？皆有惭德也！唯于郭林宗之碑铭，其无愧于我文也！"

卢植者，字子干，涿郡涿人也。身长八尺二寸，音声如钟。少事马融，能通古今学，好研精而不守章句。融外戚豪家，多列女倡歌舞于前。植侍讲积年，未尝转眄，融以是敬之。学终辞归，阖门教授，为大儒，朝廷屡征辟，赏以美官。植以阉竖专权，党锢屡起，辞不至也。性刚毅有大节，常怀济世志，不好辞赋，能饮酒一石。

水余先生曰：林宗者，封建士人典范也。少习儒，为名儒。长游京师，为名士领袖。后周游天下，识拔幽微，提携名士，其所题品，皆合现实，握民间用人权，为名士伯乐，且为国抡才也。周游数年，桃李满天下，门生为名臣者甚众。为人温谨，见微知著，见京师政乱，提前归隐，名声虽大，群奸不忌，故不及党锢之祸。党锢祸作，陈、窦死，思念众贤，常戚戚焉。又知党锢祸屡作，民心渐失，天命将改，忠心汉室，不忍见之。综上二因，林宗发病而早亡也。故林宗生命虽短，却异常精彩也。如胡广老庸，虽事六朝，周游四公，位极人臣，天下闻名，其德行与林宗比，萤光与日月也。

三三

重犯逃株连天下　小妾智死里逃生

　　林宗早亡，终与党锢诸贤相聚地下。然党锢之徒既多，朝廷虽尽力搜捕，却有漏网之鱼，党人多贤，世人钦慕，今某逃亡，必同情，或包庇，或窝藏。权阉恨党人，惩罚必波及同情之人，由此产生党锢次震也。

　　昔朝廷下诏书山阳郡逮捕张俭，郡下防东令，令得诏书，遂私告张俭，张俭乃亡命逃窜。侯览闻，大怒，请帝屡下严诏逮捕，故吏捕之甚急。先前，俭游学至鲁国，曾与孔褒交接，两人相得甚欢，因此有旧。俭亡抵褒家，褒适在外讲学，俭不遇之。褒弟融在家，年十六，俭以其年少而不告之，然因追兵在后，脸露窘色。孔融见，谓曰："睹君有急，欲投靠我兄，兄虽在外，独不能为君做主耶？"因留舍之。

　　张俭杀侯览母、亲属、宾客二百余人，侯览恨之入骨，因与帝亲，善弄权，于是布天罗地网以逮捕张俭。刊其相张贴显要之处，凡能逮捕者，赏关内侯并十万金，能提供线索者，赏千金也。因赏重之故，俭私藏孔褒家，为人所告发，北海国国相以下，率重兵密就掩捕，俭适不在褒家，遥望褒家有重兵，遂得脱走。国相大怒，并收褒、融兄弟下郡狱。

　　国相亲自审理，问："侯常侍权倾朝野，张俭不上请而擅杀侯常侍母、亲属、宾客，此乃重罪，朝廷逮张俭急，汝等却窝藏之，孰之责也？"融立即曰："俭逃亡至时，家中唯独有我，我决意保纳藏之，故罪过在我，当坐。"襃曰："我与俭有旧，彼逃命来求我，若非我与俭善，弟必不藏之，故窝藏之罪，非弟之过，我愿甘其罪也！"母曰："妾为家长，主理家事，儿子有犯，首追家长失职，妾应任其责也！"

国相厉声曰："此重罪，坐实者，杀头也！不可轻易揽责！"然孔家一门争死，各不相让，郡县异之，不能决，乃上谳书之司隶校尉。司隶以闻，诏书竟坐襃焉。太尉刘宠邀群臣为襃力请，襃得不死，发配边疆也。孔融因此显名，州郡礼辟，融以兄坐重罪远配，皆不就也。

说到此，孔融何许人也？融字文举，孔子二十世孙也。高祖父尚，巨鹿太守。父宙，太山都尉，早逝。融幼有异才。时李膺有盛名，为司隶校尉，敕门下简通宾客，非当世英贤及通家子孙，弗见也。融年十岁，随父至京师，欲观膺为人，遂独造其门，门者不纳，融曰："我李君通家子孙也。"门者见孔融年幼而出语不凡，未深究问，遂入禀曰："今有异童子造门，曰李君通家子孙。"李膺惊，立见之，问曰："童子与鄙人何亲？"融曰："先君孔子与君先人李老君，同德比义，而相师友，则融与君累世通家也。"时李膺众宾客在座，皆奇之，曰："异童子也！"

李膺问："欲食乎？"融直曰："须食！"李膺曰："今教童子为客之礼，问童子食否？童子须谦让，无须直索主人！"融曰："教公为主人之礼，但备好食物，无须问客是否欲食！"膺叹服，曰："恨我年老将死，不及见童子富贵也！"融曰："公殊未死！"膺惊问其故。答曰："子曰：'人之将死，其言也善。'公适才之言殊未善也。"

适太中大夫陈炜后至，闻斯言，同坐又告炜融前之言，炜曰："人小时了了者，大亦未必奇也。"融答曰："即如所言，君之幼时，想必了了也！"膺大笑，顾谓曰："童子长大，必为伟器。"

李膺遂与众宾客设宴款待孔融。适客有以一獐一鹿同时献李膺，陈炜问曰："童子聪颖，问：'何者是獐？何者是鹿？'"孔融家世宦，未事稼穑，安能辨之？思之，对曰："獐边是鹿，鹿边是獐。"陈炜笑之。

时夏天，宴于大槐树下，李膺问曰："我所倚何树？"融曰："松树也！"李膺问："此实为槐树，童子为何言松树？"融曰："公在树下，以公配木，不为松乎？"膺大笑。陈炜复问曰："我所倚何树？"融曰："槐树耳！"陈炜曰："童子不能再编造乎？"融曰："何须编造？但取其槐拆为鬼木耳！"陈炜叹息曰："此小儿讽刺我为鬼，人不可貌相，小儿作獠面，何得如此聪明也！"融曰："胡头尚为大夫，獠面何废聪明！"陈炜面类胡，故孔融戏耍之。陈炜终大服，叹孔融聪颖也。

融父早死，后兄褒为县吏，以时方乱，官吏多贪污，己方家贫，遂颇受礼遗。融数谏止，褒曰："今无官不贪，我又何必卓立？且我虽贪，但为民办事，民得实利，不亦可乎？"融见不听，即脱身为佣，日夜劳作，岁余，得钱帛，悉归予兄。曰："物尽可复得，为吏坐赃，终身捐弃。"兄褒感其言，遂为廉洁，豫州太守闻之，举孝廉，辟豫州从事，以能吏闻。后坐张俭事远贬而死。融好义笃实，养寡嫂孤儿，恩礼敦至。

水余先生曰：孔融者，有应变之才，却无保身之能也。其十岁，与诸名士对答无穷，每每出人意料，故因此出名也。然不知曹操外宽内忌，多为跌宕之言，又好讥讽曹操，终惹来曹操报复，家亦因之族灭也。

张俭离孔褒家，遂接着逃窜，走至东莱李笃家，将息未定，督邮毛钦率众兵至笃家。张俭曰："今督邮至，恐不能逃！"笃曰："君且安坐内室，无须惶恐，我素知毛钦为人，能打发之，若不能，我与督邮拼死亦要保全君也！"笃与钦有旧，设宴招待众人，引钦就席，私问曰："督邮为何枉驾自屈至草舍？"钦曰："张俭负重罪入藏君门，有人举报，是以来也。望君配合，交出张俭，则万事休矣！"

笃曰："俭负罪逃亡在外，笃岂得私藏？若此人果在我家，侯常侍佞奸，贪残害政，祸延天下，世人恨不得寝皮食肉。此人杀侯览母、宾客、亲属，为天下人解恨，督邮宁执之乎？"钦亦慕张俭之节，暗欣赏张俭杀侯览群属之举，故起而抚笃背曰："蘧伯玉耻独为君子。我亦愿为君子，足下既为仁义，奈何独专美邪？"笃曰："仁义我岂敢独占？今分之，督邮得其半，亦得为君子也！"钦知其意，舍张俭，叹息而去也。

毛钦离，李笃曰："今督邮虽去，然此地不安，我将伴君游，务必全君也。"于是导张俭亡命，经北海戏子李然家，李然慕张俭，见张俭全家为侯览所杀，欲妻以己女。俭以发妻本父母所配，又因己坐死，不容背叛，故拒。李女见此，更慕张俭，不较，愿为妾。张俭曰："虽为妾，我乃朝廷钦犯，婚后必将颠沛流离，请慎之。"李女曰："虽如此，愿与君共甘苦也。"李然曰："我女能嫁义士，虽疾苦又如何？"俭见其父女之诚，方从之。婚后，李女与俭立逃亡也。后笃将张俭送入渔阳，方还。先是，渔阳旧守同情党人，故李笃将张俭送至渔阳。然宦官权势大，耳目甚多，知张俭入渔阳，暗将渔阳守换为宦官党羽，以便谋其事也。

新渔阳守知张俭流亡渔阳，派吏四出，终得张俭及李女，为表功，立派数快吏押解张俭及李女进京。侯览恨张俭入骨，惧张俭入京后，百僚慕其节者甚众，为之呈请，且前已大杀党人，无由再祭屠刀，恐不得杀张俭，终不能报仇，故派刺客于途中刺杀张俭也。张俭暗知之，惧欲逃窜，而顾妾不能割。李女曰："君杀侯览宾客家人，为世人报仇，天下士人皆义之。侯览杀君亲属殆尽，君一身，张家宗祧所系，妾干系轻，愿君去而勿忧。妾有一计，助君脱身，亦能助己脱身也。"

李女遂与张俭言如此，张俭大喜，从之。张俭欺骗众押吏曰："我祖上素饶于财，城中有富人刘某欠我父万金，我若去索要，必能得。若得，皆赠送君等，我丝毫不取，只求押解路上，好酒好菜待之即可，且我必死之人，家人全死，有此重金何用？"众押吏见言之有理，恐张俭以之为脱逃计，曰："有此大钱，安能不从？我等恐君逃窜，派二人随之方可！"张俭曰："恐不妥。刘某见二人跟随，以为吏挟持我而索要欠款，恐不肯付钱也。若无人跟随，我私言之曰：'今我得罪侯常侍而逃亡，用度甚大，望君立还我之钱也。'如此，刘某知我事急，定当立还钱。刘某素仗义，恐见我窘态，除还钱外，另将赠数千金也。若得之，皆送予君等。"众押吏听，心大动，然始终恐张俭因此逃窜，以为己负。李女曰："我为张俭妾，感情甚笃，誓不分离，今以我为质，让张俭进城索要，则事两不误也。"

众押吏恃妾在，又见两人相亲相爱，彼此必不负，故不疑，纵张俭去。张俭立即逃窜。久之，张俭不还，数押吏往刘某家寻，彼云："张俭从未至也。"众押吏还复俭妾，俭妾把其襟大恸曰："我夫妇患难相守，无顷刻之离，今我夫去而不返，必尔曹受侯常侍密旨，私杀我夫矣！"俭妾大哭大闹，声动甚大，观者如市。俭妾又大声曰："我夫张俭为民除害，天下闻名，今遭如此悲遇，天地何在？公义何在？"押吏难辩明，遂申诉于案发地所在郡守，郡守亦知张俭触犯侯常侍，侯常侍权倾朝野，必欲杀张俭，然张俭天下闻名，不能直接杀之，众吏必当暗害张俭以求讨好侯常侍也。然郡守更不敢开罪侯常侍，不得已，权使俭妾寄食郡邸，立限责众押吏寻张俭回，且派数能吏辅助之。

众押吏物色不得，屡受郡守笞杖，受苦久，乃恳切求俭妾，曰："天地良心，俭确自窜，非我等杀之，夫人冤枉我等！此案不决，我等难交差也。夫人大智，为我等指明道路，我等不再求索俭也。"俭妾不答，众押吏遂叩头，良久，俭妾见其诚，曰："今汉法，擅去职者不禁，君等逃回渔阳即可。久处此地，郡守必当以汉法治君等，恐有性命之忧。"众问曰："为何？"俭妾答曰："俭在辖地不见，郡守有责，必以君等为替罪羊以求自解。"众押吏曰："大有理，然虽逃归，渔阳守问押解之事，该何如应对？现张俭不见，我等逃归，安能无恙乎？恐归亦是死罪也！"俭妾大笑曰："此易耳！君等泥首垢面、衣衫褴褛见郡守，若欲效果更佳，君等自残，如力战而伤，郡守必问为何。君等回曰：'张俭天下义士，侠客慕张俭大名，结客劫张俭而去，我等奋力争夺，因寡不敌众，遂败，张俭得以逃窜。'如此，郡守安能归罪乎？必当怜君等，虽无功，亦无大过也！"众押吏谢过。俭妾曰："事不宜迟，君等应立逃，此地郡守见不得张俭，当逮捕君等。"众从之，遂拜辞也。

于是众押吏逃跑，当地郡守闻之大惊，以为众押吏确私杀张俭，故而逃归，以俭妾之言不妄，于是释放俭妾。俭妾亦逃，在当地项羽庙与张俭会合也。当地为何有项羽庙？前汉时，匈奴数侵某地，大肆屠戮吏民，后

某次进犯，匈奴无故而退，幸存者纷曰见项羽显灵，故立项羽之庙也。项羽力能扛鼎，某地素好文，欲兴崇武风，故两汉时项羽庙香火辉煌也。

张俭入项羽庙，数日尚惊魂未定，俭妾市酒肉而来。张俭食肉喝酒，大醉，拈香跪拜，径升偶坐，据神颈，抱其首而恸哭，大声曰："大王！人命不可测也！英雄如大王，不能得天下；高祖虽得天下，传位至如此败类子孙，国家殆矣。我为直臣，欲为国除奸，却落得如此下场，家破人亡，四处逃窜，无由安身，此愁何解！"语毕，又大恸，泪如雨下。俭妾畏其得罪神灵，扶掖以出，后俭妾秉烛归殿，欲为张俭致歉，见神像亦垂泪不已。

张俭终得逃窜，其所经历，伏重诛者以十数，宗亲并皆殄灭，郡县为之残破。名士夏馥闻张俭亡命，叹曰："孽自己作，空污良善，一人逃死，祸及万家，何以生为！"乃自剪须变形，入林虑山中，隐姓名，为冶家佣，亲突烟炭，形貌毁瘁，积二三年，人无知者。馥弟静载缣帛追求饷之，馥不受曰："弟奈何载祸相饷乎！"党禁未解而卒。及党禁解，俭乃还乡里，后为卫尉，卒，年八十四。

水余先生曰：张俭者，酷吏也。俭号称名士，以阉竖专权害国，素恨侯览，为何不舍此腐身杀侯览，反而为泄愤，杀侯览母、亲属、宾客两百余人。先不论侯览之奸，杀常人亲朋如此，彼亦要激烈报复也。无怪乎党锢之祸愈烈也。党锢之祸，阉竖点火，而添油者，张俭也。张俭惹此大祸，权阉大兴报复，然后汉人多重气节，慕张俭，纷纷窝藏之，故伏重诛者以十数，宗亲并皆殄灭，郡县为之残破，始终无人举报或检举张俭也。张俭之徒，快己之意，惹下滔天之祸，不以身塞责，反四处逃窜，牵连天下，吾不与也。

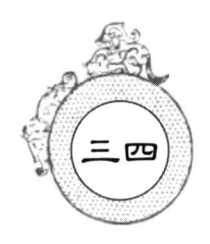

三四 裱糊匠老庸主政　糊涂官遍地笑料

党锢之祸，害及正人，然正人领袖陈寔温恶，为党人周旋，因之稍得减祸也。初，中常侍张让父死，归葬颍川，虽一郡毕至，而名士无往者，让甚耻之，陈寔独吊焉。及诛党人，让以寔故，多所全宥。南阳何颙，素与陈蕃、李膺善，亦被收捕，提前得信而亡，乃变名姓匿汝南间，与袁绍为奔走之交，常私入洛阳，从绍计议，为诸名士罹党事者求救援，设权计，使得逃隐，所全免甚众。

袁绍何人？字本初，汝南汝阳人也。高祖父安，为汉司徒。自安以下四世居三公位，门生故吏遍天下，由是袁家势倾天下。绍生而父死，因祖荫而幼使为郎，弱冠即除濮阳长，有清名。遭母丧，服竟，又追行父服，凡在冢庐六年，由是天下知名。礼毕，以宦官专权，隐居洛阳，不妄通宾客，非海内知名，不得相见。而海内知名者，多党锢人士，故袁绍大与党人来往。绍以时局黑暗，难有所为，不应辟命，有姿貌威容，能折节下士，士多附之。

水余先生曰：权阉专权害国，名士舍身与之斗，阉竖有亲近皇权之便，唆使皇帝兴党锢之祸。凡正人，阉竖皆指为党人，或诛或罢或贬。然阉竖所处，乃名士掌控舆论时代，不得不受当时风气影响，亦惧怕世人舆论也。权阉既害众贤士，恐世人非议己，不得不用贤以求解，然此贤须为

世人所慕且亲近己，无害反有利，且名德震天下，故需中庸之辈也。胡广为六朝元老，资性中庸，党人优秀者，多由胡广征辟。胡广虽知阉竖专权，从未异议，刻意与群阉善，宦官知胡广温良恭俭，党锢祸后，为遮人耳目，且为证明己等容贤，大用胡广。故胡广能从司徒迁太傅，并录尚书事。

曹节等诛杀太傅陈蕃、大将军窦武及尚书令尹勋、侍中刘瑜、屯骑校尉冯述，皆夷其族，朝臣有声望而权阉不善者，皆指为陈、窦之党，或杀之，或免之，或贬之。皇太后迁于南宫，其家族之徒，皆遭族诛，仅存其母，远贬比景，与太后悬隔。司徒胡广时已七十余，然进取之心不已。先陈蕃、李膺等昔日皆为胡广所辟，权阉等疑胡广。因胡广与众阉善，又为六朝元老，为人中庸，故党锢祸之诛罚不及之。

胡广子胡整与权阉集团素善，暗体父亲进取之意，游说群阉曰：“我父胡广，门生故吏遍天下，虽陈蕃、李膺等曾为家父所辟，终道不同而与家父分道扬镳。然多数门生故吏与众常侍善，且家父素为朝廷所重，名满天下。今诸常侍诛杀党人，其固有死罪。然党人之虚名耸动天下听闻，今杀之贬之，天下人以为常侍等不能容贤，窃窃私语，恐为常侍声名之累。”众阉曰：“善。”

阉人问曰：“汝父状态如何？”胡整逆知阉人所想，诡曰：“家父身如健年，然苦忽忽善忘也！不如免其司徒，用之为光禄大夫，以三公秩禄养之，以证明朝廷重贤。三公重任，请另择高明！”阉人得知胡整所述，又加考察，果如其言。于是阉党私议曰：“胡广年高，如此健忘，恐难专注国事。此等老朽，若授实职，正好为我等所用，既有重贤之名，又能耸动天下听闻，更便于我等控制。”于是以司徒胡广为太傅，录尚书事。

笔者按：后汉三公位虽尊，权任却远不及前汉。后汉尚书台掌政，理天下事，三公亦以尚书旨为依托。然胡广以太傅录尚书事，则胡广可控制尚书，掌朝政，握国家大权也。权阉敢赋予胡广大权，实因胡广年老好控制，以便阉党弄权也。

昔胡广与太学渊源深厚，虽在朝为官，时时赴太学讲学，名士多在太学求学。后胡广屡任三公及太傅，门生故吏遍天下，党人著名者，多为胡广所辟。胡广任太傅兼录尚书事，握朝政权，然昏主在上，权阉持权，万马齐喑，政事得过且过也。然同情党人者时时欲游说胡广为党人开禁，如先前桓帝末，贾彪、窦武等为党人直谏，桓帝怒解，故第一次党锢祸得熄。胡广素中庸，既不愿为党人言而触犯权阉，又不愿开罪党人也。

如何权衡？胡广思对策，终得之。无论阉党或党人，凡客至，必见。然对设两榻，见客，多自称"老病，不能久坐"，径直躺在榻上，靠着枕头。亦授客一枕，使之在对榻卧，嘱之曰："我等躺下聊。"数语后，胡广往往鼻息如雷，半为假寐，半为真睡。客往往虑胡广年老，且为太傅，不敢惊扰，径直待其觉醒。然而醒之不久，略言几句，便又酣睡，如此反复。若客较为腼腆，有竟至终日不得交一谈者。如此久之，党人知胡广无意为党锢直谏，便不强求，阉党亦因此大安。胡广如此挡言事者，与国初相国曹参以酒挡言者，虽行为有别，效果则一也。

然胡广年老昏聩，颇为恍惚。一日朝回，语从者曰："今日拜访司徒刘宠也。"声音不大，故从者未闻，引车归家，胡广未觉。须臾，胡广以为至司徒家，至门口，未见司徒出迎，曰："我为太傅，司徒晚辈，亲拜会司徒，司徒何在？"升堂周览，曰："境界全似我家，司徒为何如此布局？"又睹墙壁间画，曰："我家之物，缘何挂此？"继而家僮出，见胡广叩头，胡广叱之曰："我自拜访司徒，未曾叫汝伴随，汝为何来此？"家僮不语，心中窃笑。后妾出迎，见胡广施礼，胡广怒骂曰："淫妇狂奔，为何私至司徒府邸？"妾曰："此故家也！"胡广始悟，骂从人曰："我让汝等赴刘司徒家，为何径直归家也！"

后此事传出，朝中同僚笑，胡广虽知，淡然处之，从不计较也。司徒刘宠年将七十，名声虽高，亦素来糊涂，党人鄙视之，故与党人未曾亲接，与宦官素来若即若离。党锢祸后，朝廷贤者少，刘宠知之，时常诣朝堂，跳跃驰走，以示轻捷。好事者笑之曰："矍铄老翁哉！"

刘宠身体肥大，夏日醉卧，孙儿辈爬其腹上，戏以八九枚枣投脐中。后日枣大溃烂，刘宠觉，泣谓家人曰："我肠烂，将死。"家人视其脐，得枣核，乃知孙儿辈所纳枣也。

昔刘宠曾赴外任为太守，小妾在京，未曾伴随，数年，妾与家丁在家偷奸而生男，名念。后刘宠归京任九卿，发现爱妾有男，怪之，问妾何故。妾告之曰："大人远赴外任，妾思念大人成疾，忽昼梦大人与我交会，因得孕，及期生男，故命之念。"刘宠以为夫妻相念，情感所至，便能怀孕，典籍亦有类似记载，故欢然不疑。昏聩如此，可叹可叹。

曹节等为何用胡广、刘宠？取其名声大，有用贤之名，以消除朝野对阉党憎恨也。彼等又年老昏聩，亦易控制。后刘司徒闻胡广拜会事，因素敬胡广，遂下招饮帖，约胡广某日中午来饮，派专人送至太傅府。胡太傅接帖，曰："司徒相招，感其厚意，定当及时趋赴也！"刘宠得回话，甚喜，至宴日，令家人大治宴席，珍馐皆备，专候胡广来也。

胡广年老糊涂，忘之，日中仍未赴宴。刘宠怪之，不知缘由，亲至胡广府邸来请。天热，刘宠头晕，又年高，更忘记彼此之约。胡广闻司徒至，立出家门迎，笑曰："君许久未来我家，今不可不稍作停留，君来之急，故我未曾精心准备，仅有粗茶淡饭待君，休嫌轻慢也。"刘宠答曰："太傅六朝老臣，虽同为三公，然太傅资历早在我先，为我前辈，今以钧礼待我，不胜荣幸，安敢有怨！"胡广遂令家中治具留餐。

顷之，刘司徒家人见所请之客未至，主人赴请又久未归，遂派仆佣来太傅府催促。仆佣曰："司徒大人，家有贵客，酒肴皆备，请赴席！"司徒未细审视，疑是别家招饮，大怒曰："我已在太傅府中留饮，我去，太傅作为主人，无客，我竟如何？"仆佣曰："司徒前令人送帖，今本请太傅赴家饮宴，夫人见客未至，司徒亲请太傅又未归，故派我来看究竟也。"刘司徒方悟，言于太傅曰："我本邀请太傅饮，太傅未赴，我倒在太傅家先饮，失礼！失礼！"

胡广亦悟，知忘却司徒之约，曰："既然我与君皆忘记，今我家酒肴皆备，不如就在我家饮，他日再专程赴司徒家拜访，如何？"司徒曰："如此甚好！"遂令仆佣归家，令曰："我在太傅府中饮，将家中酒食分予下人也。"话毕，司徒与太傅二人相对大笑。此事传出，朝野大笑，调侃刘司徒与胡太傅为"糊涂二老"。

后一年，胡太傅检旧书信，得刘司徒招饮帖，忘其昔日所藏也。如期而往，不见司徒出迎，惊讶之，遂直登堂，见主人未在，心想："主人也许出外市买酒肉也。"于是径直坐下，不久便在座上酣睡。顷之，司徒至，见太傅睡在座上，不知何故，不忍惊醒，悄悄对座，不久亦睡。俄而太傅醒，见主人熟睡，不忍惊主人，坐待之，须臾则又睡。主人醒，见客尚睡，则又睡。及胡广醒，暮矣，主人仍睡，胡广乃潜出。胡广离开后，司徒醒，忘记曾经来客，亦入屋中再睡也。胡广归，自思："刘司徒素与我善，未曾失礼，为何今日如此？"百思不得其解，遂再读招饮帖，方忆去年此日司徒曾邀饮也。

后朝，太傅言于司徒，又共言彼此皆睡，未得对话，二公纵声大笑也。朝野闻，为之笑倒，讥讽二公为"糊涂瞌睡二老"，为之作诗以讥讽："相对客座睡时长，主人与客两相忘；困久客去主人觉，天昏地暗不见墙。"

水余先生曰：俗曰："不痴不聋，不做家翁。"上有昏君，下有群阉，权威满朝。处此危局之下，但凡有心气之官员，为远害，既不进谏昏君，亦不得罪权阉，仅躺平也。然后汉民风淳朴，官场谄媚文化未张，且去职不禁，来去自由。正直官员长期处此，内不能堪，终将去职也。唯独昏庸有名声者，昏君群小不忌，己无廉耻，倘佯朝廷，恣意情怀，所谓"从心所欲不逾矩"，"大隐隐于朝"，于昏暗世得过且过，快乐为官，国事一至于此，悲乎！

然胡广何惧讥讽？好官我自做，哪管他人言？胡广年老，虽录尚书事，诸事皆委尚书，以宦官旨意为依托，己奉行故事而已，遂日日有闲。因好书画古玩故，为之打造一精室，室中罗列古玩书画，琳琅满目，无一不备。凡有客至，胡广必邀至精室。世人多好奉承，见太傅如此，皆啧啧称赞曰："太傅之所收藏，亘古之举也。"然唯独有一人不至，何人也？张奂其人。

胡太傅屡邀请之，张奂鄙视其人，不肯至。不得已，太傅言于帝曰："老臣新造一室，百官附之者辐辏，然有一客未得，望帝为老臣招之。"帝曰："知太傅所不能致者一人耳，必张奂也。"对曰："然！三公九卿、将军、尚书、中二千石皆欲来贺，张奂却不肯行。"帝笑曰："朕明日为太傅招客。"帝召见张奂曰："太傅新造某室，欲大宴朝臣，太傅六朝元老，朕敬之，亦望君参与也。"张奂不敢违帝旨，遂答应前来。

既而日中，众客未敢举箸，皆待张奂。久之，方至，从西阶上，东向特坐。太傅自酌曰："张君后至。"奂曰："我乃酒狂。"司徒刘宠曰："张公醒而狂，何必酒也！"坐者毕瞩目卑下之。

酒酣，太傅问曰："张君大儒，精于书画，此精室，若有不相称者，幸指教，当去之。"张奂曰："太傅收藏，件件俱精，只有一老物可去。"太傅问："是何老物？"张奂曰："便是足下。"于是饮不尽卮，遽称腹痛起趋出，不顾而去。群臣多太傅门生故吏，见张奂如此不敬太傅，多怒，欲奏明天子，加以处分。太傅德高，性又宽厚，立止之，殷勤上酒乐，众人遂忘却张奂之失礼，多极饮大醉而归也。昔陈、窦之诛宦官，此为宦官集团与正直士大夫生死存亡之秋，宦官得张奂力，窦武军败，陈、窦之党覆灭，宦官感激张奂入骨髓，故张奂种种傲慢之举，皆不计较也。

张让、侯览欲为张奂解此事。某日，张、侯二常侍力邀张奂再至胡广精室中饮乐。胡广素自恋，请丹青妙手绘己，挂于堂上，来客无不称赞此画既妙且真。张奂再至，胡广大悦，亲迎至精室己之画像下。张、侯见画，大叹精妙，问胡广："此谁之神笔？"胡广曰："京兆长陵赵岐之笔也！"张、侯曰："党锢之徒固多能者，若赵岐能为我等绘像，传之后世，我等愿言于帝而特赦之。"胡广曰："赵岐涉党锢事，已经流亡，数年无消息，不知存否，难言绘画事也！"张、侯叹息不已。

胡广问张奂："此为鄙人肖像，君知否？"张奂故惊叹曰："不知也。以为太傅父之遗像也。"胡广曰："此鄙人也。请问张先生，此画哪处最像鄙人？"张奂曰："方巾最像！"胡广不悦。胡广健忘，忘前问，少顷又问张奂："此画哪处最像？"张奂笑曰："衣服最像！"胡广又不悦。又因健忘之故，少顷再问张奂："此画哪处最像？"张奂踌躇不语，胡广曰："先前似乎有宾客参观，言衣服、方巾最像，故无须言衣服、方巾，只问形体如何？"张奂思虑半天，答曰："胡须最像！"张让、侯览在旁，简直笑倒也。自此后，胡广不愿见张奂也。

三五

意更痴疾病渐起　　受讥讽胡广归天

　　胡广七十五以后，年老糊涂，至八十则愈甚，渐趋末途也。然皇帝以其六朝元老，德高望重；群阉以其易制，便己专权；士大夫以其中庸且有才，皆不愿其辞位。然胡广实在恍惚，尸位素餐，难理国事，悠游朝廷而已。胡整知父如此，盼父长寿，家族可长保富贵也。胡整知某瞽者善算，于是延请其至家，算胡广将来寿命。胡广问："我年已八十，黄泉路近，世上恐无几年也。"瞽者曰："未也，公大寿星，最少活一百三十岁。"胡广大喜，令推算八十至一百三十岁中间有疾厄否？瞽者细数至百二十岁，曰："前身体康健，无疾，只此年乃流年不利而已。"胡广惊愕。瞽者曰："无伤也，微苦脏腑，寻便差也。"胡广回顾子孙在后侍立者曰："尔辈切记，此年莫让我吃冷汤水也。"子孙闻之，知胡广命尚长，皆大喜，却不知大忧将至也。

　　建宁四年冬，胡广年八十一，在京师观角抵戏，至段颎被围汉阳郡城，内乏粮，外阻救，戚然兴叹不已。夫人拉之归家，胡广日夜忧念不止，自言自语曰："段颎围困如此，何由得解！"胡整谏曰："此戏文耳，以昔日段颎征汉阳羌为题而作戏，不得当真。且段颎早已经凯旋，以战功拜侍中，大人可召见之，让其叙解围经过。"胡广斥曰："我虽文官，亦曾习兵法，段颎困如此，安能得解！"

家人无法，只得劝其出游以纾其意。胡广从之，与数家丁简装轻从游于市间，见者不知其为太傅也。胡广忽见担竹入市者，又忧之，念叨曰："竹末甚锐，道上行人必有受其刺者。"游兴顿减，便欲归家，家丁只得从之。归家后益忧虑。

家人见此，为之请太医。太医望闻问切后曰："太傅体自康健，无疾也。"家人无法，以为太傅着魔，只得请神巫。说到此巫，不得不言其神奇，为达官贵人所重。先是，张让微时，家产尚丰，厅楼崇敞。然每夜声响特异，以为妖作乱，家人惧，避而虚其室。此巫知其事，过门，自称从蓬莱来，有仙家道术。张让大喜，邀入，与约定妖除当厚酬。巫入居之，夜见硕鼠尾巨如椎，跃入破柱，巫急从后击斩之。为何有如此响动？盖该硕鼠尾巴被他物啃破流血，行沙中，黏重沙，既干，尾巨如椎，行走则作响。作响乃此缘故，非妖也。巫知其实，为得厚酬，不肯言真相，言于张让曰："此乃硕鼠精作怪，半夜出来，大如猪，与我斗法，我用神符帖之，立死并现出原形，乃硕鼠也！"硕鼠既死，声怪立除，张让大喜，厚赠之。其名遂著。

侯览为权宦，居洛阳甲第一区，家多凶怪，黄昏即不敢出户门，阖门惊惧，以为妖怪。某日，月晦，见一物苍黑，来往庭中。家人大惧，言于侯览，侯览亦亲见，遂全家搬出，寄宿他家。侯览言于张让，张让推荐神巫，神巫遂来侯览家独自居住，空无一人。晚上，确见一物苍黑色，来往庭中，似黄狗身，而首不能举。乃以铁树击其首，轰然一声，此物惊恐而去，巫急追杀之，乃家犬也。异物如何产生？昔皇帝赏赐侯览外地进贡之香油，家犬闻香，以首入油瓮中，不能出，故在瓮中发声，人闻之惊奇，又因首入瓮不能出之故，四处逃窜。神巫安肯言真相？将犬尸陈于侯览前，大言于侯览曰："此犬妖作祟，谨除之，家必安！"侯览厚谢，后家果安。

胡广中邪，权阉遂推荐此神巫予胡广也。胡广见巫，问之："汝是否知我来世之事？"巫曰："安能不知！"胡广问："汝安能得之？"巫曰：

"昔我曾重病死，置尸棺中，魂游地府，与地府判官生前善，判官改我阳寿，添寿三纪，并私下赠我冥籍。七日后，我醒来，从棺中出，冥籍便在我身，世人看冥籍如白纸，我却能见冥籍之字，乃达官贵人未来之簿也！"胡广曰："善！言我之来世！"巫曰："稽查太傅冥籍，太傅此世为男人，享无上富贵，然来世轮回为女子，所适夫者，羌族之麻哈，其貌丑陋无比也！"

胡广闻，忧虑转剧，体更沉重，百僚及亲友咸知胡广之忧，皆来安慰曰："善自宽，病乃愈耳！"胡广曰："欲我宽心，须段颎之围解；负竹者归家且不伤人；来世时，麻哈作休书见付，且我适漂亮者。三件事解，心乃得宽也！"众人知胡太傅年老糊涂，此种荒谬事，怎能得解？众虽解譬终日，胡广始终不宽心也。

耄耋之人如此忧虑，体必不能堪。家人为宽其意，屡以肩舆抬之外出散心。京师有九龙庙，庙中塑九龙神像，然仅有一妃伴随，为上古神仙胡天祖女。因胡广与十常侍善，巴结权阉而得保高位，太学生因之而讥讽胡广："中庸有胡公，八旬体龙钟；身事十常侍，女亦配九龙。"好事者写之九龙庙，过客读之，无不笑也。胡广游九龙庙，见之，内大惭，体大不安，渐渐不能起。群客问疾，胡广惧死，觳觫不安，问儿胡整曰："我且死，但未知死后佳否？"胡整诡对曰："甚佳！"广惊问曰："何以知之？"整曰："若死而不佳，死者皆从地府逃归矣。古今死人皆不返，是以知死后佳也。"广曰："善！我可死也！"群客大笑。

熹平元年三月，太傅胡广薨，年八十二。广周流四公，三十余年，历事六帝，礼任极优，罢免未尝满岁，辄复升进。所辟多天下名士，与故吏陈蕃、李咸并为三司。练达故事，明解朝章，故京师谚曰："万事不理，问伯始；天下中庸，有胡公。"然温柔谨悫，常逊言恭色以取媚于时，与群阉厚善，无忠直风，天下因此薄之。

水余先生曰：胡广亦为栋梁也。昔党锢之祸大起，正人远逐，群小在朝，胡广虽年老昏聩，以中庸之道立朝，粗能维持纲纪，征辟属吏时，能辟善士，故朝廷尚有人物。广虽德薄，然朝野尚且推服，世间无大异议，故社稷尚能不倒。后胡广薨，朝廷缺支柱与调和，善人多畏葸不言，群小更导帝为非，终至局势不可收拾也。

三六

好游乐鸿都大雅　　多荒淫群小共欢

　　昔灵帝新即位，大权皆在窦太后及窦氏外戚之手，帝孤身入京师，诸事不得不隐忍也。后陈、窦伏诛，窦太后坐废，党锢祸发，凡正人，宦官多指为党人，打击之。故正人远隐，群小在朝，宦官专权达至顶峰。宦官虽专权，却为皇室家奴，依附皇权，迎逢皇帝，以固其宠。帝无内制，外有群小，遂能恣意，政治因此更坏。

　　帝作列肆于后宫，使诸采女贩卖，更相盗窃争斗。帝着商贾服，饮宴为乐。又于西园弄狗，着进贤冠，带绶。令长强者贪如豺狼，危害人间，弱者略不类物，实狗而冠，亦为狗官，欺弄百姓。帝宠用便嬖子弟，转相荐引，卖关内侯值五百万。帝好驴，尤好驴鸣，帝常自言："一日不闻驴鸣，则饮食都不美，无欲与后宫厮混。"但凡暴怒，鞭笞左右，一闻驴鸣，怡然自得，万事皆忘焉。又驾四驴，帝躬自操辔，驱驰周旋，京师转相仿效。驴价遂与马齐也。

　　故古人批灵帝曰："驴者乃服重致远，上下山谷，野人之所用耳，何有帝王君子而骖驾之乎！天意若曰：国且大乱，贤愚倒置，凡执政者皆如驴也。"

　　帝自幼好文学，曾自造《皇羲篇》五十章。陈、窦祸前，正人尚多，以帝之文鄙陋，不肯附和，太学诸生多讥讽之，亦不肯从帝。帝无权，故诸事隐忍。党锢祸后，帝始亲政，无内制，握大权，群阉与佞臣伴随，多吹捧帝。帝自负，以为己文学天下第一。

帝欲众文学之士伴驾，恐世人讥讽以文废经，初颇以经学相招士人。后厌经学，凡诸为尺牍及工书鸟篆者，皆加引召，遂至数十人。光和元年二月，始置鸿都门学。鸿都，禁内门名，于其内置学校，其学生则称鸿都门学生也。帝以京师太学好妄议，又曾多讥讽，终引发党锢祸。诸阉与帝亲接，更与太学师生势同水火，多进其谗言，帝鄙视太学生，故太学生极少参与鸿都门学生之选。其中诸生，帝另起炉灶，敕州、郡、三公举召能为尺牍辞赋及工书鸟篆者相课试，至千人焉，皆号"天子门生"。以侍中祭酒乐松、贾护掌其事。乐、贾迎逢上意，多引无行趋势之徒，并待制鸿都门下，喜陈方俗间里小事，帝甚悦之，待以不次之位。又市贾小民，为宣陵孝子者，复数十人，悉除为郎中、太子舍人。

水余先生曰：灵帝好文学之士，能为文赋者，待诏鸿都门下，乐松、贾护等因此而显。蔡邕甚贱之，谓其"游意篇章，聊代博弈"。然自隋炀帝至宋，千年以此取士，贵重崇高，天下所谓之贤者，无逾于文赋一途也。汉所贱而隋、唐、宋所贵，世道之变，令人感叹也。然灵帝时鸿都群小，导帝以浮华，彼时政治阉竖专权而黑暗，国事几不可为，有如此文赋群小误帝，天下之局更不可收拾矣。

鸿都门生所置之因本为帝消遣文学，颇违经学之制。为遮人耳目，避世人非议，鸿都置学初，帝令殿内图画自古圣贤、忠臣、孝子、烈士、贞妇，托以慕而表扬之，故为学。然图画初成，数月后，图画之头皆缩入膀中。群臣大骇，太学师生闻之亦大惊。有通图谶者曰："今宦官专权，正人废放，世道黑暗，圣贤、忠臣、孝子、烈士、贞妇皆缩头耸肩，羞与朝廷为伍也！"然灵帝不顾也。

鸿都门生常伴帝前，与帝唱和。帝不愿与外廷群僚交接，多在内廷与鸿都门生厮混。鸿都门生长在帝前，古曰："善仕不如遇合。"彼等多青年浪荡子，有日月之便，故仕途广阔，或出为刺史、太守，入为尚书、侍

中，多封侯、赐爵者。士君子皆耻与为列焉。国事焉能不坏？

帝好在后宫置酒与鸿都门生宴。某次，诸生酒酣，帝令诸生援笔作辞赋，先完者赐御酒。乐松、贾护、江览等先完，三人乘酒欲就帝手中夺取，帝见三人急速冲来，迅疾躲避。然乐松登御床抓帝手而得之。贾护、江览不得酒，笑言曰："帝之酒如天上琼浆玉液，人间安能常得！"帝大笑。时侍御史在，举劾众生不恭，宜付法。帝大笑曰："昔闻赵婕好辞辇，今见乐祭酒登床，皆为嬉乐，安能罪人？"众闻之大笑。

帝好文学，所自造之《皇羲篇》五十篇，为文鄙陋不堪，士人窃窃妄议，暗中讥讽。然鸿都门生多谄佞之徒，皆言《皇羲篇》为旷世奇文，能与屈原《九章》比也。帝遂自负。侯览素好附庸风雅，见帝如此，请之帝，将帝所作之文，刻碑立于太学，欲让天下士子习之。帝大悦，立从之，厚赏侯览。故太学碑体林立，皆为帝所作之文。然帝之文，学人所不忍读，太学生纷纷笑之，为之谣曰："帝文本鄙陋，无学好拼凑；牌坊满地立，徒惹世人笑。"传之禁宫，帝闻之大怒。此事原因侯览倡导而起，侯览专权久，群阉忌其权势，进谗言曰："侯览乃前朝宦官之首，好与太学往来，今失宠，怨恨，故先诳帝立碑太学，后使重金收买太学生而为讥讽诗，发布怨谤语，败坏帝之清誉。"帝大怒。群阉又暗讽有司举奏览专权骄奢，帝令策收印绶，览自杀。阿党者皆免。

帝幼时好手搏，然富家子弟出身，有何气力？昔与他人搏，往往失败。为帝后，自高自大，称己文武双全。鸿都门生知此，故意输手搏，以取悦于帝也。

乐松最早为鸿都门生，外观看来文弱，帝好与乐松手搏，乐松往往摔得四脚朝天，感叹曰："帝之气力不输名将，小臣心服口服也。"帝大悦。一日酒后，帝与乐松曰："手搏我胜汝，汝未曾赢我一次，今若能赢我，便授汝侍中也！"乐松曰："果如此乎？"帝曰："君无戏言！"乐松大喜，与帝手搏，一招便仆帝。帝曰："朕不失信，今授汝为侍中也。然朕不解，为何前与朕手搏而不能胜，今立胜也？"乐松诡对曰："此乃帝故意输让小臣，小臣安敢胜陛下？"帝闻之大喜，立下诏，授乐松为侍中也。帝好手搏，亦好观他人手搏也。乐松与贾护皆为侍中，时鸿都门生皆在，帝曰："现汝二人皆为侍中，众侍中缺首领，汝二人角力，三局两胜，胜者任侍中祭酒也。"

乐松、贾护闻之大喜，立即角力，一局乐松胜，二局贾护胜。三局，二人拼死争斗，面红耳赤，满地打滚，难舍难分，衣衫皆烂，不分高下。帝见之大笑，曰："汝二人打平手，无须再角力，今授汝二人皆为侍中祭酒也。"乐松、贾护方才释手。

昔鸿都门下众画像之头皆缩入肩中，帝初大惊，乐松、贾护安慰曰："帝之德政，远超尧舜，故自古圣贤、忠臣、孝子、烈士、贞妇羞愧难当，不敢立于世，何足多怪？"帝乃悦，问："如此缩头画，该如何处置？"乐松、贾护又曰："除旧布新，不如画贤臣，如西京宣帝故事。"

帝问曰："何等故事？"乐、贾曰："宣帝时，叙股肱辅佐之功，乃图画其人于麒麟阁，法其容貌，署其官爵、姓名，霍光、张安世、韩增、赵充国、魏相、丙吉、杜延年、刘德、梁丘贺、萧望之、苏武，凡十一人，皆有功德，知名当世，是以表而扬之，明著中兴辅佐。"

帝曰："好故事也。然今该图画哪些名臣？"乐、贾曰："小子等应避嫌，此龙意天裁也！"帝曰："朕思即位数年来，唯独汝等深得朕意，汝等不上墙，更待何人？"于是敕令尚方为鸿都文学乐松、贾护、江览等三十二人图像立赞，以劝学者。

尚书令阳球谏曰：臣闻《传》曰："'君举必书。书而不法，后嗣何观？'案松、览等，皆出于微蔑，斗筲小人，依凭世戚，附托权阉，谄媚陛下，以求干进。或献赋一篇，或鸟篆盈简，而位升郎中，形图丹青。是以有识者掩口，天下人皆嗟叹。臣闻图像之设，以昭劝戒，欲令人君动鉴得失。未闻竖子小人，诈作文颂，而可妄窃天官，垂象图素者也。愿罢鸿都之选，划群小之图像，以消天下之谤。"书奏不省。

蔡邕亦谏曰："今四夷交侵，天变屡起，社稷不稳，民人不安，此乃陛下宵衣旰食之时，故鸿都篇赋之文，可且消息，以示惟忧。天下者，陛下应与良贤共治之。然宰府孝廉，士之高选，近者以辟召不慎，切责三公，而今并以小文超取选举，鸿都之门如鲤鱼之龙门也，鸿都门生无德无功，超迁众僚之上，众心不厌，莫之敢言。臣愿陛下忍而绝之，思惟万机，以答天望。"帝不听也。

鸿都多群小，然偶有贤者，此则高彪也。高彪字义方，吴郡无锡人也。家本单寒，至彪为诸生，游太学，有雅才而讷于言。后郡举孝廉，试经第一，除郎中，校书东观。数奏赋、颂、奇文，因事讽谏，灵帝异之。然鸿都群小不便其在内，共同举荐之，彪遂迁外黄令。彪文辞可观，书法上乘，帝素宠幸，不舍，然群小排挤，帝亦无可奈何，敕同僚临送，祖于上东门，诏东观画彪像以劝学者。彪到官，有德政，上书荐县人申屠蟠等。病卒于官，文章多亡。

鸿都门生多奸佞，与权阉善。权阉素无学，既导帝好文学，便多以鸿都门生伴之，帝无暇听政，更便权阉专权。权阉忧恨党人，凡为党人仗义执言者，必谗之于帝，言者多得重谴。

水余先生曰：凡大有为之君，无不盼其臣敢谏也，然敢谏之士不数进。何哉？言出而君怒，左右大臣得为居间而解之，怒可息也。若君怒终不释，直臣触暴君，贬窜诛死，而臣事君之义可申也，虽如此，言路尚未堵塞也。何哉？唯君怒有已时。而在旁之群小恨言者，乘间进谗，且指摘言者小过以败人名节，则言者身与名俱丧，甚至子孙妻党交游皆受其祸。若群小在君旁，虽有骨鲠不惧死之臣，慑于此，亦迟回而吝于一言。故若群小伴日月，言路几乎全部堵塞也。

三七

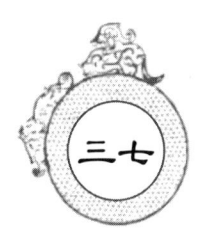

纨绔子暗藏玄机　跌宕行世皆不识

熹平五年五月，永昌太守曹鸾上书曰："夫党人者，或耆年渊德，或衣冠英贤，皆宜股肱王室，建言献策也。先前枉死者甚众，幸存者久被禁锢，辱在涂泥，或囚或贬。朝廷政乱，党人思正之，虽偶有过激，然忠心可嘉；谋反大逆尚蒙赦宥，党人何罪，独不开恕乎！故灾异屡见，水旱荐臻，皇子不生，皆由于斯。宜加沛然，以副天心。"

灵帝省奏，大怒，即诏司隶、益州槛车收鸾，送槐里狱，掠杀之。宦官更为添油加醋："党锢之狱，乃帝亲裁，安能有误？曹鸾居然以天变责帝未宽党人，此大谬也！天变乃因处理党锢不彻底所致，若彻底之，则天变必消矣！"帝从之。于是诏州郡更考党人门生、故吏、父子、兄弟在位者，悉免官禁锢，爰及五属。因曹鸾为曹腾养子，众阉皆曰："此曹鸾个人所为。"故诛罚不及曹家，曹家得无患。

曹鸾何许人，为何敢冒天下之大不韪为党人仗义执言？曹鸾者，曹操叔父，夏侯民幼子，亦过继给曹腾为养子。曹鸾素正直敢言，早年因曹腾养子之故，举孝廉为郎，后迁县令，党锢祸后，再迁永昌太守。

曹腾于桓帝即位初薨，养子曹嵩嗣位。嵩质性敦慎，桓帝感腾之拥立功，厚待其家，故嵩得以于桓帝末，官拜司隶校尉。灵帝时，擢拜大司农、大鸿胪，中平四年，太尉崔烈罢，大司农嵩贿赂中官，且给西园捐钱一亿，遂得从大司农超拜太尉。嵩生操。

曹操少时好飞鹰走狗，游手好闲，结交狐朋狗党，出入声色犬马。那时曹家素恭俭谨慎，操叔父曹鸾数言之嵩："今操不好学，游荡无度，结交匪类，恐为家族之累。"曹操少机警，有权术，善在嵩前掩饰隐藏。闻鸾之言，曹嵩虽不应，心疑。曹操患之，思对策。后逢叔父于路，假装面瘫口吃。叔父见状，怪而问其故，操曰："我长日花天酒地，纵欲过甚，终卒中恶风，面瘫而口吃。"叔父怒曰："我数劝汝，汝不听，今如此，不得不禀告汝父也！"操曰："我年轻，中恶风又何如？将息便好，望叔父无为启告，以贻我父忧也！"叔父曰："我家以德立世，汝如此，败坏家风，不得不启告汝父也！"操故意多求叔父勿告，叔父不听，坚欲告操之事也。

为何操叔父对操有如此执见？

昔操十岁时，随叔父鸾宦游，从县里索骑，所值之马甚陋，叔侄共乘，鸾面露不悦之色。操曰："我能以驽马换骏马，叔信之乎？"鸾曰："汝若能换好马，请汝大餐也！"操令鸾躲避，己独骑马，路上观望，见后来人骑骏马将至，操手握缰绳，佯大泣马背上。来人问曰："童子何泣也？"操曰："我马乃骏马，奔驰绝尘，年幼难操控，深恐摔下而受伤，故大泣也！"来人以为童子之言必可信，意童子之马更佳，于是下地与曹操换马。操既得马，疾策而去。来人乘马，始悟受欺，追之不及。后操找寻叔父，言明换得良马策。叔父遂恨曹操多奸，恐将来为家族之累也。

叔父告嵩："操因纵欲喝酒过甚故而中风，现面瘫而口吃也。"嵩惊愕，立呼操问之，察操口貌如故，大怪，问曰："叔父言汝中风，难道已愈乎？"操曰："小子何曾中风？因失爱于叔父故，叔父好讲小子坏话也！"嵩因此疑弟，自后曹鸾凡有所告，嵩皆不信。曹鸾厌恶操，时时进恶言于嵩，操患之，暗知鸾之爱好，于是求古碑磨灭者数十座，钉于曹家院内，托己好之而为。鸾见众古碑，大好之，读碑，辨识文字，以爪搔发垢嗅之，往往至暮，大废寝食，世事尚不在意，更遑论言操之奸事。于是曹操更得恣意。

鸾不识真才。然桥玄者，最早欣赏曹操，玄与操为忘年交也。梁国桥玄，顺、桓之际，已为名臣，因性格刚强之故，屡触犯权贵，或罢官，或下狱。曹腾为中常侍大长秋，素有贤宦之名，知桥玄贤能，桓帝初年，屡荐之朝廷。先前桥玄罢职为民，因曹腾之荐故，得以超征司徒长史，后拜将作大匠。玄之直性，骡子不死，倔气不改，权贵不便，屡欲害之，腾多全佑，得无患。故桥玄感激曹腾，与曹家甚善。

灵帝时，桥玄任太尉，曹嵩为大司农。曹嵩携操拜会桥玄，桥玄一见操，觉其相貌异常，知其非常人，对操曰："我年花甲，阅天下名士多矣。未有如君者，君善自持，不可放纵，我老矣，愿以妻子相托。"操不语，曹嵩曰："犬子好斗鸡走狗，恋声色犬马，不败家，便大幸也！"桥玄曰："今时乱，众皆郁郁，不得不托声色犬马消遣。此子内藏蕴明，广有智慧，人中龙凤也！"曹嵩自恃知子深，不之信也。

后曹嵩如厕，玄私谓操曰："天下将乱，非命世之才不能济也，能安天下者，其在君乎？"操心喜，知玄为前辈，以子弟礼请曰："天下为何将乱？"玄曰："桓帝昏庸在前，末起党锢之祸，大失天下士心。灵帝昏聩在后，朝廷不思弥之，再起党锢，其祸更烈于前。又有群阉乱政，灵帝好卖官及聚敛，又以鸿都文学附庸风雅及因之集众奸佞小人在旁，天下之乱可期也。灵帝在，四海略有维系，然天下已经不稳；灵帝若不在，大乱必立至也！观帝如此昏庸荒唐，天下人多切齿，所谓：'千夫所指，不病则死。'天子命短，大乱可期也。"操大悟，然曰："小子乃贵公子，安有如此远志？"玄曰："君外虽跌宕，内实蕴神明，我阅人多矣，君安能逃脱我之法眼？"操曰："果如此，将来若成大事，必厚事君及待君之家。"玄曰："我垂垂老矣，恐不及见君事成，愿君善待我家。"

操曰："诺！"桥玄曰："君虽贵公子，家族势大，却无重名，将来若要成事，必先立重名于天下。"操问曰："依何立名？"玄谓曰："君可交许子将也。"操问曰："为何交许子将？"玄曰："今士大夫之进取，朝廷不得措手，得士大夫公议也。许子将名士，天下闻名，若得其高评，君必将名扬

天下。将来以高名起事，加之君家势力，天下响应者必众也。"

水余先生曰：桥玄者，慧眼识英雄也。见操，便知其非常人，所谓尘埃识天子，高水平识人之明也。桥玄为先辈，曾任三公，年轮仕宦皆超操父嵩，长操三十多岁，却以朋友之礼待操，为之指明人生方向，且以妻儿相托，操内心感激，允诺之。后操成大业，握朝廷实权，厚待桥玄家，心默许桥玄为忘年挚友。且数亲祭祀其墓，亲为祭文。操号汉贼，情感少外露，然读操之祭文，千载之下，依然见其真情，让人悲怆。

许子将何人？乃汝南许劭也。少有名节，游太学，好人伦，多所赏识，上文已言郭泰提拔众士，许子将亦善识人，与郭泰等，故天下言拔士者，并称"许郭"。许子将名高，太守徐璆甚敬之，辟之郡功曹，府中群吏闻子将为吏，莫不改操饰行，以求闻达于许子将，欲得许子将善语，为将来进取虑也。

昔汝南袁绍亦惧子将。袁绍公族豪侠，去濮阳令归，车徒甚盛，将入郡界，惧许子将恶评，乃谢遣宾客，曰："我舆服岂可使许子将见。"遂以单车归家。许子将曾游颍川，名士多随之游，陈寔素慕子将，子将之年纪乃己子辈，寔不敢以长者自居，谦卑奉书曰："兄游颍川，弟为颍川主人，候兄闲暇，立趋造访！"子将回书曰："今已周游长者遍，京师有急，不得见君。"遂归，不候陈寔。

陈蕃素有忠直名，昔在太学为领袖，世人皆慕，桓帝末之党锢祸后，士大夫皆高尚其道而污秽朝廷，彼此互相标榜，为之称号，以"窦武、陈蕃、刘淑"为三君。君者，言一世之所宗，亦为世人趋学之模范也。昔陈蕃丧妻，护丧还乡而葬，名士毕至吊唁，子将独不至。

陈寔、陈蕃皆有重名，子将偏不拜访。或问其故，子将答曰："陈太丘之道广，广则难于周全；陈仲举之性峻，峻则于世事少通。故皆不愿意造访也。"子将虽与二人相疏，然与其他党人交往甚密，同情党人而痛恨权阉。子将之品目大体符合现实，于宦官宾客及党羽，从不置评，既无善语，亦无恶言，故与宦官集团若即若离。善于明哲保身，又善趋利避害，故党锢之祸不涉及，可见子将有先见之明也。宦官知子将名大，亦不敢害之。

为叙事连贯，故先略微介绍许子将，续言曹操与桥玄也。操问曰："许子将天下名士，请君介之。"玄曰："我虽三公，然与士大夫少交接。且党锢祸后，士大夫轻朝廷爵禄，更轻朝廷公卿，君若请我中介，子将必轻君，反为不美矣。此须君自为，君有谋，必能得之。"操曰："诺。"

然欲让名士置价，须有好题目也。曹操为权宦孙，公卿子，在贵公子间多异闻，现录之于下也。

昔操与某妓善，后妓为中常侍张让所买而为其妾。操思见之，潜入张让室幽会某妓，让觉之，大怒，率领家奴、武士擒操。操乃舞手戟于庭，逾垣而出，追者甚众，操才武绝人，莫之能害，遂得逃归。操之祖曹腾为张让先辈，让之发达，乃曹腾举荐，曹嵩为曹操呈请，以腾恩感之，事遂得已。

操早年与袁绍善，皆公卿子孙，少与交焉。操与绍皆好为游侠，曾观人新婚，操见新人美，思欲夺为己妾，见周围随从甚众，因与绍共潜入主人园中。操夜大呼云："有偷儿贼！"房中之人皆出观。操遂潜入，抽刀劫持新妇与袁绍而还。不久，新人家觉，遂四处而追。操、绍急还，迷失道路，绍堕入枳棘中，不得动弹。操挟持新人在手，难拽起绍，故意大呼曰："偷儿贼在此！"袁绍惶恐，力自掷出，遂以俱免。

绍家西邻有好李，然偷者甚众，主人设阱于墙下，置粪秽其中。绍不知，约与操同偷好李，至墙上，袁绍呼操曰："君先下，我后随之。"操立跳下，陷阱中，粪秽溅及衣领，污秽不堪。操恐袁绍不下，立轻声呼曰："速来，此有佳李，已先尝之也！"绍遂跳下，亦入粪阱中，方欲怒骂，操曰："假令汝不坠污阱中，汝笑我无已时。"绍遂无言。

水余先生曰：曹操曾自言："任天下之智力，以道御之，无所不可。"在山用山之智力，在泽用泽之智力，己无所恃，故谋臣将帅士兵无恃心，故无不可恃，此争天下者之善术也。然操之所以任天下之智力，术者非道

也。术者，有所可，有所不可；可者契合，不可者弗能纳，则天下之智力，不为操用者，大有人在也。故此操能争天下而不能定天下也。而袁绍曾言："吾南据河，北阻燕、代，兼戎狄之众，南向以争天下。"故起兵之处，其志早定，欲有所恃，如天险及戎狄众。故董卓死，长安乱，中州鼎沸，袁绍视之如不见。凡欲争天下者，莫患有恃也，已恃之矣，谋臣将帅恃之矣，兵卒恃之矣，所恃者险，而离乎险，则丧其恃而智力穷。故袁绍终败于曹操也。

三八

为求品私劫质子　慕烈士周游历险

操之诸多跌宕事在公卿间传播，故为上层及世人所晓，世人皆以纨绔目之。操既得桥玄指引，遂卑辞厚礼，屡求许子将下己品目，求闻于士大夫，以便立重名。子将鄙其人而不肯，操思策以对之。

子将少子方十岁，独游家门次，操率两门客持杖劫持，入舍登楼，就子将求品目。子将名士，先不肯。有顷，司隶校尉率河南尹、洛阳令围守子将家，京师观者云集。司隶校尉等恐操杀其子，劝子将下品目，子将迟疑，子将夫人素爱幼子，涕泪固请于子将。子将见众人如此，不得不叹息曰："先释我子，后方下汝之品目。"操知子将信士，言出必行，立释放幼子。子将评操曰："君清平之奸贼，乱世之英雄。"或曰："子治世之能臣，乱世之奸雄。"无论如何，操大悦也。

司隶校尉以京师劫质屡发，不得其对策，知操家权势，又知操有智，便问操曰："今汝行劫质，违汉法，本应纠办，然君若有策杜绝劫质，我便不究此也！"操大笑曰："有何难？凡有劫质，劫者与质子皆杀之，不得赎以财宝，则奸路消矣！"司隶校尉善其策，释操而去。以操策上奏朝廷，朝廷从之。昔安帝之后，法禁稍弛，京师劫质屡起，不避豪强，自操建议此策，劫质遂绝。故奸雄能创非常之原也。

操既得品目，便思出仕。昔顺帝时，左雄定制："孝廉年不满四十，

不得察举，皆先诣公府，诸生试家法，文吏课笺奏。"朝廷从之。曹操早年因家族势大，既得桥玄赏识，又有子将品目背书，故能突破汉制，年二十，举孝廉为郎，除洛阳北部尉，迁顿丘令。

曹操为权宦曹腾孙，曹腾素有美名，于桓帝初年去世，尚不及桓、灵时宦官专权。灵帝时，宦官专权，近习乱政。子将不品名曹操曰"治世之能臣"乎？曹操虽为权宦孙，公卿子，外虽纨绔，实则暗藏正天下之大志。

水余先生曰：曹操早年非有谋篡之心，反愿为汉之名臣，因累世受汉之富贵，思报之。故为官之后，刚直不阿，恨宦官专权，同情党人，仗义为党人言，因之受牵连而无悔，后发现汉室实无可救药，遂不复建言，静待时变，然此时之操，仍无篡汉之志也。平袁绍后，便有篡盗形势，十数年，内藏正位之志，却终身守汉节，群下劝进，操皆不从，曰："若天命在我，我为周文王矣。"孙权上书称臣，称说天命。操以权书示外曰："是儿欲踞吾着炉火上邪！"终由子正皇位也。较后世之乱臣贼子，不强乎！

操既得桥玄赏拔，与桥玄为忘年交，常感其知己。及后为丞相，经过玄墓，辄凄怆致祭。自为其文祀曰："故太尉桥公，诞敷明德，泛爱博容。国念明训，士思令谟。灵幽体翳，邈哉晞矣！吾以幼年，逮升堂室，特以顽鄙之姿，为大君子所纳。增荣益观，皆由奖助，犹仲尼称不如颜渊，李生之厚叹贾复。士死知己，怀此无忘。又承从容约誓之言：'殂逝之后，路有经由，不以斗酒只鸡过相沃酹，车过三步，腹痛勿怪！'虽临时戏笑之言，非至亲之笃好，胡肯为此辞乎？匪谓灵忿，能诒己疾，旧怀惟顾，念之凄怆。奉命东征，屯次乡里，北望贵土，乃心陵墓。裁致薄奠，公其尚飨！"发自赤诚，边哭边诵读其文，哀动左右也。

操多机变，故世人以奸雄目之。其叔曹鸾性质忠厚，果毅敢言，与党人多有交往，终因为党人仗义执言而慷慨赴义也。

曹鸾早年，养父腾送其入太学求学。鸾虽权阉养子，却礼贤众人，好交名士，李膺子瓒亦在太学，二人同志相亲。后张俭事大起，朝廷敕令收捕钩党。时李膺归乡而家居,适曹鸾为郡督邮,朝廷敕令逮捕李膺,鸾抱诏书径至李膺家,不至县治,谓膺曰:"朝廷逮捕君大人,现诏书在我手,我先不发,私告,君大人可偷去矣。"李膺曰:"事不辞难,罪不逃刑,臣之节也。世乱不能养浩然之志,食禄又欲避其难乎?今党人者甚众,窦武、陈蕃先死,我年已六十,死生有命,去将安之?我必死矣,以区区腐体感朝廷,且伴陈、窦地下,无让其久等矣。"

曹鸾涕泪请曰:"小子愿去官累筋骨侍奉君大人,周旋四方,不避艰险,望君大人允之。"磕头流血,以表追随诚意也。李膺慨然而叹,呼子瓒:"我儿,汝应知我必死也,盖'圣达节,次守节'。昔殷纣之暴,伯夷不食周粟而死,今朝廷不甚殷纣,若无名士为之殉,恐后世多言矣。后事毋庸多言,曹鸾者,我之程婴也。"曹鸾见此,知膺之意不可回,乃曰:"小子敢不承命,以死护卫瓒兄也!"膺言毕,亲诣诏狱,考掠致死。妻女皆徙边,门生、故吏皆受禁锢。

李膺唯有一子瓒。曹鸾去官随瓒周游逃难,江、淮、海、岱,靡所不历。李膺昔为司隶校尉时,尤好诛杀阉竖之党,阉竖惧李校尉,休沐皆不敢出。后陈、窦之难作,阉竖尤恨李膺,膺虽就诛,阉竖亦牵连其家族,膺独子瓒逃窜,阉竖言于帝,必欲追捕之以正法。时曹鸾随瓒周旋,至渡口,二人独上小船。时朝廷悬赏捉拿党人,瓒尤入名录。艄公见二人神情紧张,又文质彬彬,知二人不凡,恐为党人。艄公故曰:"今朝廷追捕党人,其赏重也。"曹鸾曰:"我等非党人也。"艄公正色曰:"党人者,乃正人也,朝廷无道,害及正人,我为百姓,亦为之愤慨。我素鄙视朝廷,即使发现党人,必窝藏之,虽连坐,心中不恨。"

瓒故问曰:"君为何同情党人?"艄公曰:"实不相瞒,我昔为太学生,拜李膺门下,感朝廷黑暗,故隐姓埋名,为艄公也。"瓒见其诚,曰:"我即为李膺子瓒也!"艄公见此,立下跪曰:"见公子如见师,今能相逢,大幸事也。"鸾、瓒扶起,曰:"朝廷布天罗地网通缉党人,君有何策脱我等之危难?"艄公曰:"此易耳!二君请安坐舟中稍待,我好酒,待我去集市

三八　为求品私劫质子　慕烈士周游历险

饮酒归来，便有计策矣。"说罢，艄公上岸，二人坐船中等待。

许久，艄公未归，鸾曰："许艄公赴官府举报，来抓君也。"瓒曰："艄公既声明为我父门徒，必不虚，若官府来逮，此乃命也，无须汲汲。"言罢，艄公至，手中携酒肉。艄公曰："二君久等，我逢故人，与之宴，酒醉肉饱，不忘二君，为二君亦市得酒肉归也。"二人吃喝，艄公开船，河中官船甚多，多缉拿党人，尤访瓒急也。艄公见官船，必唱曰："何处觅李瓒，此船中便是。"瓒大惊怖，不敢动也。监司见船小装狭，谓艄公狂醉，都不复疑。艄公行水路百里，皆唱此，无人疑之。至岸，瓒曰："君之胆识谋略为世人上上等，小子钦佩也。"艄公曰："此皆从师李膺处所学，我何有哉？"瓒曰："若将来得释，何以报君？"艄公曰："天意注定你我相会，我能尽绵薄力，安求报乎？"瓒固邀，艄公曰："逼不得已，我不好名器，故归隐在野，无他生计，只靠撑船，勉强温饱度日，恒难得饮酒，若君得生天，使酒足以供余年，毕矣！此外无所需也。"

后至北海，二人卖饼于市集。时安丘烈士李昊年三十余，游市见鸾、瓒，虽小贩，然气度非凡，察其非常人，停车呼与共载。鸾、瓒俱失色，恐朝廷逮至。李昊乃下车，屏人而问曰："视看二子非卖饼者，我招呼，二子色动，有重怨而亡命乎？我北海李昊，阖门百口，势能相济，必不相负也。"鸾知李昊大名，遂以实告："瓒乃李膺子，罹党锢之难，李膺已死，家族徙边，门生故吏皆遭禁锢。鄙人曹鸾，为曹腾子，感李先生之义，弃官与瓒不避艰险而周旋。"李昊曰："二君与我见面如故交，宦官耳目甚多，市集卖饼，终非长策，不可不先至我家以容后图也！"遂以俱归。李昊先入白母曰："今出行大乐，得二死友。"迎入上堂拜母定交，飨之极欢。

李昊曰："瓒兄为李膺子，入党锢名籍，世所多指，恐难外露。然鸾兄为曹腾子，家族势大，归必无患，无由二人共同逃亡也！"鸾曰："昔曾亲答应瓒大人随瓒周旋，生死与共，今安敢背乎？"李昊更曰："瓒兄在我家，必无患，然非长策，党锢之祸亦应解也。君父虽薨，然曾为中常侍大长秋，为宦官之首，君兄为九卿，累世权势。君寻得机会上言朝廷，若得解党锢之祸，不但瓒兄得救，不负当初之诺，不负李先生所托，且能解其他党人之祸，不亦上策乎？"鸾问曰："瓒兄该何如？"李昊曰："我与二君为生死之交，家有复壁，仅我知晓，瓒兄内藏之，必无患矣！"瓒曰："我藏李昊家，万无一失也。然鸾兄归，党锢之事慎言，恐为君及家祸也！"鸾曰："此我自当深思，我不能负党人。今昊兄家如金汤之固，我无忧，舍去此旧身，必为党人有所为也。"后鸾归，二君涕泪不舍，私送百里而后别也。

  水余先生曰：光武中兴，大兴儒学，提倡节义，天下承风，以节义自尚，更慕节义之人也。何谓节义之人？忠臣、孝子、烈士、贞妇是也。后汉无官本位思想，官职仅为人生一途，非首选，且此时去官无禁，来去自由，官僚之法宽松也。官僚受风气影响，尤好节义之人，甚至为之颠倒。若节义之人触犯汉法，官僚愿徇法而私释之，若汉法严禁，上官不纵，必惩罚节义之人，官僚愿去职追随，抛妻弃子，甘为仆佣，不辞辛劳，为之周旋到底。后世看来，似乎不可理喻。然史实如此，疑之无益，历史皆有特定语境，考察史实应置于当时语境下，勿以后世情形观，更勿以当世价值衡量。虽如此，此种奇观，后世不多见也。何哉？风俗渐浇漓，人心变复杂，官本位尤强，阿谀氛围更浓，故愈至后世，愈觉此等事情不可理喻也。

  曹鸾归家。彼时汉法松，擅去官者无禁也。因家族关系之故，且朝廷不知鸾与党人过从甚密，遂得超迁永昌太守。曹鸾知兄曹嵩为人谨伤，难谋党人之事，故思之再三，于灵帝熹平五年上书，触帝怒，下狱死。

  后黄巾起，灵帝大惧，贤宦吕强建言释党锢。李瓒方得出，四府交辟，位至东平相。下车伊始，便报答觟公，供其酒食终身也。因感曹鸾之恩，大与曹操交往。曹操微时，瓒异其才，将没，谓子宣等曰："时将乱矣，天下英雄无过曹操。张孟卓与我善，袁本初汝外亲，虽尔勿依，必归曹氏。"诸子从之，并免于乱世。

三九

窥社稷黄巾大起　惧合谋党锢禁解

　　上文已言，黄巾大起，灵帝惧党人与张角合，故大赦党人，得党人之用，终大抵平定黄巾。然此后天下不稳，盗贼四起，朝廷始终不能平定。黄巾为何而起？始末如何？

　　巨鹿张角自称"大贤良师"，奉事黄、老，以妖术教授，诈称是神仙中人，早年与赤松子游，故此得道。咒符水以疗病，令病者跪拜首过，告知病者若如此，病无不立愈。或时病愈，纯属偶然，众神之。又令弟子，周游郡国游说："能令盲者登视，拐子立行。"张角又敕令诸求病者："虽自己未愈，当告他人已愈；如此，则病者必愈；若告他人未愈，则后终不愈也。道法精深，正在于此，不可不信。"

　　于是后人问前来人，辄告云"已愈"，无敢言未愈者。转相诳诱，十余年间，徒众数十万，青、徐、幽、冀、荆、扬、兖、豫八州之人，莫不毕应。或典卖财产，流移奔赴，填塞道路，未至病死者亦以万数。或告张角等聚众欲谋不轨，朝廷敕令逮捕。张角知群阉持权，行万金与众常侍，众常侍言于帝曰："角以善道教化，为民所归，流民大起，若无张角教化，必起为盗贼，张角功在社稷。"故朝廷赦之。

　　杨赐时在司徒，召掾刘陶告曰："张角等遭赦不悔，而稍益滋蔓，大收徒众，欲窥社稷。今若下州郡捕讨，州郡多有信奉张角妖道者，恐更骚扰，速成其患。为今之计，朝廷应切敕刺史、二千石，简别奉教流人，各护归本郡，以孤弱其党，然后诛其渠帅，可不劳而定，何如？"陶对曰："此孙子所谓不战而屈人之兵，庙胜之术也。"赐遂上书言之。会去位，事留中。

陶见此，与奉车都尉乐松、议郎袁贡联名上疏曰："圣王以天下耳目为视听，故能无不闻见。今张角支党不可胜计。前司徒杨赐奏下诏书，切敕州郡，护送流民，会赐去位，不复捕录。虽会赦令，而谋不解散。四方私言，云角等窃入京师，觇视朝政，鸟声兽心，私共鸣呼。州郡忌讳，不欲闻之，但更相告语，莫肯公文。宜下明诏，重募角等，赏以国土。有敢回避，与之同罪。"灵帝方好鸿都文学，纵酒昏酣，徜徉美色，无暇顾及外事。

角曾遣弟子八人使于四方，以善道教化天下，转相诳惑。十余年间，众徒数十万，遂置三十六方。方犹将军号也。大方万余人，小方六七千，各立渠帅。讹言"苍天已死，黄天当立，岁在甲子，天下大吉"。以白土书京城寺门及州郡官府，皆作"甲子"字。

水余先生曰：封建废而权下移，天子公卿之于庶人，无堂陛之差也，于是庶人觊觎为天子，故盗贼因之而起也。嬴政之暴，王莽之酷，盗贼始横焉，秦之盗悲六国之亡，莽之盗思汉室之旧，盗贼必有所托，然后可假为之名，亦耸动天下而翕然以从。至于张角，所托异矣。阉竖之毒，郡县之虐，虽士人切齿，未可以为名也。何哉？士大夫与直臣拼死与阉竖、奸佞斗，世人觉公道尚未完全丧失，且汉廷祖宗德泽深厚，故世人对汉廷再失望，人心尚未全失也。适逢汉末疾疫大起，汉廷之救治流于形式，百姓怨恨，张角以方术治疫，并同时传道，角曰："吾之道，黄帝、老子之道也。"世人处政治黑暗，生活困穷，疾病肆虐之际，好托于鬼神，故张角以黄巾道迷惑世人，因之而起，且世人易起也。

张角欲起事，徒弟有谏阻者。昔张角风餐露宿传教，故而病秃，后纳妇，妇受伤跛足。后张角欲举兵反而窥社稷，弟子济南唐周谏曰："今汉室

已历四百年，德泽布天下，虽有失政，民心尚且信向，恐不能反也。"张角曰："天象大变，灾异屡起，汉室将亡，我不受命，孰受命也？"唐周见此，不深谏，私下言于亲众曰："我师志大才疏。凡圣人受命，必有异相，世宁有癫痫天子、拐脚皇后乎？"

中平元年，大方马元义等先收荆、扬数万人，期会发于邺。元义素往来京师，以中常侍封谞、徐奉等为内应，约以三月五日内外俱起。为何约此日？因此日灵帝出宫，为马元义等窥知，故将为黄老道盛会，灵帝好观览，必乔装赴会，因举火袭击乘舆。京师无皇帝，便好起事。未及作乱，而济南唐周上书告之，元义适在京师，灵帝令议郎皇甫嵩率重兵围剿。夜至其所，绕其所居，但见火坑，兵不敢进也。嵩曰："此地素无坑，止妖妄耳！"乃进，无复火矣。

元义被逮，审问得实，果欲窥社稷，于是车裂元义于洛阳。灵帝以唐周告变书下三公、司隶，使钩盾令周斌将三府掾属，案验宫省直卫及百姓有事角道者，诛千余人，推考冀州，逐捕角等。

周斌为权阉之党，虽奉皇命查验官民有事张角妖道者，暗体权阉意，将阉党所恶者，纳入妖道中，从而害之。昔刘陶为太学生，屡与权阉作对，尤其得罪侯览，更为其所妒恨，后辟司徒府，迁尚书侍中，以数直谏，为权阉所恶，徙为京兆尹。然灵帝好文学，素重陶才，征为谏议大夫。诸中官谗陶与张角通情，并言昔日张角在京时，陶与张角善，往来唱和嬉戏。今张角于京师无根基却能大起，弟子元义在京师有异谋，刘陶皆不能察，陶必与张角及其党谋也。帝遂疑，收陶考黄门北寺。

中官讽治狱使者严考，楚毒至极。陶对使者曰："朝廷前封臣云何？曰老成谋国，忠于社稷。然不恒其德，反用佞邪之谮，下臣诏狱，五毒考问。臣恨不与伊、周同俦，喜与陈蕃、窦武、李膺三仁同辈。今上杀忠謇之臣，下有憔悴之民，社稷将倾，帝命亦在不久。然后悔于冤臣，将复何及？"不食而死。使者复将刘陶临死言奏之灵帝，灵帝大怒，诛及刘陶亲属。

元义车裂，京师诛奉黄巾道者。角等知事已败露，晨夜驰告诸方，一时俱起。皆着黄巾为标帜，时人谓之"黄巾"，杀人以祭天。角称"天公将军"，角弟宝称"地公将军"，宝弟梁称"人公将军"。所在燔烧官府，杀戮长吏，劫略聚邑，害及平民。州郡失据，素无准备，承平日久，文恬武嬉，长吏多逃亡。旬日之间，天下响应，京师震动。

水余先生曰：外患虽起，若无内祸，无大忧也。若加之祸起萧墙，内外交织，则社稷危矣。灵帝时，朝廷政乱，主昏于上，群小乱政于下，党锢又屡起，社稷已千疮百孔，为张角窥知，故以布黄巾道为名，先收徒众，后勒之为兵，因之而势力大起。虽如此，张角亦狐疑不敢起事，毕竟汉廷祖泽四百年，虽昏君屡出，政局亦未至决裂之期也。张角为何终敢决裂？未必不因刘陶之诛也。刘陶贤士，名儒硕德，公忠体国，直言敢谏，有天下重名。然古训"杀谏者必亡国也"，故张角知汉社稷将亡，欲窥神器，于是毅然大起。天下人亦知直谏名臣刘陶被杀，朝廷不道，故纷纷响应，京师震动也。

帝大惧，诏敕州郡修理攻守，简练器械，自函谷、大谷、广城、伊阙、轘辕、旋门、孟津、小平津诸关，并置都尉，屯以重兵。帝诏群臣会议，北地太守皇甫嵩以为宜解党禁，宜出中藏钱、西园厩马以班军士。嵩，规之兄子也。帝入权阉言，以党人害国，又素爱财，迟疑用宫中费劳军及解党禁。帝问计于中常侍吕强，对曰："党锢之徒多善人，亦曾教授，门生故吏遍天下，祸端久积至今，人情怨愤。若不赦宥，轻与张角合谋，为变滋大，悔之无救。今请先诛左右贪浊者，大赦党人，解人情之怨。党人素忠心，感帝恩，必为朝廷所用。再料简刺史、二千石能否，能者上，庸者下，人劝，内忧解，则盗无不平矣。"帝惧而从之。

于是赦天下党人，发天下精兵，博选将帅，以嵩为左中郎将，持节，与右中郎将朱俊，共发五校、三河骑士及募精勇，合四万余人。遣北中郎将卢植讨张角，嵩、俊各统一军，共讨颍川黄巾。

是时中常侍赵忠、张让、夏恽、郭胜、段珪、宋典等皆封侯贵宠，帝

常言："张常侍是我公，赵常侍是我母。"由是宦官无所惮畏，并起第宅，拟则宫室。党锢之祸，正人放逐，在朝者，或佞于权阉，或拱默不敢言。帝尝欲登永安侯台，宦官恐望见其居处，惧帝知其违制，乃使中大人谏曰："天子不当登高，登高则百姓虚散。"帝自是不敢复升台榭。

及封谞、徐奉与张角暗通谋变之事发，帝诘责诸常侍曰："汝曹常言党人欲为不轨，皆令禁锢，或有伏诛者。今党人未有一人与张角通谋，反更为国用，佐大军奋力讨伐张角。汝曹反与张角通，欲谋社稷，为何？汝曹得汉家力，累世富贵，若张角攻破京师，汝曹性命能无忧？为可斩未？"众常侍皆涕泪叩头曰："此故常侍王甫、侯览所为。臣等为陛下家奴，誓与陛下同心始终，安能与张角通？"叩头不止。帝素亲众常侍，特欲恐之而已，实无意诛也。

于是诸常侍人人求退，各自征还宗亲、子弟在州郡者，虽表面为公忠而退，实乃知彼等在州郡为巨患，若张角等攻破城池，为笼络民意，彼等必被诛也。因此，党人多得补其阙，奋力为朝廷平乱。所谓"歪打正着"而已。

众常侍知吕强为帝谋，即"大赦党人，料简刺史、二千石能否"，多针对众常侍及党羽，众常侍大怒。于是赵忠、夏恽等遂共谮吕强，云与党人共议朝廷，数读霍光传，欲行废立，且强兄弟所在并皆贪秽，故当地黄巾祸尤烈。帝闻之大怒，使中黄门持兵召强。汉制，大臣下狱，靡有全者。古云："刑不上大夫。"故汉大臣但闻下狱，不问是非，便自杀，以全士大夫之体也。强闻帝召，怒曰："我死，乱起矣！大丈夫欲尽忠国家，岂能对狱吏乎！"遂自杀。忠、恽复谮曰："强见召，未知所问而畏罪自杀，有奸明审。"遂收捕其宗亲，没入财产。

侍中河内向栩为人刚直，每朝廷大事，侃然正色，不屈权贵，百官惮之。与中常侍吕强素善，吕强因众常侍谗而死。会张角作乱，栩上便宜，颇讥刺众常侍，不欲国家兴兵，但遣将于河上北向读《孝经》，贼自当消灭。中常侍张让谮栩不欲令国家命将出师，疑与角同心，欲为内应。收送黄门北寺狱，杀之。

是时张角作乱，天下大震，帝命将出师，修理关隘。先是，中常侍让、忠及夏恽、郭胜、孙璋、毕岚、栗嵩、段珪、高望、张恭、韩悝、宋典十二人，皆封侯贵宠，父兄子弟布列州郡，所在贪残，为人蠹害。黄巾既作，世人恨群阉及其党，多为内应，盗贼糜沸，天下大扰。郎中中山张钧上书曰："窃惟张角所以能兴兵作乱，万人所以乐附之者，其源皆由十常侍之父兄、子弟、婚亲、宾客多典据州郡，辜榷财利，侵掠百姓。百姓之冤无所告诉，朝廷视之不见，故谋议不轨，聚为盗贼。宜斩十常侍，悬头南郊，以谢百姓。又遣使者布告天下，与民更始，可不须师旅，而大寇自消。若为此而无效，臣愿诛及三族，以为妄言者戒。"

天子以钧章示张让等常侍，众常侍知已世所名指，大惧，皆免冠徒跣顿首，乞自致洛阳诏狱，并出家财以助军费。帝素亲常侍，见众常侍如此，心不忍，有诏皆冠履视事如故。帝怒钧曰："此真狂子也。十常侍固当有一人善者不？"置之不理。钧复重上，犹如前章，辄寝不报。时众常侍进言灵帝："时人不少暗习黄巾道，故张角之乱大起且不得及时平定。"诏使廷尉、侍御史考为张角道者，御史承让等旨，遂诬奏钧学黄巾道，收掠死狱中。而让等实多与张角交通。独中常侍封谞、徐奉事独发觉坐诛而已。

帝问太尉杨赐以黄巾事，赐所对切直，帝不悦。须臾，赐坐寇贼免。以太仆弘农邓盛为太尉。已而帝阅录故事，得赐与刘陶所上张角奏，乃封赐为临晋侯，追封刘陶为中陵乡侯。

四十

祖泽厚勉强破贼　劝大起忠臣守义

水余先生曰：朝廷少数直臣心忧国事，奈何群小在内，直谏反遭诛戮，故难作为也。然汉祖宗德泽深厚，虽中末期昏君屡出，然祖宗德泽未斩，士大夫与朝廷未完全离心离德。且彼时风气尚武，民人亦兵亦农，虽有内外乱，朝廷征发普通百姓，略加训练，发出便成强兵。因灵帝尚在，为帝十数载，虽昏庸任群奸，尚为民心勉强所系，故张角之乱能勉强平定。然昏主在上，群小在内，党锢屡起，民心渐失，士人渐离，此为不能彻底平张角乱，及后汉朝廷终究解体之内在原因。

朝廷遣北中郎将卢植讨张角，皇甫嵩、朱儁各统一军，共讨颍川黄巾。儁前与贼波才战，战败，嵩因进保长社。时张角及门徒在颍川布道十数年，故颍川之地尚鬼神，皇甫嵩等屡攻颍川黄巾不下，众将士以为神灵保佑张角等，更畏葸不前。皇甫嵩见此，忆其叔皇甫规临终之言。昔皇甫规临终，戒嵩曰："今窥社稷者，必张角，我有百枚钱，缓急可用也。"嵩本欲再问如何用，规不肯言，须臾死。嵩视钱，皆为两面钱也。

将士皆惧鬼神，嵩见此，令取两面钱来，召集众将，因曰："今讨黄巾，胜败无以为据，将取决于神也。"于是在众将看视下，取百钱自持，与神曰："果大捷，投此钱，尽面。"左右谏曰："百钱安能尽面乎？倘不如意，恐阻师。"嵩不听，众将方耸视，嵩于是挥手一掷，百钱皆面。嵩曰：

"神助我军也！"于是举军欢腾，声震林野。嵩亦大喜，顾左右取百钉来，随钱疏密，布地而钉之，加以轻纱笼，亲封焉，曰："众人皆可来看。"于是众将士皆观，心中不惧黄巾贼也。嵩又曰："待凯旋，当谢神取钱。"

会帝遣骑都尉曹操将兵适至，嵩、操与朱儁合兵更战，大破之，斩首数万级。颍川黄巾遂平。嵩如言取钱，众将士共视，乃两面钱也。张角先闻朝廷兵盛，忧甚，不知所出。有宠幸弟子曰："《周礼》及《春秋》皆曰：'有大灾，则哭以厌之。'故《易》称'先号咷而后笑'。宜哭天求救。"张角于是率众弟子至郊外，陈其起事本末，且声明汉室德微，己受命于天，因搏心大哭，气尽，伏而叩头。因之作告天策千余言。

时，北中郎将卢植及东中郎将董卓讨张角，并无功而还。为何？先是，卢植连战破贼帅张角，斩获万余人。角等走保广宗，植筑围凿堑，造作云梯，垂当拔之。帝遣小黄门左丰诣军观贼形势，或劝植以赂送丰，植不肯。丰还言于帝曰："广宗贼易破耳。卢中郎固垒息军，以待天诛。"帝怒，遂槛车征植，减死罪一等。改派东中郎将董卓代之，然董卓攻张角无功，抵罪。

张角以为己之告祈有效，心中稍悦。昔张角布道，四海奔波，衣服污垢，脚常数年不洗，诳云："我乃神仙也，体自干劲，若洗脚，则以凡水污己，必失部分仙气，将遭失利也。"张角妇甚恶张角之脏，及卢植、董卓征讨无功，张角得胜，妇劝张角一洗，曰："虽有此胜，然难盖前败，莫若洗脚，万事更始。"前张角数年不洗脚，与群下议事，往往脚臭难闻，群下不堪，私下亦多以为言。张角遂从妇言，为之一洗。张角以颍川大败，卢植、董卓虽无功，然亦重创己军，于是率大军与弟梁合。

卢植、董卓无功，朝廷乃诏嵩进兵讨之。嵩与角弟梁战于广宗。梁众精勇，嵩不能克。明日，乃闭营休士，以观其变。知贼意稍懈，乃潜夜勒兵，鸡鸣驰赴其阵，战至晡时，大破之，斩梁。获首三万级，赴河死者五万许人，焚烧车重三万余辆，悉虏其妇子，系获甚众。张角闻，大惧，谓洗脚洗去仙气所致，遂不洗脚，适脚中流矢，医者建言洗脚且消毒，角

不肯，因之致疾，后炎发而死。徒众闻张角死，从死者数百人也。后朝廷大胜，乃剖棺戮尸，传首京师。卢植尚在狱中，嵩为之力上言："广宗大捷，斩首张梁，戮张角尸，非臣之谋，乃臣行卢植先前行师方略，资用规谋，方济成其功。"帝览奏，释卢植，其年复为尚书。

后嵩复与巨鹿太守冯翊郭典攻角弟宝于下曲阳，又斩之，首获十余万人。以黄巾既平，故改年为中平。

水余先生曰：黄巾大起，四海景从，天下震动，汉廷危亡之秋，然社稷勉强能存者，有以下数因也。首先，汉廷祖宗德泽深厚，虽末期子孙不肖，尚未完全耗尽，不少直臣、义士奋力维护社稷。其次，汉廷家法、家教良好，有庸主而无暴君，故灵帝虽昏庸，尚能知惧改过，在直臣谏议下，大赦党人，料理军事，故得党人之用，党人多贤者，为平定黄巾大尽其力也。最后，黄巾大起，诸常侍惧，各自征还宗亲、子弟在州郡者，故贤能、党人得补其阙，能尽其谋略。综上，灵帝朝终能大抵平定黄巾贼也。

嵩奏请冀州一年田租，以赡饥民，帝从之。百姓歌曰："天下大乱兮市为墟，母不保子兮妻失夫，赖得皇甫兮复安居。"嵩温恤士卒，甚得众情，每军行顿止，须营幔修立，然后就舍帐。军士皆食，已乃尝饭。吏有因事受赂者，嵩更以钱物赐之，吏怀惭，或至自杀。

昔嵩平黄巾贼乱，黄允为之副，与左中郎将皇甫嵩、右中郎将朱儁等受降数十万。黄允何许人？太原祁人也，世仕州郡为冠盖。同郡郭林宗尝见允而奇之，曰："王生一日千里，王佐才也。"遂与定交。年十九，为郡吏，时小黄门晋阳赵津贪横放恣，为一县巨患，允讨捕杀之。津兄弟谮事宦官，因缘谮诉，桓帝震怒，征太守刘瓆，遂下狱死。允送丧还平原，终毕三年，然后归家。复还仕，郡人有路佛者，少无名行，而太守王球召以补吏，允犯颜固争，球怒，收允欲杀之。刺史邓盛闻而驰传辟为别驾从事。允由是知名，而路佛因之废弃。

允少好大节，有志于立功，常习诵经传，朝夕试驰射。三公并辟，以司徒高第为侍御史。中平元年，黄巾贼起，特选拜豫州刺史。辟荀爽、孔融等为从事，上除禁党。为嵩之副，讨击黄巾别帅，大破之。于贼中得中常侍张让宾客书疏，与黄巾交通，允具发其奸，以状闻。灵帝责怒让，让叩头陈谢，竟不能罪之。而让怀协忿怨，以事中允。明年，遂传下狱。

会赦，朝廷公卿多为之请，还复刺史。然允深得罪权阉，故旬日间，复以他罪被捕。司徒杨赐以允节素高，不欲使更楚辱，乃遣客谢之曰："君以张让之事，故一月再征。凶慝难量，幸为深计。昔萧望之触群小，帝本不欲罪之，仅请之入狱而答吏，须臾释放之。萧望之不肯下狱，立自裁，以全己名节。"

又诸从事好气决者，共流涕奉药而进之。允厉声曰："我为人臣，获罪于君，当伏大辟以谢天下，岂有乳药求死乎！"投杯而起，出就槛车。既至廷尉，左右皆促其自裁，允坚不肯从，朝臣莫不叹息。大将军何进、太尉袁隗、司徒杨赐共上疏请之曰："夫内视反听，则忠臣竭诚；宽贤矜能，则义士厉节。是以孝文纳冯唐之说，晋悼宥魏绛之罪。允以特选受命，诛逆抚顺，曾未期月，州境澄清。方欲列其庸勋，请加爵赏，而以奉事不当，当肆大戮。责轻罚重，有亏众望。臣等备位宰相，不敢寝默。诚以允宜蒙三槐之听，以昭忠贞之心。"书奏，得减死论。是冬大赦，群阉切齿允，允独不在宥，三公咸复为言。至明年，乃得解释。是时，宦者横暴，睚眦触死。允惧不免，乃变易名姓，转侧河内、陈留间。

皇甫嵩大破黄巾，威震天下，故信都令汉阳阎忠说嵩曰："难得易失者，时机也。今将军有如此之功，若把握时机，必当大有为也。若误此时机，必当有大患也。"嵩问曰："何所谓大患也？"忠曰："昔黄巾大起，天下震动，君掌天下之兵，破黄巾如摧枯拉朽，威震本朝，声驰海外。挟震主之威，立不赏之功，欲北面事庸主，又有群小在内，不为大患乎？"嵩问曰："何谓大有为也？"忠曰："君若幡然醒悟，知昏君不可事，便征正义之师，勒征伐之众，羽檄先驰于前，大军持威于后，声明兴晋阳之甲，除君侧，诛中官，从而得士人之心。如此，虽从此去京师之途千里，然天下

四十　祖泽厚勉强破贼　劝大起忠臣守义

251

闻君征义师以兴义举,皆当景从,君赴京师如入无人之地也。功业已定,请呼上帝之名,混一天下,取代汉祚,南面称制可也。"

嵩曰:"我夙夜在公,心不忘忠,恐难从命也!"忠曰:"如此,君及君家危矣!"嵩问曰:"为何?"忠曰:"昔韩信不听蒯通言,拒三分之说,忽鼎足之利,后死于女子之手,家族随之族灭,叹息晚矣。今将军之权势重于淮阴,而主上之势弱于刘项,君不乘势而起,而委事昏主,昏主之下,难于久居,不赏之功,谗人侧目,如不早图,后悔无及!"嵩惧曰:"黄巾小贼,远非朝廷之敌,征募之将士,新结易散,恐难用之。民未忘旧主,汉廷祖泽尚在,恐非移祚之时也。我欲尽忠本朝,虽小人多谗,至多不过放废,然我犹有令名,死且不朽。逆节之事,我所不敢,慎勿再言。然君之言,发以赤诚,我不外露,就请从此辞君也。"

忠知计不用,乃佯狂为巫。

自张角之乱,所在盗贼并起,博陵张牛角、常山褚飞燕及黄龙、左校、于氐根、张白骑、刘石、左髭文八、平汉大计、司隶缘城、雷公、浮云、白雀、杨凤、于毒、五鹿、李大目、白绕、眭固、苦蝤之徒,不可胜数,大者二三万,小者六七千人。势力最大者为张牛角、褚飞燕。皇甫嵩见群盗并起,本欲以平张角三兄弟之威,趁势讨平天下盗贼,然事情起变化矣。

昔嵩讨张角,路由邺,见中常侍赵忠舍宅逾制,乃奏没入之。又中常侍张让私求钱五千万,嵩不与,二人由此为憾,奏嵩连战无功,所费者多。其秋征还,收左车骑将军印绶,削户六千,更封都乡侯,二千户。

群盗闻嵩被征还,于是张牛角、褚飞燕合军攻瘿陶,牛角中流矢,且死,令其众奉飞燕为帅,改姓张。飞燕名燕,轻勇矫捷,故军中号曰"飞燕"。山谷寇贼多附之,部众寖广,殆至百万,号黑山贼,河北诸郡县并被其害,朝廷不能讨。朝廷议大出师以平乱,燕闻之,大惧,乃遣使至京师,奏书乞降。朝廷亦欲姑息,遂拜燕平难中郎将,使领河北诸山谷事,岁得举孝廉、计吏。直至汉廷亡,皆不能平群盗也。

水余先生曰：桓、灵之世，士大夫欲有为，不能得也。君昏见惑于群阉，必不可匡正也；朝廷法纪大乱，不可正者也；郡县贪虐，必不可问者也。士大夫欲有为，唯有拥兵勠力边陲，其次则于中原平盗也。名因之而振，功不可掩，人情以归往，昏主权阉依之以安居而肆志。故虽或忌之，或谗之，仅能薄惩，而终不能限之于重辟。于是天下以此为功名捷径且得祸鲜也，故士大夫乐习之，凡民亦竞尚之。后汉末盗贼四起，兵日兴且勉强对付，盗贼不能亡国，而终以强军阀致中央解体也。正因如此，群雄兵起，逐鹿中原，虽内斗愈烈，外夷不敢有异心。故他朝恒以弱亡，而后汉以强亡也。

四一

布衣卒耸动天下　奸人起混迹世间

世人皆以为盗贼多暴虐，烧杀抢掠无所不为也。然后汉末盗贼多仁义，崇敬大儒，不敢侵犯，大儒因此济世也。昔陈寔归乡久，远人从其学者，皆执经垄畔以追之，里落化其仁让。黄巾贼起，来势汹汹，攻没郡县，天下承平日久，百姓惊散，至颍川，陈寔诵经不辍，教授学生不怠。贼闻寔高名，相约语不入其间，乡人就寔避难，皆得全免。

中平四年，陈寔年八十四，体尚安，在家开讲，教授不怠。正月初，集会诸生，讲论终日，忽令其子孙曰："先师薨逝多年，我昨日梦先师，忽与我讲阴间奥妙，旨趣不亚于人间也。"既而长叹息曰："此我阳寿尽乎！殡葬之际，布衣着身，幅裹头，巾勿置他物，内棺足以周身，外椁足以周棺，编二尺四寸简，写《尧典》一篇，并刀笔各一，置以棺前，示不忘圣道也。"

之后不复言，其月中旬，无病忽终，临终前曰："我生昏暗之世，于世事不能立尺寸之益，今得大寿而终，福莫大焉，愧莫大焉。前为小吏，非我之志，后教授于家，乃我之本志。今得老于户牖之下，子孙弟子皆能送我终，人生如此，夫复何求！其门人子孙谨记，邦有道则出仕，邦无道则归隐。然隐非隔绝人世，消极人生，乃专力教授，为天下育人，奠定中兴基础也。"学者以为知命焉。

大将军何进遣使吊唁祭祀，海内名士赴丧者三万余人，制衰麻者以百数，司空荀爽、太仆令韩融等执子孙礼，中郎蔡邕撰碑铭，大将军所遣使致悼词。

水余先生曰：士苟贞志砥行以自尚，于物无徇焉，于物无侮焉，则豺狼失其暴，群小失其毒，人生之福祸及成败利钝皆仅付之一笑。贫而安，犯而不校，子孙不累其心，避就不容其巧。当世社稷安危，生民疾苦，心念之却不与朝廷谋，文章誉望，听之后世而不急于自旌。其行止如山，其涵养如水，通古今、知万变，而安于畎亩之下，故朝廷虽昏主在上，群小在下，政治黑暗，此士亦能避远祸，且隐隐维持纲纪，陈寔之谓也。

权阉张让亦派使者至，此使者为谁？黄元艾也。昔曹操虽为"汉贼"，然所作所为颇合礼法，尚有一定操守。然后汉有奸贼黄某，幼无操守，混骗世间。长而依附权阉，为士大夫所排挤，投入军阀怀抱，为其狗头军师，致军阀入主中枢，终使汉社稷为虚，名存实亡也。此人为谁？董卓长史刘艾也。

刘艾原名黄元艾（改名缘故，后有详述），济阴人也。其母生元艾时，并产一蛇一鼠，时人以为异，卜士曰："其人生而伴随一蛇一鼠，此必蛇鼠两端之徒，非厚道人也。"

后郭泰游于济阴，见黄元艾，曰："卿高才绝人，容貌甚伟，足成大器，年过四十，名声将著也。"元艾曰："鄙小子年已三十五，寂寂无闻，安能四十著名乎？"泰曰："昔朱买臣四十余，尚为穷书生，乞食坟间，不数年，遇与人主和，起家会稽太守，故人命不可测也。"元艾曰："果如此，此生足矣！"泰曰："卿将来名声虽著，于此际当自慎，不然，将失之矣！"元艾曰："鄙小子恐才力不及也。若果如君所言，鄙小子定当自我克制，庶不负君识人之明也。"泰曰："我阅人无数，所言皆不虚，卿其慎之也。济阴非君地，京师乃翔龙之所，我为君写信，介之太学，卿可游学京师，与群贤交接，必大有裨益也。"

元艾遂游京师。因谈吐非凡，气质超卓，大与诸生善，又有名重海内之郭泰推介，声闻遂隆。范滂时亦在太学，每语众太学生曰："昔我在济阴

见元艾视日，久而不眨眼，元艾精神如此，他日必贵。然矜其禀赋，敢敌太阳，恐此人得志，必擅私逞欲，无君自肆矣！"郭泰之善言在先，众人不信滂论，谓滂批之过甚，元艾亦私求滂以自解。滂诵曰："君眼敌太阳，必为乱之王！"批之愈力。后元艾得志，为董卓长史，卓武人，素无谋，唯元艾之言是从。元艾劝董卓举兵入京师，又撺掇董卓废立，终坏汉之社稷。那时人始追思滂之言，叹滂先见也。

元艾后见司徒袁隗，袁隗阴赞其英异，不禁暗叹息曰："若得婿如此，大善也！"同舍生在场，私闻，归太学后，欲戏耍元艾，曰："袁公见君不凡，慕君。公有良女，才貌双全，尚未婚配，袁公爱君，视君为乘龙快婿，不日将女嫁予君也。"元艾问曰："我亦在场，为何不闻此事？"同舍生曰："袁公不知君是否婚配，不敢当君面提，然袁公暗叹君，则为我所闻。袁公若闻君未婚配，不日将派人说媒也。"元艾知袁家势大，累世公卿，欲依附之，以求进取。先是，元艾妇夏侯氏，及笄便许元艾，能成夫妻，范滂有大力焉，有三子。元艾思攀附袁家，欲休妻，便令遣归娘家，更索袁隗女也。

夏侯氏父母责夏侯氏曰："妇人被逐归，当分钗断带，不能空手而归，请还而索之。"遂还。适元艾为主人，请众亲属及宾客五十余人，庆祝元艾将吐故纳新，将来仕途可望也。夏侯氏见状大怒，数元艾家隐慝秽恶十五事。

数落黄元艾家丑事毕，夏侯氏曰："卿家父子狼藉如此，我早欲弃卿而去，以三子尚幼，故情有所不忍耳，卿反黜我！咄咄！"越席而去。元艾遂沦为京师笑柄，诸生多深挖其家事，元艾家诸丑事悉发露。因此之故，废弃当世。元艾遂叹息："郭公所言不虚，神人也。"

水余先生曰：小人之情，愈趋而下，小人之伪，愈变而升，故征事考言以知人于早，未易矣。诚哉，知人之难也。元艾不惑之年方有盛名，世人目之大器晚成也。实情如何？小人之术益进，而窃忠贞正大之迹以识天下，世人想望其风采，群贤与之交好，公卿欲与之结亲，宾客云集，名重天下矣，不知其大奸也。

四二

权阉恶罗致名士　机缘合两贼投缘

元艾为世人所笑，内心藏怒，欲报复，故投入宦官张让门下，甘为权宦鹰犬，为之驱逐正直之士。张让闻其名高，又知其为太学所排挤，因素恨太学生之故，遂接纳之，为门下上宾也。

张让无学，好在百僚前吹牛，然言大，幕属无能圆之者，张让甚为苦恼。及元艾至，张让之大言，无不能立圆之者。

一日，张让宴请百僚，酒酣，张让曰："我家一井，昨被大风吹往隔壁人家去！"众人以为从古未有，惊讶之。元艾圆之曰："确有其事！张常侍家井，贴近邻居家篱笆，昨夜风大，把篱笆吹过井这边来，却像井吹到邻居家也！"众人闻，大笑。张让又曰："有人射下一雁，头上顶碗粉汤！"众人诧异之。元艾圆之曰："此事亦有！昔日，常侍在天井内吃粉汤，忽然一雁堕下，雁头跌入碗中，粉汤缠绕，岂不是雁头顶着粉汤乎？"众人闻，又大笑。

最后，张让对众人曰："寒家有顶漫天帐，把天地遮得严严实实，一些空隙亦没有。"元艾又圆之曰："此事更有！某日陛下曾对张常侍曰：'常侍为我之天。'后某日，陛下又对张常侍曰：'常侍为我之地。'现张常侍为陛下天地，在汉廷呼风唤雨，张常侍则为其家之漫天帐也！"众人闻，大笑不止。

张让颍川人，与陈寔同乡。张让父死，归葬颍川，虽一郡之官僚、乡绅毕至，皆执子孙礼，而名士无往者。让甚耻之，言于元艾曰："君昔为名士，大与群士来往，我为中常侍，朝野皆敬我，然今葬父，名士皆不至，何哉？"元艾曰："名士徒有高名，有名无实，名士素喜己类，恨常侍，故不来也。"让曰："然无一名士来吊，不乃大耻乎？君有何策，可致名士？"元艾曰："今颍川名士之首为陈寔也，若陈寔来，一人顶百名士也！"张让曰："君请致之！"元艾曰："常侍卑辞厚礼，小子愿为使，必致陈寔。"张让大悦，皆从之。

元艾遂至陈寔家，曰："张常侍乃皇帝宠宦，今其父归葬颍川，名士无一来者，常侍甚耻之，故使小子卑辞备礼请先生，先生务必至也。"陈寔知元艾为人，鄙视之，然昔日郭泰不绝左原，己又何必绝元艾？陈寔辞曰："感卿厚意，我年老体衰，恐难远行也。"元艾曰："今太学横议，公卿莫不风从，朝廷已含内怒，先生再不至，恐渐成大祸。昔先生尚教导梁上君子成善，则有功德矣。今先生若赴张常侍家吊丧，亦可教导张常侍为善，不让其为恶，功德更大矣。当今名士集团与宦官集团冲突日甚，眼将酿大祸，君若赴吊，则可缓解一二也。"陈寔以言有理，曰："诺。"

元艾陪陈寔而来。张让闻之大喜，因重孝故，不便迎接，派家人出郭三十里相迎。陈寔与元艾等将至吊所。元艾语从者曰："《诗》云：'凡民有丧，匍匐救之。'今将与子行此礼。"于是偕十多从者，望门以手据地，膝行号恸而走，妇人望之皆散。陈寔之吊，不卑不亢，得中庸之道，众人多之，张让亦甚为满意也。

陈寔独吊，张让大喜，后诛党人，让以寔故，多所全宥，党人死者数十，数百人远贬。此皆陈寔之功，言之在先耳。

久之，元艾觉张让难伺候，更兼恨之，私逃归乡里也。元艾因在太学名声太臭，故改姓名刘艾。为何姓刘？托皇族以为重，元艾留艾去元。

后汉政治腐败，边疆羌乱屡起。朝廷重视边患，边将以功入三公九卿者甚众，故时人若政治上不得意，往往好往边陲效力，以求政治崛起也。在边疆，刘艾得与大军阀董卓交接，成为其心腹，两贼狼狈为奸，故汉社稷为虚也。笔者先述董卓为何崛起为边疆大吏，再言两奸因何得以交接也。

董卓虽不知书，然猛武有智略，先前辞张奂而无官，然积年家产数千金，待诏都下数年，郁郁不得志。陈、窦党锢后，权归宦官，中常侍张让专朝政，让众多监奴典护家事。董卓于阉竖、窦武对峙时，知宦官之势已成，可操控朝局，思借宦官力以谋仕途。董卓素轻财，尽以家财贿赂张让之众监，大与众监相亲，积数年，家业为之破尽。

董卓以厚财交众监，从未有所请，众监得董卓财而内惭，问董卓何所欲。董卓不答，众监固问，董卓乃曰："欲得卿曹跪拜而已。"众监问曰："仅此而已？"董卓曰："我与卿曹情好无贰，何须其他？"众监受恩久，皆纷纷许诺。

侯览死后，张让为权阉之首，众宦官制控灵帝，故张让得以弄权，权牟人主。众宾客求见张让，或求官，或托事，家门口之车辆往往数百乘，求拜者常守门口累日，尚未得监奴通报张让。董卓后至，事先与众奴密有约，众奴伺其至，皆迎车而拜，径直将董卓之车引入府邸。众人见众奴在董卓前恭顺，大惊，谓董卓与张让善，纷纷以珍宝、财物赠董卓，价值何止数万金。董卓皆通过监奴贿赂张让，张让大喜，言之灵帝，张让亦以万金分赠诸常侍，众宦官纷纷为董卓言，故董卓得以官拜并州刺史。

董卓拜并州刺史前，刘艾已赴并州为某县县丞。某县有甲乙二贵人，皆与中常侍有亲，甲乙因喝酒起争，甲殴乙，乙倒地，甲视之，死矣，径直去。亭长后发现，见乙身份显贵，亟白于官。刘艾为县丞，亲率属吏至，时已日暮，姑以苇席四悬障尸，刘艾率众寝于外。夜半，乙稍瘥，忘却前与甲酒后殴打事，见众吏环绕，以为己违法，思："安得处此？必犯夜禁。"潜起逸归。刘艾等众人不觉。及明，刘艾等方觉失尸，惊惧。须臾，郡守派使者来验尸，尸不见，使者谓刘艾受贿弃尸，逮捕刘艾，掠以五毒。酷刑之下，何求不得，刘艾自认受贿弃尸。于是郡守责令刘艾寻尸，

派人跟随刘艾监督。刘艾见此，厚贿郡属百金，曰如此如此。郡属得贿，从之。于是刘艾率众属与郡属暗中共往伺于郊。

一人醉而来，众往前扑杀之，交由郡属，作为尸体，以应差事。而贵人乙醒酒后，方忆曾被贵人甲殴打，诣甲家喧哗，甲乙又大怒，互殴，不解气，皆赴郡守处控告。郡守知甲乙皆为阉竖党羽，立受控告，适逢郡属汇报得"乙"尸，而乙适在郡治。郡守见此，大怒，问郡属何处得尸。郡属不敢隐瞒，招以实情，于是郡守立令人逮捕刘艾，判以死刑。后汉制，郡丞四百石，若犯死罪，须呈报刺史，刺史再报中央复核。适董卓为刺史，刘艾私书董卓，言明己实为黄元艾，现改名刘艾也。案件报往董卓处，董卓得知刘艾为黄元艾，知其为废弃名士，然素有才学，于是立令释放，礼辟为刺史属吏。刘艾善窥人意，凡董卓有所思，刘艾皆能窥探，顺其意而述之，又能时时为筹策，皆合董卓意，董卓大服，委以心腹也。

水余先生曰：君子者，临大节而不以死易生，不以贱易贵，以卫社稷也。然小人之心，智者弗能测也，刚者弗能制也。料其必不能，而或能之矣；料其必不欲，而或欲之矣。元艾因林宗提携而得名，众人皆以贤士目之，独范滂有异言，众先入林宗之见，皆不信。后元艾因干进而私与袁家结亲，被夫人暴露诸多阴事，世所不齿，若元艾为君子，则无脸偷生世上，而元艾怒投权阉张让，为其心腹。然奸佞之惑主人也，类以声色狗马嬉游相导，而掣曳之以从其所欲。然元艾佞主人过分，故难以为继，仅能逃离归乡，权且隐姓埋名。后更改名刘艾，得以交董卓，为其心腹，终与董贼共乱社稷也。

四三

抚黄巾收用流民　抗朝命挟衅观望

后黄巾贼大起，朝廷知董卓素武，任其为中郎将，讨黄巾，军败抵罪，免官为布衣，客居并州。

时黄巾贼起，青、徐、幽、冀、荆、扬、兖、豫一时俱起，数十万流民涌入并州。并州刺史文官，流民涌入，恐黄巾贼混入其中为祸，大惧，弃印绶，故并州无长官。董卓免官，居并州，并州吏民请董卓代署，董卓辞以无朝命。刘艾曰："虽无朝命，然数十万流民涌入，君若能安抚，抽其精壮为兵，训练之，数万雄兵立就，以此可俯瞰天下。若汉室可辅，则为地方强力诸侯，今京师权威满朝，政出多门，汉室必不敢轻；若汉室不可辅，以此兵逐鹿中原，亦可争天下也。区区违诏小罪，何足虑乎？"董卓闻言大悦。

于是刘艾令董卓召集城中富民，与之约曰："黄巾大起，天下大扰，流民四处，今并州无黄巾，故流民多至，殆数十万也。流民且至，若无以处之，疾疫必起，汝等在此环境，必感染疾疫也。"富民闻之大惧，问曰："君有何妙计，可解此危机？"董卓曰："鄙人得于城外废营地，为席屋以待之，供其饮食，禁流民入城，则汝等无患矣。然流民贫病而来，无衣无食，席屋又无建材，皆当出自汝等，汝等皆捐一半家产以供之，则流民不入城，汝等家与身皆安也。"

有富民迟疑，董卓大怒曰："我乃布衣，怜汝等性命，今有迟疑，我立离开，任汝生死。流民至者，非但传播疾疫，冻饿之下，必起为盗贼，到时数十万人攻城，城必破，汝等非但财富不保，妻离子散，身家性命更堪忧也。"富民闻之大惧，齐曰："死生皆由君，敢不奉君命也。"董卓续曰："今捐家产者，鄙人令登记造册，待天下太平，必双倍奉还。若汝等不欲钱财，鄙人亦可征辟汝等为官吏，踏入仕途也。"于是富民人人感悦，纷纷捐出一半家产也。

须臾间，富人捐出众多物资，立为席屋三万间，庐舍道巷，肃然如营阵。流民至，依次授衣、粮，井灶器物皆备。以兵法部署指挥，少者炊，壮者樵，妇汲，老者休，山林陂泽之利，可资民生者，听流民擅取。死者为大冢埋之，名曰丛冢，民至如归。并州空地甚多，待民安定，则依次授田，流民安居乐业，忘其逃亡也。董卓令农隙教以战斗，从中募兵数万，以为亲兵，终奠定将来崛起基础也。先前，并州本屡遭羌变，素有习武之风，故并州妇女皆能挟弓而斗，天下人所畏者，无若并凉之人。

韩遂等起凉州，朝廷复以董卓为中郎将，以抵抗韩遂等，因有数万雄兵，故所向有功。中平五年，朝廷以边将权重，恐成本末倒置之势，征董卓为少府，敕令其将士属左将军皇甫嵩，以将士在外征伐久，皆命随皇甫嵩归京师。董卓忧之，与刘艾谋。刘艾曰："今边疆不稳，羌变屡起，托以欲效力边陲，虽拒朝命，朝廷必不责也。"令董卓上言："凉州扰乱，鲸鲵未灭，此臣奋发效命之秋。吏士踊跃，恋恩念报，各遮臣车，辞声恳恻，未得即路也。辄且行前将军事，尽心慰恤，效力行阵。"故朝廷止不征，因不能制，颇以为虑。

中平六年，以卓为并州牧，又敕以吏兵属皇甫嵩。卓忧之，又谋于刘艾曰："我长在边陲，前诏书征，我拒之；现诏书贰征，若再拒，恐有大患。君其计之！"刘艾曰："京师权宦专政，大将军何进、骠骑将军董争权，纷挟中官以自重，权威满朝，政出多门。今京师政乱，海内盗贼四起，边变屡发，汉廷已无力弹压。皇帝、公卿百官、宦官皆得过且过。君若再拒诏，必无患，即使百拒诏，奈我何也？我夜观天象，见帝星暗淡，灵帝不久将崩，京师政局有大变，安能释君兵权乎？安有闲暇处理君之拒诏乎？若今上崩，汉廷必有内变，君掌军权，可挟兵以观衅也！"

卓从之，复上言："臣掌戎十年，士卒大小，相狎弥久，恋臣畜养之恩，乐为国家奋一旦之命，乞将之州，效力边陲。"卓再违诏，朝廷亦不能制也。故董卓率将士赴并州，任并州牧。皇甫嵩素有忠直名，前中官谗言，嵩几陷不测，却无怨。朝廷因之知皇甫嵩忠心，故屡敕卓将士属之，以孤弱卓之党也。

董卓屡拒诏，嵩从子郦时在军中，说嵩曰："本朝失政，天下倒悬，能安危定倾者，唯大人与董卓耳。朝廷屡敕卓将士属大人，卓必大怨恨，今怨隙已结，势不俱存。卓被诏委兵，而上书自请，此逆命也。又以京师昏乱，踌躇不进，此怀奸也。且其凶戾无亲，将士不附。大人今为元帅，又有敕旨在先，杖国威以讨之，上显忠义，下除凶害，此桓、文之事也。"嵩曰："专命虽罪，专诛亦有责也。不如显奏其事，使朝廷裁之。"于是上书以闻，言明卓屡不肯交兵之事。帝让卓，卓又增怨于嵩。

水余先生曰：朝廷屡敕董卓交兵，卓有窥社稷之意，屡拒，拥强兵观衅。若皇甫嵩此时能奉辞伐叛，其辞顺，其义强，董卓无亲，皇甫嵩有重功，素得将士心，董卓必败矣。惜者，皇甫嵩不从也，为何？先前平黄巾，已有功高震主之虞，现天下兵权在董卓与皇甫嵩，若再并董卓军，则天下兵权全在己，恐大招物议。皇甫嵩儒将，好明哲保身，董卓无亲，存之以避谤。且若董卓受征，丧兵权，己便有唇亡齿寒之虑，皇甫郦又安能知此？朝廷亦有他策，如委派张温。董卓昔为张温部曲，其下亦敬畏张温，若让张温入主董卓军，后令嵩派大部队随之，不从则讨伐，必能兵不血刃而罢卓兵权。

为何董卓赴并州为并州牧？为何有州牧之官？此从董扶投奔刘焉，刘焉建言朝廷改刺史为州牧说起也。

董扶字茂安，广汉绵竹人也。少从师学，兼通数经，善欧阳尚书，又事聘士广汉杨厚，究极图谶，能占卜吉凶。郭泰游学之绵竹，见董扶，曰："君发辞慷慨，爱憎分明，褒秋毫之善，贬纤芥之恶，为正人模范，然太刚则折，望君慎之。"董扶曰："敢不承君之教诲也。"郭泰于是推介之太学。

董扶至京师，游览太学，拜访陈蕃、窦武、李膺等名士。董扶见微知著，知名士与权阉力斗，情势将决裂，于是托病归乡讲授，弟子自远而至。须臾，党锢祸发，陈、窦、李等死，名士凡不为己用者，阉竖皆网罗至党人中，或诛或贬。董扶与党人交浅，不及祸。

永康元年五月，日有蚀之，诏举贤良方正之士，策问得失。左冯翊赵谦等举扶，扶以病不诣，遥于长安上封事，为党人直言，上书曰："陈、武等正直而见陷害，奸邪盈朝，善人壅塞。"权阉恨之，欲报复，董扶遂称疾笃归，隐姓埋名，迁往他处，不与世事。后黄巾大起，朝廷赦党人，前后宰府十辟，公车三征，再举贤良方正、博士、有道，皆不就，名声尤重。大将军何进慕董扶，表荐扶曰："资游、夏之德，述孔氏之风，内怀焦、董消复之术。方今并、凉骚扰，西戎蠢叛，宜敕公车特召，待以异礼，咨谋奇策。"于是灵帝再征扶，即拜侍中。在朝称儒宗，甚见器重。

太常刘焉者，字君郎，江夏竟陵人，汉鲁恭王之后裔。章帝元和中，徙封竟陵，支庶家焉。焉少仕州郡，以宗室拜中郎，曾游学京师，后以师祝公丧去官。居阳城山，积学教授。举贤良方正，辟司徒府，历洛阳令、冀州刺史、南阳太守、宗正、太常。董扶昔游太学，与刘焉交接，后皆同私下教授，以经学相驳，故彼此亲善也。

太常刘焉见中央政乱，地方不稳，黄巾大起，皇室处多事之秋，私下与侍中广汉董扶议曰："国内黄巾大起，虽殚尽天下力仅勉强平定之。然盗贼纷起，四夷变乱屡生，边疆不稳，朝廷文恬武嬉，天下不久将乱，何策以存乱世？"董扶同情党人，知朝廷不能辅，适刘焉此问，思之："今时之势，无异王莽之末。新朝为何亡得快？乃地方割据势力大起所致。王莽时地方势力为何大起？王莽昔日将刺史改为州牧，提升其待遇，州牧获见礼如三公之待遇。新朝末期，因天下不稳，王莽令州牧兼将军。州牧本来势大，又有统兵权，故渐成尾大不掉之势，地方割据之势大起。如今地方割据势力若大起，中央有昏主扰国，权宦乱政，汉室安得不亡？为党人报仇，亦在此也。"

董扶曰："帝昏庸而不可辅，世所知。宦官持权，手握王爵，口含天宪，支党蔓延，大乱国政，京师将乱，不可居也。"刘焉问曰："将处何方以避祸？"董扶曰："益州有天子气，居之不但安稳以避祸，甚至有受命之兆。"

刘焉问曰："怎能赴益州为官？"董扶私曰君如此如此。刘焉闻之大喜。刘焉向朝廷建议曰："先黄巾大起，天下震动，四处病寇，四夷变生，边疆大乱，原因何在？乃刺史权轻，秩禄两千石，与郡守同，难弹压地方，郡守多不受节制，致刺史无法禁止地方叛乱。且朝廷所用之刺史，用非其人，不能服众，导致地方离叛。应设置州牧，重其权，选清廉有名声之重臣居其任，见礼如三公，以尊治卑，顺也。以清名重臣居任，则事治也。"

朝廷疑，未从。适逢益州刺史郤俭赋税繁重，敛收过甚，百姓不堪，纷纷造谣，谣言远闻至京师，故朝廷得知益州政乱。且兼凉州刺史耿鄙、张懿为盗贼所杀，朝廷忧之，认为乃刺史权轻不能弹压故，故从刘焉议，选列卿、尚书为州牧，各以本秩居任。诸臣居京师久，乐其繁华，且四方不稳，不愿外任。故列卿、尚书但求外任州牧者，朝廷无不从也。刘焉求为益州牧，愿弹压益州之乱，朝廷立从之。其他，太仆黄琬为豫州牧，宗正东海刘虞为幽州牧。

水余先生曰：昔王莽托古改制，改刺史为州牧，以三公礼待之，重其权，节制数郡，后盗贼四起，边疆大乱，赋其兵权，致地方坐大，诸侯割据。幸世祖神武，兴复汉室，还汉旧制也。前朝殷鉴不远，后汉廷何其糊涂，竟再改刺史为州牧，州牧之任重自从此始，渐成尾大不掉之势。后董卓一乱中央，汉廷必不可救，成诸侯混战之局。为何能如此？因主昏臣奸，群小乱政，故贤人远去。董扶、刘焉虽出此下策，朝廷只顾眼前，不虑长远，昧于大势，故从此劣策也。

四四

起异谋群士废帝　　满腔血纨绔多功

　　董扶为党人报仇，托公义而坏社稷，其手段隐晦。而党魁陈蕃之子逸恨灵帝昏庸，朝廷诛杀其父及众党人，欲为党人报仇而谋废灵帝，其行为则直接也。

　　昔陈、窦诛杀宦官未遂，反被宦官反噬，家属远贬比景，宗族、门生、故吏皆遭斥免禁锢。宦官恨陈蕃作乱，暴其尸通衢，无人敢收视。蕃友人陈留朱震，时为沛郡铚令，闻蕃之祸，弃官奔京师，集市大哭三日，水浆不进，哀动路人。

　　陈蕃被抓，其子逸适在太学，太学友卜闻、卜问乃天下义士，遂弃学随逸周旋。陈、窦被诛，权宦责令严查京师四门，防止党锢徒奔逃。二卜将逸藏在京师暗处，待时机而逃窜也。逢朱震哭于集市，二卜知其为陈蕃之友，又见其诚，于是深夜造访朱震，告知陈蕃尚有一子暗藏京师。朱震收泪而止，随二卜见陈逸。

　　朱震与二卜合谋隐匿陈逸及收葬陈蕃之尸。朱震奔京师前，先变卖家产，得百金，行五十金贿赂守尸官吏，故得偷陈蕃尸，暗葬京师某处。行五十金予城门官，得以与二卜及陈逸逃出京师。出京师后，朱震匿逸于甘陵界中。后事败露，权宦大怒，逮捕朱震全家，皆下诏狱。受逮前，朱震令全家宁死皆不可招供，于是全家五毒备尝，尤其朱震受考掠，誓不言，终死狱中，逸得逃免。后黄巾大起，朝廷大赦党人，乃追还陈逸，四府交辟，官至鲁相。

黄巾平定后，陈逸恨朝廷黑暗，灵帝昏庸，宦官专权。适逢冀州刺史王芬、南阳许攸、沛国周旌等连结豪杰，谋废灵帝，立合肥侯。

时，群贤私会议，陈逸与术士平原襄楷会于芬座。襄楷素知星象，言于众曰："天文不利宦者，黄门、常侍真族灭矣。"陈逸曰："襄先生星象必无误，昔我父与窦武欲诛宦官，襄楷指星辰错乱，不利大臣，后果如其言。今宦者持权，制控灵帝，若黄门、常侍族灭，则昭示灵帝该废矣。"芬曰："若如此，鄙人愿作起事先锋也！"

逸曰："刺史文官，豪强有气力，若再有武将配合，则事无不济也。"曹操曾为八都尉之一，掌兵，又素与党人大为来往。众人以曹操多智且掌兵，告操，欲操参与灭权阉、废昏帝之事。操以时机未至，坚辞曰："夫废立之事，天下之至不祥也。为之者，须冒族灭风险也。前事成功者，乃伊尹、霍光也。伊尹怀至忠心，据阿衡之势，又有开国功勋，故能从容废立。霍光受托孤之任，掌天下十三年，内有太后秉政之重，外有群公卿同心，且昌邑王即位日浅，群小环绕，缺乏谠臣，故霍光废之如摧朽。今诸君见昔者废立之易，未睹今日之难。今上即位二十余年，虽昏庸且群小环绕，然政令尚通行全国，民心虽恨，未有抛弃之势。诸君不明形势，造作非常，欲必克，不亦危乎？"遂拒。

适灵帝欲北巡河间旧宅，芬等欲因此作难。先上书言黑山贼攻劫郡县，求得起兵，以此兵劫持车驾，废灵帝而立合肥侯。以废立之威，杀尽常侍、黄门，后大赦天下，与民更始，还政治清明也。灵帝虽昏庸，却有天子命，适北方有赤气，东西漫天。太史上言灵帝："冀州部有阴谋，不宜北行。"帝素好星，故止，且敕令王芬罢兵。俄征王芬至京师，芬以为事泄，大惧，自杀。然他人自无恙也。

水余先生曰：王芬欲乘灵帝北巡，以兵诛诸常侍，废帝立合肥侯。假使成，亦董卓也，天下将亟起而诛之，其亡且速于董卓也。何哉？卓拥强兵专征讨，有何进为之内主，废辨立协，在大位刚定之初。欲立协者，又灵帝之素志，且朝廷更知协贤辨愚，然不旋踵而关东问罪之师兴矣。芬以斗筲文吏，几无兵权，突然而起，欲劫持朝廷，废二十多年安位之天子而立疏族，力弱于卓，名逆于卓，世间之问罪，岂徒如卓而已。况其轻躁狂动而必不能成乎？

水余先生又曰：襄楷曰："天文不利宦者，黄门、常侍真族灭矣。"后袁绍等诛杀常侍二千余人，甚至有无须被误杀者，常侍多被族灭。襄楷之天文观测无误，然世人理解出错也。昔卢生向始皇献《海图录》，曰："亡秦者胡也。"图谶无误，始皇理解误也。始皇以为胡即胡人，即匈奴人，故使蒙恬发三十万人讨伐匈奴，转输者百万，筑万里长城者更数百万也，致天下骚动，国内不稳，虽如此，匈奴远遁，不敢扰秦边也。实际亡秦者乃胡亥，为始皇幼子，不亦亡秦者胡乎？

昔陈、芬欲废帝，邀操与谋，操拒之。先前世人目操为纨绔子弟，为何陈、芬敢邀操？操如何由纨绔子弟蜕变为豪杰？操之仕途如何发展？

曹操举孝廉后，为洛阳北部尉，初入官府，便治洛阳四门。造五色棒，每门悬挂十余枚，有违反禁令者，无论豪强抑或阉党，皆棒杀之，先杀后奏。后数月，灵帝爱信之小黄门蹇硕叔父夜行，操素恨宦官，立棒杀之。蹇硕大怒，言于灵帝，灵帝立召操责问："蹇硕，我之弄臣，其叔父夜行，汝棒杀之，不请而诛，是何道理？"操对曰："今京师四围不安，盗贼屡发，故京兆尹受朝廷托而下严令，谨防四门，若有紧急，可不请而诛。蹇硕叔父夜行犯禁，情况紧急，不暇奏请而诛。"灵帝不能诘，对蹇硕言："曹尉刚正，汝叔父犯禁，曹尉严格执法，其有何错？"遂舍之。至此，京师豪强、权宦敛迹，莫敢干犯。

故近习宠臣皆怨恨曹操，屡欲中伤之，然操行事正，又多权谋，家族势大而为之庇佑，纵近习宠臣谗言漫天，飞章四处，皆不能伤曹操。近习宠臣皆不便曹操在内，合谋思毒计，纷称赞曹操政绩卓著，集体荐之，曹操得迁顿丘令，此乃明升暗遣之法。操离去，京城四门又乱矣。

近习宠臣咸恨操。适逢操之从妹夫滠强侯宋奇坐党人诛,先前宋奇私与党人来往,从党人习经,陈蕃、窦武、张俭之事大起,党锢牵连者甚众,然不及之。后被发觉,故坐党人而诛。操素与从妹夫善,昔游侠时常携之,故因之坐免官。

党人者多名儒硕德。操幼时,曾拜党人为师。操天资甚高,三年习经,学问不下名儒,坐从妹夫免官后,能以明古学,复征拜议郎。时党锢屡起,大肆诛杀或陷害党人,朝政为阉竖把控,几乎无人敢为党人仗义执言。操却公然上书陈述武等正直而见陷害,党锢漫天,奸邪盈朝,小人专政,君子靠边,善人壅塞,恶人专权,其言甚切。灵帝不能用。宦官知之大怒,思欲报复,幸得曹操权谋机变能应对,加之家族势大,得无患。

光武时曾定制"举谣言"。"谣言"者,乃民间对官员评价,非造谣也。灵帝时,诏敕三府:"举奏州郡县政理无效,民为作谣言者免罢之。"那时官僚要任三公,或权宦搭线,或近习引荐,且须输入灵帝西园钱,方可得为三公。朝廷如此用人,安有贤者?故三公多倾邪,贤者难得用。朝廷举谣言以整饬吏治,在此昏暗之世,却走样矣。

太尉许馘、司空张济承望内官,且受其贿赂,对宦官子弟、宾客,虽贪污纵横皆不敢问,更遑论举奏?然朝廷既举谣言,不得不有所纠劾,以为应对,于是虚纠边远小郡清修有惠化者二十六人。强者虽为天下所怨,不见举奏,弱者守道,多被陷毁。边远小郡之吏人数千诣阙陈诉,然权宦制控帝,不见听。于是司徒陈耽与议郎曹操联名上奏:"公卿谣言举奏不公,凡宦官之党,皆保护之,以营其私。然举谣言不得不有所弹劾,反举清修有惠政者数十人,惹来吏人诣阙讼冤,所谓'放鸱枭而囚鸾凤'。党锢之后,善人被污,恶人得志,士人皆灰心丧气,长此以往,天下难免不乱矣!"

其言忠直恳切。灵帝本昏庸,却偶有一线之明,闻操与司徒联奏,责让太尉许馘、司空张济,诸坐谣言征者悉拜议郎。然太尉、司空本为中官善地,中官联合为彼等力请,得无事,却怨恨司徒陈耽,诬陷曰:"陈耽与黄巾贼通谋,故祸大难平。"灵帝恨陈耽刚直敢谏,立下陈耽狱,终死于狱中。

曹操得无恙，何也？首先，曹操任议郎，为谏官，本有言责。汉制：谏官可直谏，言者无罪。其次，曹操家族势大，与宦官集团关联，曹腾遗爱尚在阉竖中。最后，曹操虽为热血青年，然足谋多智，善与宦官周旋。曹操早有清世之志，欲为昏朝能臣，扭转乾坤，还政治清明。然宦官专权愈甚，政教日乱，豪强横行，正人受累。曹操知不可匡正，遂不复献言。然一腔热血未变矣。

光和年末，黄巾大起，曹操官拜骑都尉，负责讨颍川贼，以军功，迁济南相。济南国下辖十余县，属县官多贪污狼藉，因依中贵之势，前济南相皆不敢纠举，多得过且过，与之俯仰也。济南国令长属吏，闻曹操将赴任，解印绶去职者数十人。黄巾贼平，次生灾害不已，济南尤甚，盗贼四起，群贼闻曹操至，奸宄遁逃，窜入他郡。剩余在职官吏，曹操多奏劾至郡，至有自杀者。须臾间，政教大行，一郡清平。

治理有方外，操尚移风易俗也。城阳景王刘章有功于汉，故济南国为之立祠。后黄巾贼大起，贼本欲围攻济南，济南有大儒涂高，乡贤耄老，德重天下，朝廷屡征。涂高以群小在朝，不应征辟，私下教授，故桃李满天下。黄巾贼闻涂高盛名，相戒不犯涂先生舍。适贼众有涂先生弟子在军中任军师，涂高闻之，私下拜会，求其不犯济南。弟子安能不从？立言之主帅，主帅亦素慕涂先生，故济南于黄巾大乱中得以无恙。

此本为名儒涂高之功。然愚民无知，以为城阳景王刘章显灵，故得却黄巾大军也。于是济南国及下辖诸县均纷立刘章祠，至六百余所。富贾及地方官往往舆服导从作倡乐，奢侈日甚，盘剥民间，民坐贫穷，前历任济南相无敢禁绝。曹操下车，知此，思以对之。一日，值富贾及官吏祭祀刘章，操至，令众人皆至祠，曰："今众人皆在，我为长官，众人见证。"众人皆惊愕，不知何事。操曰："我为济南相数旬，天久不雨，知众人皆祭祀城阳景王刘章，我亦亲来祈祷刘章，若祈祷得雨则善，不得雨，尔庙且毁，罪不赦也。"于是令人将木偶抬至桥上，令其下雨，数日，竟不雨，操遂令沉木偶入水。

数日后,操舟行,忽木偶自水跃入舟中。侍从失色走曰:"景王刘章来!景王刘章来也!"操笑曰:"当初未焚之也。"操四处观看,见岸旁有刘章祠,令武士易服入祠,戒之曰:"伺水中人出,械系以来。"已而果然,武士逮捕二人。操拷问之,二人曰:"此乃富贾及官吏贿赂为之,以恐长官。"

操遂将此事公之于众,并下令立毁坏祠屋,止绝吏民不得祠祀,违之者,科以重罪,甚至处以极刑,故济南国之淫祀遂绝。以治理之功,朝廷本欲征还其为东郡太守。曹操思:"朝廷宦官专权,贵戚横行,己性格刚直,屡与权贵干忤,恐为家祸。"遂祈留宿卫。权贵不便,再拜议郎,待其发表不当言论,得以罪之。操鉴前事,亦知汉廷不可辅,虽再为议郎,未曾发表尖锐意见,与世沉浮,常告病不朝,辄归家里。不好京师繁华,筑室城外,春夏习读书传,秋冬弋猎,以自娱乐,欲悠游卒岁也。

水余先生以为:曹操早年未有篡夺之志,仅欲在太平世下,为一代名臣,为朝廷尽忠而已。操实际控制汉廷后,曾发令表明心迹:"孤始举孝廉,年少,自以本非岩穴知名之士,恐为海内人之所见凡愚,欲为一郡守,好作政教,以建立名誉,使世士明知之;故在济南,始除残去秽,平心选举,违迕诸常侍。以为强豪所忿,恐致家祸,故以病还。去官之后,年纪尚少,顾视同岁中,年有五十,未名为老,内自图之,从此却去二十年,待天下清,乃与同岁中始举者等耳。故以四时归乡里,于谯东五十里筑精舍,欲秋夏读书,冬春射猎,求底下之地,欲以泥水自蔽,绝宾客往来之望,然不能得如意。后征为都尉,迁典军校尉,意遂更欲为国家讨贼立功,欲望封侯作征西将军,然后题墓道言'汉故征西将军曹侯之墓',此其志也。"

世人对操此令,众说纷纭。然考操早年志行,笔者信其令,更信其心。建安后期,操有受命之迹,然终身惧怕世人非议篡汉,愿成"周文王",亦可反推操早年无篡汉之心。

后汉末造，世人皆知汉廷之腐败没落，因祖宗德泽深厚，虽昏君屡出，外戚与宦官迭专权，然直臣与士人奋死维持。虽如此，皇帝不察，朝廷不谅，党人多正人，皆忠心，却遇党锢之祸，或被诛杀，或被远贬，妻子亲朋故吏多受牵连而遭禁锢。权阉持权，贪残害政，手握王爵，口含天宪，盘踞朝廷，导致政治愈发黑暗，朝廷更加腐败。曹操早年尽心汉廷，奋力与群小周旋，然汉廷实在不可辅，甚至害及正人，让操寒心，将操渐逼往对抗之路。一言以蔽之，操对汉廷之心，先忠贞，后漠视，再后观望，渐生篡夺意，乃渐进过程。篡汉非素志也。

后操正任典军校尉。先是，中平五年，朝廷设置西园八校尉，以小黄门蹇硕为上军校尉，虎贲中郎将袁绍为中军校尉，屯骑校尉鲍鸿为下军校尉，议郎曹操为典军校尉，赵融为助军左校尉，冯芳为助军右校尉，谏议大夫夏牟为左校尉，淳于琼为右校尉，皆统于蹇硕。灵帝自黄巾之起，留心戎事；硕壮健有武略，帝亲任之，虽大将军亦领属焉。

四五

内倾轧何进问计　　世将变帝命不久

蹇硕素忌大将军何进，为何？昔黄巾贼起，朝廷大赦党人，且用之平乱。众阉竖素与党人不合，因黄巾事起而社稷动摇，姑且隐忍党人。后黄巾平，党人与宦官之矛盾依旧存。党人多名士，有重名，何进慕之，好与之往来，且多辟党人入幕府。党人多海内名士，众贤在朝，大将军亲之，与群阉渐离也。阉竖不便何进在内，与诸常侍共说帝遣何进西击韩遂，帝从之。何进窃知其阴谋，患之，召袁绍与谋。

袁绍时任侍御史，为大将军腹心，为何？昔袁绍家累世公卿，又以行六年丧而名满天下，以朝廷黑暗，大与党人往来，又好游侠，结交众多江湖义士。大将军进慕袁绍名，屡派使者礼请为掾。袁绍以进出身屠户家，地位卑微，不肯就征。昔何进依权阉而得高位，故暂与诸常侍善，中常侍赵忠谓诸黄门曰："袁本初坐作声价，不应大将军呼召而养死士，不知此儿欲何所为乎？"绍叔父隗闻之，责数绍曰："汝且破我家！"绍乃起应大将军之命，后迁侍御史。

大将军有此紧急，谋于袁绍，绍荐何颙。颙，南阳襄乡人，素有谋略。少游学京师，虽后进，郭泰、贾彪与之善，为之声誉，遂显名太学。昔友人虞伟高有父仇未报，笃病将终，颙往候之，伟高泣而诉。颙感其义，为复仇，以头祭其墓。

后陈蕃、窦武诛宦官败，颙与陈、窦素善，为宦官所陷，遂为朝廷所追捕。变姓名，亡命隐匿于汝南，所至，皆亲近其豪杰，汝南皆知颙亡命之徒，却无人举报。袁绍慕之，结为奔走之友。颙深感天下正人多受难，党锢之祸难解，虽逃亡，常私乔装入洛阳，与绍合计营救党人。党人被逮捕者，设计使其越狱，穷困逃亡在外者，为之救援，以济其患。故党人全免者甚众，多颙之谋及力也。

后党锢解，颙乃著名党人，司空辟之。每三府群会，颙议论超群，莫不推之。袁绍荐颙于大将军进曰："何先生谋略出众，大将军若与之谋，此棘手事方得解。"何进遂召颙，礼毕，恭请曰："先生名重海内，久未拜访，今突然而召，望请恕罪！"颙曰："大将军重贤，四海所知，贤大夫皆愿从大将军游，不知大将军有何事见教？"进问曰："权宦蹇硕素忌我，欲出我外击韩遂，便在京师谋我，先生有何策可解？"颙曰："此易也。大将军托故不出，便无患。"进曰："此只缓兵之计，未能解决问题也。"颙曰："此即根本之道也。"进问曰："为何？"颙曰："今帝星暗淡，帝将不久人世，大将军迁延时日，帝崩后，大将军妹称制，大将军以外戚之尊秉政，自可行己意，何止去患乎！"

进疑问曰："今帝富于春秋，身强体壮，怎能不久人世乎？"颙曰："我有挚友，今年三十六，实则九十六，惯通星象，所言多验，言帝将崩，天下将变也！"进问曰："为何年三十六，实则九十六？如何精通卜卦？可否介绍之？"颙曰："诺！"

昔南阳襄乡县治有一长者，财宝无量，不可称计，为人乐善好施。其妇某日逛于郊外，偶遇西域高僧对面而来，妇突欲摔，僧援之于手，遂感而孕，长者不知。后满十月，便欲产子，然不肯出。寻重有娠，足满十月，复产一子。先怀者住在右胁，后怀者皆在左胁，如是次第怀妊九子，各满十月而产，唯先一子仍在胎中，不肯外出。其母极其忧虑，设汤药以自疗，病无好转。后长者卒，其母主家，时时嘱及家中曰："我腹中子仍活不死，如命终，必开腹，取子养育。"

逮母命终，年近八十，诸亲眷属，载其尸诣太医，太医为之解剖，得一小儿，形状故小，头发皓白，俯偻而行。先哭母亡，后四向顾视，语诸亲言："汝等当知，我本灵山佛童，听佛祖讲经，突然瞌睡，佛祖大怒，贬我至母腹中，经六十年，受是苦恼。我母已亡，感其孕育之恩，自名为感孕也。"

颙曰："感孕少与我善，现剖腹已经三十六年，先前在母腹中已六十年，故曰九十六岁也。"进曰："善！感孕有何本领？"颙曰："能知过去未来事。"进曰："可否一见？"颙曰："当然！"颙遂领一老人入见，身长不过两尺，难步行，佣仆抱之而来。何进以先生礼待之，礼毕，问曰："请察帝运如何？"感孕曰："帝任群小，害及正人，黄巾大起后，又诛杀无辜百姓甚众，天帝大怒，今帝星暗淡无光，不出一月，帝必崩。大将军应预先为计也。"进曰："帝体素强，安能一月内崩？"感孕曰："仅以天象言之。为何崩，此非老儿所知也！"

进问曰："我之命势如何？"感孕曰："此非口舌能言，以笔画叙！"进遂命给纸笔，感孕画数朵荷花，置推车上，人推之前，后当何进面撕毁之。众人不解，以为感孕老头粗鄙。然老头之意何如？荷花者，代表何，推车前，代表进，此画寓意何进也。撕毁之，说明何进亦将死也。待何进欲诛宦官，被反噬而死，后人方明白其意，当时却不清楚，先叙述在此而已。

进问曰："不懂先生画之蕴意，但问先生寿运如何？"感孕曰："今午时三刻，便是我归西之时。"进惊曰："观先生体自康泰，怎可能今午时三刻归西？"感孕曰："此宿命，不能改也。感何颙先生之谊，临死前与大将军卜算也。"进私下思："午时三刻离此不久，我与何先生就留感孕吃饭，一直陪到午时三刻，看如何？如感孕果死，其言大体可信，如不死，感孕乃江湖骗子也。"

何进遂招待何先生及感孕用膳，感孕亦知何进怀疑之意，不拒，吃饭不异平常，无人信其命将终。然近午时三刻，感孕先生突曰："我自西土

来，托生东土家；母孕六十年，今往西途归；功德已圆满，人世安可恋？车马奔嚣时，我却归寂寂！"突然端坐而亡。何进大惊也。然感孕先生遗言："车马奔嚣时，我却归寂寂！"喻指天下大乱。当时亦无人能知也。

何进为大将军，妹为皇后，挟中宫之重，权势熏天，又大与党人来往，为权阉蹇硕所忌。蹇硕与诸常侍劝帝遣何进西击韩遂，帝从之。何进再与襄楷谋，襄楷曰："拖延之，必有变，帝将崩。"何进问曰："何以言此？"襄楷曰："今年正月，甘陵王刘忠朝汉廷，我曾经观礼焉。刘忠执玉高，其容仰；帝受玉卑，其容俯。以礼观之，二人皆有死亡之相也。"何进问曰："为何皆有死相？"襄楷曰："夫礼，死生存亡之体也。凡君臣左右、周旋、进退、俯仰皆有其则，上朝、祭祀、典丧、兵戎皆有其法，其法则来自礼。正月甘陵王朝，君与王之行为皆不合礼之法度，可推知两人之心已亡矣。心亡，体能久乎？高仰，骄也；卑俯，废惰也。骄则乱，废惰则近疾变。甘陵王年尊，其先死乎？"何进迟疑。

须臾，甘陵国传刘忠死讯，何进方大服，知帝命不久矣。未便明面拒诏，以京师兵源不足，奏遣袁绍征徐、兖二州兵，待征兵集而西征，以拖延行期。

水余先生曰：传曰："国有道，听于人；国无道，听于神。"故孔子不语怪力乱神，且敬鬼神而远之。古之贤达，绝地天通以立经世之法，而后庸徒称天称鬼以疑天下，虽初心良善，欲警示世人以矫之使正，而人气迷于恍惚有无之中以自乱。若以之谏统治者，则风俗淫，祸眚生于不测，政局难免不乱。鬼神之事，不可不慎也。

四六

报父仇烈女屈身　宫闱变灵帝丧命

帝命为何不久，疾变为何而生？

张让与何家素善，何进妹能入后宫，终得立为中宫，张让出大力焉。故何后以己妹妻张让养子。

张让于桓帝时便专权，至灵帝末，专权已三十多年，权倾朝野。顺帝时，许中人养子袭位，故权阉多有子嗣。张让伺候皇帝久，在外狐假虎威。受其影响，张让家父子僮仆，专说大话，每每以朝廷名色自标，家中建筑及装饰亦多僭越。

一日，权阉蹇硕拜访张让，争取张让支持以排挤何进。适张让外出，遇其长子，问："张常侍何在？"长子曰："父皇驾出了！"问及令堂，次子又曰："娘娘在后花园饮宴！"遂领蹇硕至张让书房休息，只见书房对联："日月光天德，山河壮帝居。"

蹇硕为灵帝心腹，见说话装饰僭分，含怒而去，途中遇张让，乃以其子之言告之，盼其内敛。张让淡然，问仆人："谁说的？"仆在后云："是太子与庶子说的。"蹇硕大怒，欲责打张让之仆人。张让大笑，劝曰："卿家弗恼，看寡人面上，放过他们吧！"蹇硕见此，终知问题根源所在，遂不再言语，悻悻而归，将张让僭越之举告诉灵帝，灵帝含怒未发。

张让之宫中耳目甚多，知灵帝怒之，私透消息于张让。张让知帝怒，

277

又知有权阉蹇硕在内，时时进谗，己恐无好下场矣，于是思毒计。

昔党锢之祸初，朝廷逮捕范滂，范滂主动就狱，与母及子诀别，不及妻女，后范滂就义，天下悲之。范滂女素贞烈，先慕孟光为人，自号希光。后其父死，范女大怒曰："父母之仇，不同天地共日月者，我必欲杀昏君为父报仇也。"改名曰复，表欲复仇之意。邻人曰："天子乃天下人之父，安能因己之私而杀天下人之父也。"范复曰："天子者，以德配天，故民人尊戴之。昔孟子曰：'贼仁者，谓之贼；贼义者，谓之残。残贼之人，谓之一夫。闻诛一夫纣矣，未闻弑君也。'若天子失德，屠戮正人，杀之，乃诛一独夫而已。"邻人曰："虽如此，然汝欲杀者，乃天子，汝乃弱女子，且布衣，无凭无据。天子身居大内，拱卫极严，汝连天子面皆难会，更遑论刺杀之？"范复曰："人有善愿，天必从之，独夫民贼，天之所弃，世人看他防范固若金汤，我却看他独夫行走中原而已。"

邻人以范复为狂，大笑而已。范复乃隐姓埋名，偷入京师，与张让小厮厮混，因此得入张让家，为张家奴婢，殷勤伺候，不辞辛劳，数年间，为张让最宠幸之奴婢。适蹇硕进张让谗言，灵帝大怒，张让得知，大惧，思毒计，大废寝食。范复知之，问曰："察常侍必有内忧，乃奴婢伺候不周之过。"张让曰："汝下人，安能知我？"范复曰："奴婢伺候常侍数年，略能体会常侍心思一二。"张让问曰："汝乃我之心腹，可试言之。"范复曰："此必今上怒君，君不安也。"张让大惊曰："是也，汝何以知此也？"范复曰："常侍权势熏天，权倾朝野，普天之下，常侍只惧天子，常事安能动常侍心？必因天子怒之事而忧也。"

张让曰："汝言大合我心，确如此。"范复曰："敢问常侍忧天子怒何事？"张让曰："我虽权大，然天子新宠幸内竖蹇硕，蹇硕害我宠及权势，时时天子前进谗言，天子已内怒，恐为我之大患。汝有何策？"范复曰："我许有策。然先问常侍：'今天子能去蹇硕否？'"张让曰："圣眷方隆，难去也。"范复问曰："蹇硕能容君否？"张让曰："必不能。"范复问曰："蹇硕能移天子意否？"张让曰："天子唯蹇硕之言是从。"范复问曰："常侍不作为，能无患乎？"张让曰："蹇硕必进谗言于天子，我安能无患？"范复问曰："若有患，何患？"张让曰："许罢职免官而已。"范复曰："误矣！昔桓帝时五侯，今天子时之侯览、曹节、王甫何在？常侍罢职者有能全乎？"

张让大为感叹，曰："君言之善也。然君有何策，解我倒悬？"范复曰："常侍必行大事，方能济也。"张让大惊，汗如雨下，许久方曰："安敢如此！"范复曰："蹇硕必欲去常侍，天子偏向蹇硕，常侍必死。行大事，不成方死，若成，则去患且富贵长久也。"张让曰："事安至此？且容后图也。"范复曰："谋而不断，必遭大祸也。今行大事，非欲常侍弑君，乃我弑君，若有罪孽，皆我一人承担，誓死不及常侍也。"

张让曰："若如此，张某必厚恤君家也。"范复曰："实告常侍：我父乃范滂，范滂为昏君所杀，我必欲报仇也。"张让大惊曰："昔党锢之祸，非我之罪，乃侯览、王甫所为。我与陈寔先生素善，诛杀党人之际，多全佑党人，此世人所知也。"范复曰："前党锢之祸虽烈，小女子不纠也，然昏君害及正人，此昏君命数该尽也。"当张让面绞头发，誓与昏君不共戴天也。

张让问曰："既如此，有何策杀昏君也？"范复曰："此易耳。常侍睹我相貌如何？"张让曰："上上乘！"范复问曰："昏君是否好色？"张让曰："今上以好色闻。"范复曰："若将我盛饰妆扮，献与昏君，昏君能受否？"张让曰："必能受。"范复曰："常侍有所不知。昔日我曾从我父范滂处学，音律文学皆会。"张让大惊，遂跪曰："今天子好文学，君有上乘之貌，兼有才学，必能得陛下宠幸也。"范复扶起张让，曰："我若得昏君宠，杀之不易乎？"张让曰："实易耳。"范复曰："常侍盛饰我而献予昏君，昏君必感常侍，且我时时暗中为常侍美言，常侍短期内无患也。我相机杀昏君，昏君死后，太后称制，择立新君，政在太后，常侍与太后素善，富贵可长保也。"

张让见此，对范复更长跪曰："事成，富贵与君共之。"让知帝好色，遂盛饰范复以进。灵帝悦其相貌，范复博学有才辩，又妙于音律，帝异

之。帝问："汝才学从何而来？"范复对曰："半得之父，半得之家学也。"灵帝问："汝父为何人？尚在否？"范复诡对曰："我父已逝，乃名儒，家世代为儒，有家学渊源也。"灵帝问："汝父因何逝？"范复诡对曰："因奸佞迫害而死，家族颠沛流离。"灵帝问曰："哪个奸佞？朕为汝报仇也！"范复诡对曰："先常侍侯览、王甫，陛下已杀之。"灵帝问曰："汝为何入宫？"范复诡对曰："陛下为妾杀侯览、王甫，为妾报仇，妾在民间，欲以身许陛下，常恨无缘，不意今日得机会也。"

帝问曰："闻汝家多坟籍，犹能忆识之不？"范复对曰："昔亡父赐书四千许卷，流离涂炭，罔有存者。今所诵忆，才四百余篇耳。"帝曰："今当派十小宦官就汝写之。"范复曰："妾闻男女之别，礼不亲授。乞给纸笔，妾亲缮写之。"帝大悦，令给之。于是范复缮书送之，文无遗误，其文多从异书而来。帝素好文学，览之大悦，范复由是有盛宠，冠绝后宫。

自平黄巾贼后，帝谓天下无大虑，后宫佳丽五千，美女争宠，帝难选择，于是令人造纸箭、竹皮弓，纸间密贮龙麝香末，每宫嫔群聚，帝亲射之。宫嫔若中，有浓香触体，了无楚害，且今晚可侍帝寝，宫中名"风流箭"。后宫为之语曰："风流箭，中的人人愿！"帝极宠范复，复屡屡中"风流箭"。

某日，范复侍寝，帝饮宴大醉，范复伺帝熟寝，以绳缢帝项，误为死结，帝得不绝。后同侍奉之宫女见之，奔走告诉，范复急，以小刃刺帝喉咙，帝伤。时侍卫闻告，立来，范复见此，自杀，笑曰："帝如此之伤，安能久乎？"帝伤不能言，令皇后摄政。

初，灵帝数失皇子，何皇后生子辩，养于道人史子眇家，号曰"史侯"。王美人生子协，董太后自养之，号曰"董侯"。昔朝廷虽平定黄巾，然天下盗贼四起，四夷交侵，天下不稳，为虑不虞，群臣请立太子，奏曰"立嗣以嫡"。帝以辩轻佻无威仪，欲立协，犹豫未决。会因范复刺杀而疾笃，不能言，手指协而属之蹇硕。须臾，帝崩于嘉德殿。

水余先生曰：昔诸葛亮《出师表》有言："亲贤臣，远小人，此先汉所以兴隆也；亲小人，远贤臣，此后汉所以倾颓也。先帝在时，每与臣论此事，未尝不叹息痛恨于桓、灵也。"桓、灵为君，后汉治乱之枢，汉事必不可为也。然虽同为昏君，亦有别也。桓帝能诛梁冀、灭五侯，外戚与阉竖虽迭专权，政由己出，虽末期起党锢之祸，却未杀一党人，且在窦武等进谏下，大赦党事。朝廷虽群小专权，然在外多有贤士，在内不乏贤臣，尚能维持纲纪，政治虽黑暗，社稷勉强能存也。然灵帝昏庸更甚，被众阉控制，灵帝一朝，阉竖专权，伴随始终也。即位初，党锢之祸愈烈，陈、窦等被诛杀，天下大肆逮捕党人，党人被杀者，数百人，被贬及受牵连者，不计其数。阉竖专权愈甚，朝廷郡县皆有其党，放纵千百虎狼于民间，民人嗷嗷，哀鸿遍野。好鸿都文学，群小大进，好卖官鬻爵，贤人远遁。故党锢祸起，大失士心；群小专权，诸多乱政，失民心。张角因之以黄巾道起事，虽终勉强平定，然汉室自是进入多事之秋，飘摇之期也。灵帝昏庸用群小如此，政治又如此黑暗，故民间咒怨灵帝，所谓"千夫所指，不病则死"。灵帝如此，命能久乎？

四七

慕大名欲诛群阉　谋犯阙召军阀入

蹇硕时在内，帝崩时，唯硕与数阉人在旁。硕秘不发丧，知大将军何进权倾朝野，欲立史侯，又知群臣持礼，欲立嫡子，亦同何进之志。硕欲先诛何进而立协，使人迎进，托以帝诏，召与计事。进即驾往。硕司马潘隐与进有旧，迎而目之，暗示有阴谋而不能赴。进惊，驰从儳道归营，引兵入屯百郡邸，因称疾不入。蹇硕见此，知谋泄，又知群情欲立皇子辩，于是不得不发丧。辩于柩前即皇帝位，年十四。尊皇后曰皇太后，太后临朝。赦天下，改元为光熹。封皇弟协为渤海王。协年九岁。以后将军袁隗为太傅，与大将军何进参录尚书事。

太后妇人，所亲接者乃内侍及娘家，前朝屡有外戚辅政故事，故朝事无大小，皆委之何进。进既秉朝政，忿蹇硕图己，阴规诛之，本欲仅诛硕而已。袁绍素恨中官，因进亲客张津，以干何进之策。昔张津早年亦为屠户，肉铺与何进父隔壁，两家相亲，进家贫困，张津时时接济之。进感张津之恩，与之厚善。后张津从党人学经，恨众阉害党人，劝进悉诛诸宦官，张津屡曰："大将军以寒门辅政，若无重功填塞天下，则人不服。今阉竖专权久，屡兴党锢之祸，天下人切齿，若大将军能悉诛群阉，则能清明政治，功德震天下，亦能流传千古也。"何进好慕大名，从之。

进以袁氏累世贵宠，绍与从弟虎贲中郎将术皆为豪杰所归，信而用之。复博征智谋之士何颙、荀攸及河南郑泰等二十余人，以颙为北军中候，攸为黄门侍郎，泰为尚书，与同腹心。攸，爽之从孙也。蹇硕疑不自安，与中常侍赵忠、宋典等书曰："大将军兄弟秉国专朝，今与天下党人谋诛先帝左右，扫灭我曹，但以硕典禁兵，故且沉吟。今宜共闭上阁，急捕诛之。"中常侍郭胜，进同郡人也，太后及进之贵幸，胜有力焉，故亲信何氏。与赵忠等议，不从硕计，而私以其书示进。进使黄门令收硕，诛之，因悉领其屯兵。

蹇硕死，中官欲求重臣以为外援，以抗何进。骠骑将军董重，灵帝母董太后侄，与何进权势相害，中官挟之以为党助。灵帝崩，董太后每欲参干政事，何太后辄相禁塞："按汉制，帝崩，帝后摄政称制，与帝母何事？"董后忿恚詈曰："汝今嚣张，怙汝兄耶！我敕骠骑断何进头，如反手耳！"何太后闻之，以告进。董重依附宦官，为三公所不附，且何太后称制，乃汉廷故事，故三公倾向何进。须臾，进与三公共奏："孝仁皇后使故中常侍夏恽等交通州郡，辜较财利，悉入西省。故事，蕃后不得留京师。请迁董太后归本国。"奏可。进举兵围骠骑府，收董重，免官，逼迫其自杀。董太后忧怖，忧何太后鸩毒至，暴崩。董太后为姑，何太后为媳，不待之礼，以致其暴崩，民间以何氏刻薄寡恩，由是人心不附何氏。

何进去董氏外戚势，外廷势力始得归一，中官无外助也。袁绍复说何进曰："前窦武欲诛内宠而反为所害者，但坐言语漏泄。五营兵士皆畏服中人，窦氏反用之，自取祸灭。今将军兄弟并领劲兵，部曲将吏皆英俊名士，乐尽力命，事在掌握，此天赞之时也。将军宜一为天下除患，以垂名后世，不可失也！"进从之，乃白太后，请尽罢中常侍以下，以三署郎补其处。

太后不听，曰："中官统领禁省，自古及今，汉家故事，不可废也。且先帝新弃天下，我奈何楚楚与士人共对事乎！"进难违太后意，退而求其次，欲诛其放纵者。绍以为中官亲近至尊，出纳号令，今不悉废，后必为患。中官自从灵帝崩，诌媚何太后。太后母舞阳君及弟何苗数受诸宦官赂

遗，知进欲诛之，暗为中官地，数白太后为其障蔽。又言："大将军专杀左右，昔蹇硕、董重何在？擅权以弱社稷。太后今亲政，当以社稷为重，不应顾私亲。"太后以为然。

进新贵，因中官而得权势，昔微时，见中官皆执下属礼，故素敬惮中官，虽外慕大名而内不能断，故事久不决。绍等见此，知进狐疑，又为画策，多召四方猛将及诸豪杰，使并引兵向京城，以胁太后。进然之。主簿广陵陈琳谏曰："谚称'掩目捕雀'。夫微物尚不可欺以得志，况国之大事，其可以诈立乎！今将军总皇威，握兵要，龙骧虎步，高下在心，此犹鼓洪炉燎毛发耳。但当速发雷霆，行权立断，则天人顺之，事必能成。而反委释利器，更征外助，大兵聚会，强者为雄，所谓倒持干戈，授人以柄，功必不成，只为乱阶耳！"进不听。

典军校尉曹操闻而笑曰："宦者之官，古今宜有，但世主不当假之权宠，使至于此。既治其罪，当诛元恶，一狱吏足矣，何至纷纷召外兵乎！欲尽诛之，事必宣露，群阉多奸谋，前陈、窦则为先鉴，我见其败也。"

或问："天下兵权在皇甫嵩及董卓，为何大将军不召皇甫嵩？"水余先生曰："皇甫嵩士人，素忠君，不肯为此犯阙事。且皇甫嵩素为群情所向，有平定黄巾贼之大功，功定天下之半，声驰四海之表，若入京师，再有诛群阉大功，必将得朝廷大权，权势与何进必冲突也。故进不召皇甫嵩也。何进以为董卓武夫，无文，不知上下之礼，敢为犯阙事，无大志，易驾驭也。却不知董卓残忍无仁义，本有窥社稷之心，有此良机，又拥强兵，安肯为下？适足以为社稷大患，社稷终因董卓而解体也。"

何进又问袁隗董卓如何。隗曰："董卓昔为我府属掾，虽武力超群，却忠心护主，号'虎痴'。大将军用之，董卓感恩，必愿为大将军驱驰也。"进遂决意召卓使将兵诣京师。侍御史郑泰谏曰："董卓强忍寡义，志欲无厌，若借之朝政，授以大事，将恣凶欲，必危朝廷。明公以亲德之重，据阿衡之权，且独秉军政，爪牙为用，秉意独断，诛除有罪，诚不宜假卓以为资援也！且事留变生，陈、窦在前，殷鉴不远，宜在速决。"尚书卢植亦言不宜召卓，进皆不从。泰乃弃官去，谓荀攸曰："何公志大才疏，好谋而善变，又刚愎自用，未易辅也。"进府掾王匡，骑都尉鲍信，皆泰山人，进使还乡里募兵，并召东郡太守桥瑁屯成皋，使武猛都尉丁原将数千人寇河内，烧孟津，火照城中，皆以诛宦官为言。

水余先生曰：宦寺之祸，弥延于后汉，至灵帝则无以复加，帝亦受其控制也。党人力抗而遭屡次党锢，或贬或杀，陈、窦欲诛之而死，阳球力击之又死。后孰敢以身蹈水火而姑为尝试耶？虽如此，阉竖权外大而实中空也。天下盗贼蜂起，指数之乱政而挟以为名。阉竖之子弟宾客泛滥于京师郡县，赋敛天下，四海穷民，皆诅咒而盼彼等速亡。党锢祸之士人子孙，不与共天地戴日月而愿与阉竖拼命，日月含恨，但求一报。士大夫苟非阉竖之党，不得已而权且俯出其下，亦畜恶怒而盼阉竖受天诛。故阉竖之势力，看似强大，实乃强弩之末，杀之易也。故陈琳曰："此犹鼓洪炉燎毛发。"曹操曰："诛其元恶，一狱吏足矣。"何进不明形势，纷扰为之，狐疑不决，多谋无断，殆矣。

何进召唤董卓，使者未至，尚在途中。董卓于京师有耳目，早知进将召己，迟疑不决，私与并州处士张玄曰："今大将军何进将诛宦官，何太后不从，大将军欲召我举兵向京师。今举兵犯阙，事成则已矣，事不成，罪在不赦，且为家族万世之祸。我内心不决，望先生为我决计也！"

张玄何人？张陵弟也。昔大将军梁冀权势熏天，无人敢不敬之，天子拱手。元嘉中，岁首朝贺，大将军梁冀带剑入省，陵呵叱令出，敕羽林、虎贲夺冀剑。冀跪谢，陵不应，即劾奏冀，请廷尉论罪，有诏以一岁俸赎，而百僚肃然。张玄则为其弟也。玄字处虚，沉深有才略，郭林宗与之善，与之周旋久，故天下闻名，以时乱不仕。司空张温数以礼辟，不能致也。

张玄回信曰："党锢之祸后，黄巾大起，天下震动，殚天下之力仅能勉强平定之。现天下寇贼云起，党锢、黄巾之祸，其缘由何在？岂非黄门常侍无道而致此乎？今天下士子及朝廷群贤，皆切齿于黄门常侍，恨不得食肉寝皮也。明公总天下威重，握六师之要，适大将军何进有召，京师必有内应，鸣金鼓，整行阵，引兵入都，以次剪除中官，解天下之倒悬，报海内之怨毒，事必能成，无须疑惧。然后显用隐逸忠正之士，则匡扶之功，无出君右。今大将军召，君不疾应，恐大将军意变，召他人，则旷世奇功拱手让他人矣！"

董卓半夜得书，发火而观之，览之大喜，稍示之腹心，问长史刘艾。对曰："今形势如此，不得不发也！"适何进使至，董卓立许，仓促之间，只点得步骑三千，立即出发也。张玄闻董卓率步骑赴京师，遂去，隐居鲁阳山中。及董卓秉政，感玄之恩，辟以为掾，举侍御史，不就。卓临之以兵，不得已强起，至轮氏，道病终，此为后话。

董卓闻召，即时就道，并上书曰："臣伏惟天下所以有逆不止者，各由黄门常侍张让等侮慢天常，操擅王命，父子兄弟并据州郡，一书出门，便获千金，京畿诸郡数百万膏腴美田皆属让等，致使怨气上蒸，妖贼蜂起。臣前奉诏讨於扶罗，将士饥乏，不肯渡河，皆言欲诣京师先诛阉竖以除民害，从台阁求乞资值。臣遂慰抚，以至新安。臣闻扬汤止沸，不如灭火去薪，溃痈虽痛，胜于养肉，及溺呼船，悔之无及。昔赵鞅兴晋阳之甲以逐君侧之恶，今臣辄鸣钟鼓如洛阳，请收让等，以清奸秽！"孰之词？长史刘艾为之也。

太后览书，知事急，犹不从。何苗谓进曰："我等始共从南阳来，俱以贫贱依省内宦官以致富贵。宦官专权久，与国一体，全欲诛之，亦何容易？外兵若入，我家则与宦官彻底决裂，覆水不收，宜深思之。宜及外兵未入，且与省内和，可保国安，亦可保我家之富贵也。"时卓至渑池，进闻太后拒意及何苗谏后更狐疑，不欲董卓至京师，使谏议大夫种劭宣诏止之。卓不受诏，曰："此必伪诏，出自中官也。"遂前至河南，劭迎劳随之，因譬令还军。卓疑有变，使其军士以兵胁劭。劭怒，称诏叱之，军士皆披靡，遂前质责卓："今有天子诏止进军，违诏者，罪在不赦。"卓辞屈，乃还军夕阳亭。种劭，先司徒种暠之孙也。

四八

谋事不决遭毒害　董卓入王纲解纽

袁绍闻进更狐疑，惧进变计，因胁之曰："大将军欲全诛宦官，阉竖皆知之，交构已成，形势已露，将军复欲何待而不早决之乎？事久变生，宦官将反噬，将军复为窦氏矣！"进意决，又欲全诛宦官，于是以绍为司隶校尉，假节，无须上请，专命击断。从事中郎王允为河南尹，佐绍。绍使洛阳方略武吏司察宦者，凡有不法者，皆下之诏狱，而私促董卓等使驰驿上，进兵平乐观。

太后乃恐，惧四方兵至京师，于是悉罢中常侍、小黄门使还里舍，唯留进素所善私人以守省中。诸常侍、小黄门皆诣进谢罪，唯所措置，愿远权势，只求身安。进谓曰："天下汹汹，正患诸君专权耳。今董卓大兵垂至，诸君何不早各就国！"袁绍劝进便于此决，立即全歼之，至于再三。进不许，曰："中官愿远权势而归国，则事济也，何必纷诛杀之？惹来狗急跳墙，反生大祸。"

绍见大将军意再变，又为书告诸州郡，诈宣进意，使捕案中官亲属，诛其党羽，使中官反悔，迫进决裂。进知袁绍诈书，因先授专断之权，不责之。袁绍曰："今已诛及中官亲属，中官必反悔，故大将军必全诛权阉，事方能定。"进谋积日，颇泄，中官惧而思变。张让子妇，太后之妹也。让向子妇叩头曰："老臣得罪，当与新妇俱归私门。唯受恩累世，今当远离宫殿，情怀恋恋，愿复一入值，得暂奉望太后及陛下颜色，然后退就沟壑，死不恨矣！"子妇言于舞阳君，舞阳君入白太后，太后素与中官亲接，乃诏诸常侍皆复入值，勿使大将军及其党知之。

后数日，进入长乐宫，白太后，请尽诛诸常侍。中常侍张让、段珪相谓曰："昔灵帝崩，大将军称疾，不临丧，不送葬，今突入省，此意何为？窦氏事竟复起邪？"使潜听，具闻其语，知进欲尽诛中官。乃率其党数十人持兵窃自侧闼入，伏省户下，进出，因诈以太后诏召进，且隔其护卫，进入坐省闼。让等诘进曰："天下愦愦，亦非独我曹罪也。先帝尝与太后不快，几至废太后，我曹涕泣救解，各出家财千万为礼，和悦先帝意，但欲托卿门户耳。今乃欲灭我曹种族，不亦太甚乎！"进欲辩解，然中官大怒，尚方监渠穆拔剑斩进于嘉德殿前。

水余先生曰：何进诛宦官，必败，何也？进以外戚攻宦官，人惩窦武之先祸，无为倾心尽力，一也。进所恃者何后，举动待后而敢行，以深宫妇人敌阴险宦官，智计不及，且后与宦官亲接，多受其蛊惑，二也。袁隗身为大臣，虽有朝野之望，却尸位素餐，无能以社稷自任，三也。郑泰、卢植虽有智略，亦具情怀，然初起田间，资望不足，难能为力；杨彪、黄琬，虽为名臣，无渊源于袁隗，四也。袁绍兄弟，包藏祸心，乘时构乱，暗窥社稷，无勠力王室之诚，五也。曹操识之明，持之定，智略上乘，而志怀叵测，听王室之乱，以静待动，视何进之迷，付之一笑而已，六也。宦官乃城狐社鼠，皇甫嵩、盖勋顾名义而不欲狂逞，进躁迫而不倚以为心腹，七也。有此七败情形，加之进好狐疑，谋而不决，欲慕大名而诛群宦，不败更何待？

让、珪等诈为诏，以故太尉樊陵为司隶校尉，少府许相为河南尹。尚书得诏草，疑，曰："今大将军秉政，请大将军出共议。"中黄门以进头掷与尚书曰："何进谋反，已伏诛矣！"进部曲将吴匡、张璋在外，闻进被害，欲引兵入宫，群阉闻，于是紧闭宫门。虎贲中郎将袁术与匡共斫攻之，中黄门持兵守阁。会日暮，术因烧南宫青琐门，火见数里外，欲以胁让等出。

让等入白太后，言大将军兵反，烧宫，攻尚书闼，因挟太后、少帝及陈留王，劫省内官属，从复道走北宫。尚书卢植执戈于阁道窗下，仰数段珪："挟持帝、太后等，欲何为？欲反也？"珪惧，乃释太后，太后投阁，得免。袁绍得知进被杀，及群阉矫诏委任事，与叔父隗矫诏召樊陵、许相，立斩之。绍及何苗引兵屯朱雀阙下，捕得赵忠等，斩之。

然进部曲吴匡等素怨苗不与进同心，常为中官善地，今中官杀大将军，疑其与宦官通谋，乃令军中曰："杀大将军者，即车骑将军苗也，吏士能为报仇乎？"大将军进素于部曲有恩，皆流涕曰："愿致死！"匡遂引兵与董卓弟奉车都尉旻攻杀苗，弃其尸于苑中。绍闭北宫门，勒兵捕诸宦者，无少长皆杀之，凡二千余人，或有无须而误死者。绍因进兵排宫，或上端门屋，以攻省内。

张让、段珪等在省内，见袁绍等攻，困迫，遂将帝与陈留王数十人步出谷门，夜，至小平津，六玺不自随，公卿无得从者，唯尚书卢植、河南中部掾闵贡闻变而夜随至河上。贡厉声质责让等，且曰："今不速死，我将杀汝！"因手剑斩数人。让等惶怖，叉手再拜，叩头向帝辞曰："臣等死，陛下自爱！"遂投河而死。贡扶帝与陈留王夜步逐萤光南行，欲还宫，行数里，得民家露车，共乘之，至雒舍止。次日，帝独乘一马，陈留王与贡共乘一马，从雒舍南行，公卿稍有至者。

先是，董卓至显阳苑，远见火起，知有变，引兵急进。未明，到城西，闻帝在北，因与公卿往奉迎于北芒阪下。帝见卓将兵卒至，恐怖涕泣。群公谓卓曰："有诏却兵。"卓曰："公诸人为国大臣，不能匡正王室，致使国家播荡，何却兵之有！"群公不敢言。卓与帝语，语不可了。乃更与陈留王语，问祸乱由起，王答，自初至终，无所遗失。卓大喜，以王为贤，且为董太后所养，卓自以与太后同族，遂有废立之意。是日，帝还宫，赦天下，改光熹为昭宁。失传国玺，余玺皆得之。以丁原为执金吾。骑都尉鲍信自泰山募兵适至，说袁绍曰："董卓拥强兵，为人寡信强横，将有异志，今不早图，必为所制。乃其新至疲劳，袭之，可擒也！"昔卓曾在袁隗府，有武力，今率并、凉军来，绍畏卓，不敢发。信乃引兵还泰山。

董卓之入都也，步骑不过三千，自嫌兵少，而朝廷军队甚多，恐不为远近所服，忧之。刘艾说曰："昔虞诩为武都郡守，既至郡，兵不满三千，羌众数万围攻郡治，虞诩令强弩勿发，潜发小弩，羌人以为矢力弱，并兵急攻城。虞诩皆令军中，使二十强弩共射一人，发无不中，羌大震，退，因出城追击，多杀羌寇。羌寇虽退，欲修整大举进攻，强弩矢已绝，武都郡将士大恐。虞诩明日悉陈其兵众，令从东郭门出，北郭门入，暗换衣服，回转数周。羌众不知武都郡兵数，更相忧恐，不敢攻城。虞诩及羌贼将退，乃潜遣五百余人于浅水设伏，候其归路。虏果大奔而来，五百人因掩击，大破之，斩获甚众，羌贼由是败散。君可师虞诩故智也！"

董卓从之，于是率四五日辄夜潜出军，明日乃大陈旌鼓而还，循环多次，京师众僚皆以为董卓凉州兵大至，皆战兢不敢动。何进及弟何苗部曲无所属，皆归于董卓。董卓暗地使丁原部曲司马五原吕布杀原而并其众，卓兵于是大盛，彻底掌握中央政权。须臾，卓阴使刘艾讽朝廷，以久雨，策免司空刘弘而代之。

昔袁绍杀宦官，天子外走，董卓适至，与帝及陈留王语，以陈留王贤，且为董太后所养，有废立意，朝众懵懂，唯刘艾窥知。

刘艾为董卓长史，董卓于人少有敬，唯独敬刘艾矣。刘艾与董卓夜宿，董卓武夫，少文，以艾为谋主。刘艾故叹息曰："大丈夫当流芳百世，安能作此寂寂！"董卓有其心，请教曰："先生何意？"刘艾谓之曰："明公无所虑乎？"董卓曰："君有何言？"刘艾曰："明公年将六十，当天下大任，现初至京师，虽有重兵，然朝臣及天下人皆不服也。"董卓问曰："然奈何？"刘艾曰："不为不世之举，不足以镇惬民望！"董卓然之，问："具体何为？"刘艾曰："明公不为伊、霍之举，无以立大威权，镇压四海。且今天子昏聩，更过灵帝，陈留王贤明，与明公有远亲，若废昏立明，必为群情所向，且因此立威天下。"董卓素有此心，深以为然，遂与之定议，废帝立陈留王也。

刘艾言于董卓曰："袁氏四世五公，门生故吏遍天下，绍、术兄弟又有诛杀权宦之大功。君欲行废立，先与袁家沟通，得其意方可行之！"董卓从之，先召司隶袁绍与饮，酒酣，董卓谓袁绍曰："世人之主，宜得贤明，每念灵帝，使人愤毒。董侯似可，今欲立之，不知能胜'史侯'否？今史侯在位，昏聩更过灵帝，恐天下大乱即至，刘氏种不足复遗也！"

绍正色曰："汉家君天下四百余年，恩泽深渥，兆民戴之。今上未有不善害于天下，若明公违礼，任意废嫡立庶，四海恐不从明公议也。"董卓大怒，按剑叱绍曰："竖子敢然！天下事岂不在我？我欲为之，谁敢不从！尔谓董卓刀为不利乎？"绍勃然曰："天下健者岂唯董公！"引佩刀，横揖，径出。卓以新至，根基未稳，见绍大家，不敢害。绍亦惧董卓之暴，悬汉节于上东门，遂奔冀州。

董卓谓刘艾曰："我欲废立，袁绍先反对，事当如何？"刘艾曰："明公初至京师，既发废立之议，世人皆知，则不可止，恐损明公威重。绍叔父太傅袁隗，为重臣，若得其同意，则事济矣！"董卓曰："若袁隗态度如袁绍，则当如何？"刘艾曰："袁绍年少轻狂，为人暴虐，不识时务。袁隗乃三朝元老，素有温和名，为保家必不敢逆君。"董卓遂封小刀及废立议予太傅袁隗，袁隗见刀，知董卓之欲，报如议，董卓大喜。

水余先生曰：何进以外戚秉政，引袁隗同录尚书事，隗家累世公卿，己先已屡为三公，望重矣，位尊矣，权盛矣。及进与袁绍、袁术同谋诛宦官，隗不与其间。及进召董卓，曹操、陈琳、郑泰、卢植皆知将乱，而隗不能止何进。董卓废弘农立陈留，以议示隗，隗报如议。袁隗者，尸大臣位而无廉耻之心也，如此昏官，董卓亦贱之矣。袁隗者，内不知子弟之桀骜，外不察奸贼之雄猜，自倚累世公卿之族望，欲以中庸之法而悠游图免，如先前胡广故事，安有生人之气耶？故终死于董卓之手而灭其家也。

中平六年九月，卓大会群臣于崇德殿。卓奋首而言曰："大者天地，其次君臣，所以为治也。今皇帝暗弱，不可奉宗庙，为天下主。今欲依伊尹、霍光故事，更立陈留王，何如？"公卿以下，皆惶恐不敢对。卓又抗言曰："昔霍光定策，延年按剑。有敢阻大议，皆以军法从事！"坐者震动。

卢植对曰："按《尚书》，太甲既立，不明，伊尹放之桐宫。三年，太甲迁过归善，伊尹迎之，再为国君，终成一代明主。又昌邑王立二十七日，罪过千条，不配为君，是以霍光废之。今上富于春秋，行未有失，非前事之比也。"卓大怒，罢坐，将杀植。蔡邕为之力请曰："卢尚书所引之经典，众皆知，然不明董公意，非欲与董公唱反调也。"议郎彭伯亦谏卓曰："卢尚书海内大儒，人之望也。今先害之，天下震怖。"卓乃止，但免植官，植遂逃隐于上谷。

是日废君，唯卢植有异议，群臣皆唯唯。卓遂胁太后与群臣废帝为弘农王，无人敢逆卓也。尚书令读策曰："皇帝在丧，无人子之心，威仪不类人君，今废为弘农王，立陈留王协为帝。"太后流涕，群臣莫敢言。丁宫却有欣然之色，曰："天祸汉室，丧乱弘多。昔祭仲废忽立突，春秋善之。今股肱大臣量宜为社稷计，兴此废立，废昏立明，事同伊、霍，诚合天心民意，请称万岁。"太傅袁隗奉霍光故事，亲解帝玺绶。董卓立陈留王为皇帝，年九岁。

袁隗扶弘农王下殿，北面称臣。太后鲠涕，群臣含悲，莫敢言者。卓又议："太后踧迫永乐宫，致令忧死，逆妇姑之礼。"乃迁太后于永安宫。须臾，卓鸩杀何太后，公卿以下不布服，会葬，素衣而已。卓又发何苗棺，出其尸，支解节断，弃于道边，杀苗母舞阳君，弃尸于苑枳落中。

董卓率诸公上书，追理陈蕃、窦武及诸党人，悉复其爵位，遣使吊祠，擢用其子孙。

董卓虽废帝，然初至京师，颇内敛。昔何进诛宦官之际，直言露章上表，故何太后大惧，令诸阉权归家。群士及百僚莫不多之，且多不知其暴，以群阉刚诛，去城狐社鼠，盼行新政。董卓至京师，谋略多出刘艾，刘艾前有不令名，且为张让鹰犬。后因故去之，世人不知，于董卓诛杀宦官之际，为之谋主，终成此大功，故群贤内惭，反与刘艾善，亦欲通过刘艾交董卓，得影响朝政也。刘艾知董卓新至京师，虽兵力为强，然根基不稳，须群贤支持，方可站稳脚跟也。

尚书武威周毖、尚书郑泰、城门校尉汝南伍琼，虽不涉党锢之祸，但亦为名士，昔日在太学，与刘艾亲善。刘艾素慕党锢名士何颙，荐之董卓，董卓闻其名，大喜，委以心腹，任己长史。故董卓初至京师，新所信任者，尚书周毖、郑泰、城门校尉伍琼、长史何颙也。

刘艾言于董卓曰："明公初执政，须复汉初旧制，任相国，方可镇服天下，且因之持朝权。为避物议，宜任名臣为三公，既有任贤之名，又能专权也。"卓从之，自为相国，赞拜不名，入朝不趋，剑履上殿，以司徒黄琬为太尉，司空杨彪为司徒，光禄勋荀爽为司空。刘艾又言于卓曰："今尽诛阉竖，其职空缺，莫若除公卿以下子弟为郎，以补宦官之职，侍于殿上。其意有二：一、收买公卿之心；二、以之为质，明公执政，公卿不敢有贰心也。"卓从之。

黄琬、杨彪先为汉廷九卿，已为名臣，而荀爽昔为布衣，为何此时任三公？

初，尚书武威周毖、城门校尉汝南伍琼，说董卓矫桓、灵之失政，擢用天下名士以收众望，卓从之，命毖、琼与尚书郑泰、长史何颙等沙汰秽恶，显拔幽滞。于是征处士荀爽、陈纪、韩融、申屠蟠。

董卓尤重爽，爽在家就征，上路，复就拜爽平原相，行至宛陵，迁光禄勋，视事三日，进拜司空。自被征命及登台司，凡九十三日。

初，蔡邕徙朔方，会赦得还。五原太守王智，甫之弟也，奏蔡邕谤讪朝廷。邕遂亡命江海，积十二年，董卓闻其名而辟之，称疾不就。卓怒，詈曰："我能族人！"邕惧而应命，到，署祭酒，甚见敬重，举高第，三日之间，周历三台，迁为侍中。

又以陈纪为五官中郎将，韩融为大鸿胪。纪，陈寔之子；融，韩韶之子也。荀爽等皆畏卓之暴，无敢不至。独申屠蟠得征书，人劝之行，蟠笑而不答，卓终不能屈，年七十余，以寿终。卓又以尚书韩馥为冀州牧，侍中刘岱为兖州刺史，陈留孔伷为豫州刺史，东平张邈为陈留太守，颍川张咨为南阳太守。卓所亲爱，并不处显职，但将校而已。虽如此，卓彻底掌握国家大权，汉室名存实亡，步入诸侯混战之局也。

水余先生曰：董卓始执国柄，亟于名而借贤者以动天下，盖汲汲焉。除公卿子弟为郎，以代阉竖；吊祭陈、窦，复党人爵位，征申屠蟠等，推进黄琬、杨彪、荀爽为三公；分任韩馥、刘岱、孔伷、张邈、张咨为州郡，力返桓、灵宦官专权弊政。执政初，颇收敛残暴之性，礼群贤，且所亲爱并不处要职，故得窃誉以动天下，世人且翘首以望太平。不想卓性残忍，一旦专政，威震天下，所愿无极，纵放兵士，突其庐舍，剽窃资物，虏掠妇女，须臾间，人情惶恐，朝不保夕。故地方纷纷托诛卓而起，天下自此大乱也。